LA TRANSFORMACIÓN
DEL
ADOLESCENTE

GUÍA PARA PADRES Y PROFESIONALES

DR. MARIO GUZMÁN SESCOSSE

Segunda edición

La transformación del adolescente

Guía para padres y profesionales
Mario Guzmán Sescosse

Diseño de portada e interiores: María Luisa Peña

Imagen de cubierta: 123RF
Primera edición: diciembre 2018
Segunda edición: abril 2020

Publicado por Seeds Family Services LLC

www.seedsfamilyservices.com

ISBN libro impreso: 978-1-7347903-0-6
ISBN libro electrónico: 978-1-7347903-1-3

Para Juan Mario, Fátima y Bosco,
con quienes aprendo el bello oficio de ser padre

Índice

Prólogo 11

Introducción 13

Aclaración de confidencialidad...17

Aclaración de responsabilidad 17

Capítulo I: ¿Qué es la adolescencia?............................... 19

Adolescencia y pubertad, dos procesos simultáneos pero distintos............21

Cambios cognitivos en la adolescencia..31

Cambios sociales del adolescente 37

    La adolescencia temprana (10 a 13 años). La desorganización 37

    La adolescencia media (de los 13 a los 15 años).........................38

    La adolescencia tardía (de los 15 a los 18 años) 40

    Probando la independencia (de los 18 a los 25 años) 41

Resumen 43

Cuestionario para padres y profesionales....................................44

Para saber más sobre el capítulo I 44

Capítulo II: El adolescente y la familia 47

Las distintas formas de ser familia 50

    Familias nucleares frente a las no nucleares y el divorcio.............54

    Familias de parejas homosexuales y homoparentalidad..................57

Reflexiones sobre la configuración de las familias y los adolescentes.......63

Conflicto entre adolescentes y padres..65

El papel de los pensamientos y de las creencias irracionales...................66

Los estilos de crianza y su efecto en los hijos..71

La comunicación familiar..76

Efecto de la comunicación en la conducta sexual y en el consumo de
sustancias..78

Comunicación entre padres e hijos sobre sexualidad...........................82

Comunicación entre padres y adolescentes sobre drogas y alcohol........84

Unas palabras más sobre la familia..85

Resumen..90

Cuestionario para padres y profesionales...91

Para saber más sobre el capítulo II...91

Capítulo III: El desarrollo social del adolescente 93

Inteligencia social...95

Aptitud social...98

Teoría del apego...103

Desarrollo moral...106

Discrepancias entre padres y adolescentes...112

La escuela como factor de socialización..119

Resumen..126

Cuestionario para padres y profesionales...127

Para saber más sobre el capítulo III..127

Capítulo IV: El adolescente, las redes sociales y las tecnologías de la información y la comunicación 129

La omnipresencia de las redes sociales y la tecnología 131

Rodrigo, el chico que no podía desconectarse 134

El cerebro frente a los dispositivos digitales... 137

¿Adicción u obsesión al internet y a las TIC? 141

¿Qué son los *i-disorders*? 144

Las redes sociales como sustitutas de la interacción social cara a cara............... 149

Adolescentes, pornografía e internet.. 151

Estrategias para un manejo seguro y constructivo de las TIC 157

    Manejo del tiempo y las TIC 158

    El uso de los teléfonos inteligentes.. 160

    Controlando el escenario y el uso de las TIC 163

    La estrategia esencial.. 165

Últimas palabras sobre las TIC.. 165

Resumen 167

Cuestionario para padres y profesionales.. 168

Para saber más sobre el capítulo IV... 168

Capítulo V: Conductas de riesgo en la adolescencia 171

Conductas que contribuyen a la violencia... 177

Tabaquismo, alcohol y drogas.. 185

    Tabaco 185

    Alcohol 186

Marihuana y otras drogas 190

Conductas sexuales, embarazos no deseados, abortos e infecciones de
transmisión sexual (ITS) 196

Deportes extremos 200

Unas palabras más sobre las conductas de riesgo 204

Resumen 205

Cuestionario para padres y profesionales 207

Para saber más sobre el capítulo V 207

Capítulo VI: Los trastornos mentales y su tratamiento en la
adolescencia 209

¿Qué son los trastornos mentales y por qué se dan? 211

Prevalencia de los trastornos mentales en la adolescencia 214

Los trastornos mentales y sus criterios diagnósticos 216

Trastornos de ansiedad 216

Fobia específica 221

Trastorno de ansiedad social 225

Trastorno de pánico 229

Trastorno de ansiedad generalizada 231

Agorafobia 233

Episodio depresivo mayor y trastorno depresivo mayor 235

Episodio depresivo mayor 235

Trastorno depresivo mayor 236

Trastorno por déficit de atención 242

Trastornos destructivos del control de impulsos y de la conducta ... 247

Trastorno negativista desafiante 248

Trastorno de conducta...252

Trastornos de la conducta alimentaria 257

Bulimia nerviosa 258

Anorexia nerviosa 261

Resumen 265

Cuestionario para padres y profesionales.............................266

Para saber más sobre el capítulo VI.......................................266

Capítulo VII: La transformación en positivo: la felicidad, el bienestar y las fortalezas del adolescente................................... 269

Reflexiones sobre la felicidad, el bienestar y la vida plena 271

La felicidad, el bienestar y la vida plena desde la filosofía y la psicología............ 271

Integrando las propuestas...283

Fortalezas internas..286

Fortalezas físicas..290

Fortalezas sociales 298

Fortalezas espirituales... 301

Resumen 310

Cuestionario para padres y profesionales.............................312

Para saber más sobre el capítulo VII 312

Capítulo VIII: Estrategias de crianza para los padres 315

Desarrollo, mantenimiento y cambio de conductas en los adolescentes............. 319

Las seis estrategias esenciales para los padres de adolescentes.................... 326

Fortalecer el vínculo entre padres e hijos................................327

Identificar las creencias irracionales....................................... 331

Educar a los chicos en las conductas de riesgo 336

Educación sexual 337

Educación sobre las sustancias estimulantes 343

Un recurso más para la educación sexual y sobre las sustancias
estimulantes 345

Establecer un programa conductual basado en acuerdos y reforzadores
positivos 348

Desarrollar habilidades de comunicación asertiva 355

Buscar apoyo profesional y otros recursos de beneficio cuando sea necesario
.... 360

Resumen 362

Cuestionario para padres y profesionales 363

Para saber más sobre el capítulo VIII 363

Conclusión 365

Referencias 367

Prólogo

Asistimos a programas, posgrados, diplomados y demás medios de educación para ejercer mejor una profesión, un trabajo o una empresa; sin embargo, solemos ser equivocadamente "autodidactas" para nuestras funciones más esenciales, entre las cuales destaca ser padres de familia.

Hoy buscamos en las redes sociales –cuya inmensa mayoría de publicaciones carecen de la menor seriedad– respuestas a las interrogantes que marcarán nuestra vida e incluso la de quienes nos rodean: ¿a qué escuela deberé mandar a mis hijos? ¿Cómo evitar que adquieran hábitos que pueden destruirlos? ¿Cómo vincularme con ellos ahora que no son niños pero tampoco adultos?...

Y es que, en gran medida, la modernidad, entendida como el período de la historia en la que la ciencia y la tecnología progresaron significativamente, la importancia del conocimiento especializado ganó terreno en todas las disciplinas, incluso en las humanas. Esto también generó inevitablemente la atomización o separación de los saberes, como nos lo hace consciente el filósofo y sociólogo francés E. Morin. El resultado de ello es que cada vez es más difícil recurrir a un *especialista* (justamente) que nos pueda proporcionar una perspectiva integral de un fenómeno complejo como la adolescencia.

El ser padre de familia, en un mundo tan complejo, incierto y volátil como en el que vivimos, requiere de una guía que sea capaz de abarcar con seriedad científica y filosófica las múltiples esferas de la adolescencia. Cuando nos preguntamos "¿qué le ocurre a mi hijo o hija adolescente?", en pocas ocasiones se debe solo a un factor; habría que tener una perspectiva que considere agentes físicos, cognitivos, emocionales, morales, familiares, sociales e incluso espirituales.

El principal mérito de la obra del Dr. Guzmán justamente radica en su capacidad de proponer una guía basada en las más recientes investigaciones científicas, con una mirada integral del adolescente y una muy destacada capacidad para explicarlo de una manera sencilla y clara.

Teniendo el honor de conocer al autor, su trayectoria profesional y, más aún, personal, me alegra saber que esta segunda edición de *La transformación del adolescente* haya llegado a sus manos, querido lector. Se encuentra usted ante una obra que es fruto no solo de un trabajo editorial impecable, sino de una destacada vida profesional dedicada a que usted sea capaz de formar a sus hijos como esos futuros adultos cuyas vidas sean, a pesar de cualquier circunstancia, profundamente plenas y fecundas.

Miami, FL, noviembre, 2019.
Enrique E. López Morales
Presidente
Humanum Consulting Corp.
Psicólogo y filósofo

Introducción

En noviembre de 2002, inicié mi práctica como psicoterapeuta en la ciudad de Guadalajara en México. Probablemente (sin yo saberlo), ese fue el último año de mi propia adolescencia. Hasta ese entonces se decía en los ámbitos de la psicología y de la medicina que la adolescencia era una etapa que oscilaba entre los 12 y los 18 años, pero hoy se considera que no es así, pues la investigación muestra que puede comenzar en edades más tempranas y terminar en edades mayores que las mencionadas.

Durante estos quince años he tenido la oportunidad de trabajar cara a cara con adolescentes originarios de ambientes muy distintos: menores infractores recluidos en correccionales o centros tutelares; chicos procedentes de poblados y de ciudades; muchachos provenientes de familias adineradas y de familias sin recursos económicos; jóvenes de México, de Estados Unidos o de España, e incluso inmigrantes. También he podido atender a chicos de familias unidas y de familias separadas; con padres presentes y con padres ausentes; algunos dedicados cien por ciento al estudio y otros inmersos en la vida laboral; estudiantes de prestigiosos colegios privados y alumnos de instituciones de educación pública en precariedad; pacientes con graves psicopatologías, así como quienes gozan de una adecuada salud mental. En todos ellos he podido ver tanto la insatisfacción y el conflicto como la satisfacción y las fortalezas.

La insatisfacción y el conflicto consigo mismos y, a veces, con prácticamente todos los aspectos de su vida: con sus padres, con sus hermanos, con la escuela, con la sociedad, con los amigos, con la sexualidad, con su orientación vocacional, con las drogas, con la religión, con la política, con los medios de comunicación, con las redes sociales, con el medioambiente, con su futuro, con su equipo de futbol, con el día, con la noche, en fin, con mucho de lo que les rodea en su vida diaria. Pero también he visto sus fortalezas en cada una de esas áreas; he conocido jóvenes apasionados y comprometidos con sus ideales y sus valores. Chicos con altruismo, con dedicación, con disciplina, interesados por sus padres y sus hermanos, interesados en su religión e interesados en transformar al mundo participando en activismo social y político. Adolescentes involucrados en su salud, en un mundo más justo, en un mundo más responsable, buscando despertar a una sociedad que se autoengaña para que tome consciencia del rumbo equivocado que a veces pareciera llevar en la economía, la ecología, la equidad y en la desigualdad de oportunidades.

Algunos piensan que la insatisfacción y el conflicto son característicos de un tipo de adolescente: el problemático, y que las fortalezas son características de otro tipo de joven: el exitoso. Pero se equivocan. La mayoría de adolescentes que he visto conllevan en sí mismos aspectos de ambos *grupos*. Es más, me atrevería a decir que un adolescente con solo fortalezas, sin insatisfacción ni conflicto, no es un "buen" adolescente, pues uno de los objetivos de la adolescencia es alcanzar la separación y la transformación, y para esto es indispensable que el muchacho experimente cierto grado de insatisfacción y conflicto que le permita moverse de donde está.

De igual forma se equivocan aquellos que piensan que su hijo, su alumno o su paciente adolescente solo encajan en la descripción de un joven con insatisfacción y conflicto y que no cuentan con fortalezas. Incluso en un adolescente con alto nivel de conflicto (adicciones, anorexia, depresión, etc.) existe mucha fortaleza. Piénsenlo dos veces: no es fácil para quien se mira cada día en el espejo y está profundamente insatisfecho con su cuerpo –como pasa en la anorexia– intentar lucir bien ante los demás. Una persona depresiva requiere gran fortaleza para levantarse todos los días e ir a la escuela o al trabajo y atender lo que se le pide cuando en su mente el pensamiento más sonoro es el de "me quiero morir". O imaginemos a aquellos adolescentes que necesitan de mucha perseverancia y tolerancia a la frustración para estar en una relación de constante enfrentamiento con los papás sin poder independizarse por no tener ni para el pasaje del autobús y que, además, el poco dinero que consiguen lo utilizan para comprar marihuana o alcohol, como les sucede a los chicos con adicciones. Todos estos adolescentes tienen carencias y problemas por abordar y superar, pero también tienen fortalezas que necesitan enriquecer.

La realidad es que la mayoría de los chicos transitan en un continuo entre la insatisfacción y el conflicto, en un extremo, y las fortalezas y la satisfacción, en el otro. Es en el punto medio, en el punto de equilibrio entre estos dos opuestos, donde los adolescentes pueden florecer y desarrollar las habilidades que les permitirán gozar de una edad adulta con satisfacción y felicidad. Los papás, los profesores, los consejeros espirituales, los terapeutas y la sociedad en general tenemos la gran responsabilidad de enseñarles a equilibrar estos dos opuestos para que su adolescencia sea una etapa constructiva para ellos mismos y para su comunidad.

Ese es justamente el objetivo de este libro. A través de sus páginas he intentado transmitir a ustedes de manera clara, práctica y fundamentada tanto la experiencia que he obtenido de mi práctica psicoterapéutica con los adolescentes y sus padres como los resultados de la investigación científica más reciente. Pero, sobre todo, he buscado que sean los adolescentes y sus propias historias los que hablen a través del libro para que así podamos comprenderlos mejor. Esta obra está dirigida tanto a los papás como a los adolescentes, así como a los profesionistas de la salud mental y a todos aquellos que intervienen de alguna manera en la formación de los chicos.

Dentro de las páginas del libro encontrarán ocho capítulos: I. Qué es la adolescencia; II. El adolescente y la familia; III. El desarrollo social del adolescente; IV. El adolescente, las redes sociales y las tecnologías de la información y la comunicación; V. Conductas de riesgo en la adolescencia; VI. Los trastornos mentales y su tratamiento en la adolescencia; VII. La transformación en positivo: la felicidad, el bienestar y las fortalezas del adolescente; y VIII. Estrategias de crianza para los padres.

Cada uno de estos capítulos está redactado con el contenido más sobresaliente de la investigación contemporánea y de mi experiencia clínica. Además, al final de cada uno de ellos encontrarán un resumen del capítulo, un cuestionario que les puede ayudar a reforzar lo visto y a llegar a sus propias conclusiones, y algunas recomendaciones prácticas sobre el tema tratado.

Habrán notado que el capítulo VIII se titula "Estrategias de crianza para los padres". En ese capítulo en particular se analiza lo que he llamado *las seis estrategias básicas* para la crianza de los adolescentes. Estas son herramientas que he utilizado a lo largo de mi práctica con los papás y que han sido de gran utilidad para muchos de ellos. Se presentan de forma práctica y con ejemplos y ejercicios que facilitan su aplicación.

Finalmente, quiero comentar que no solo he tenido la oportunidad de atender a los adolescentes, sino también a sus padres y a sus hermanos. Muchos papás hacen una tarea realmente loable para sacar adelante a su familia: cumplen con su trabajo, hacen sacrificios personales, viven con carencias económicas, enfrentan problemas laborales y de salud, además de tener que lidiar con sus propios conflictos psicológicos, y aun así están presentes en la vida de sus hijos tratando de influir positivamente en ellos. También he visto a hermanos preocupados por el desarrollo del adolescente en casa y comprometidos con este, incluso siendo ellos mismos adolescentes. Por desgracia, no todos los adolescentes cuentan con papás y hermanos así de comprometidos y unidos. Además, los hijos no vienen con un instructivo de operación ni tienen un "*software* amigable e intuitivo", como dicen los productores de los *smartphones*. Los papás necesitan estudiar, acudir a conferencias, talleres y acercarse a los profesionales de la psicología y disciplinas afines para poder identificar cómo se están relacionando con sus hijos, qué les funciona y qué no les funciona para poder cambiarlo. No es una tarea fácil, especialmente si se tiene en cuenta todo lo que los papás ya hacen en su vida diaria.

Espero que este libro contribuya a esa bellísima pero ardua tarea de ser padres y que puedan ver en cada una de las páginas, de las explicaciones y de las sugerencias un merecido reconocimiento a la labor que ya están haciendo. ¡Felicidades, papás!

Aclaración de confidencialidad

A lo largo del libro se presentan casos clínicos con la intención de facilitar la comprensión de los temas y el proceso de aprendizaje del lector. Algunos ejemplos utilizados son fidedignos y fueron autorizados por los pacientes para su uso didáctico; otros son casos hipotéticos inspirados en situaciones reales. Por cuestiones de privacidad, en ninguno de los casos se conserva el verdadero nombre de las personas ni otros rasgos sociodemográficos que ayuden a identificarlas.

Aclaración de responsabilidad

Las sugerencias y estrategias presentadas a lo largo de este libro podrían no ser adecuadas para toda situación o persona. Se presentan aquí como material de apoyo para enriquecer y ejemplificar el contenido. Su uso queda bajo la responsabilidad y discreción del lector, no del autor. Por lo anterior se recomienda acudir a un profesional de la salud mental para obtener mayor asesoría.

Capítulo I: ¿Qué es la adolescencia?

La vida consiste en un número invisible e imperceptible de cambios, cambios que se inician con el nacimiento y terminan con la muerte. No nos es posible, como seres humanos, reparar en todos.

León Tolstói

Adolescencia y pubertad, dos procesos simultáneos pero distintos

Desde el momento de la concepción, el ser humano vive un fascinante proceso de constante cambio y transformación. En la concepción, se pasa de dos células (gameto masculino, espermatozoide, y gameto femenino, óvulo) que se unen para desarrollar el cigoto (la célula fecundada que lleva toda la información genética) a billones de células que un bebé tendrá en el momento de nacer. Sin embargo, solo la primera etapa de este proceso de transformación habrá culminado a la hora del nacimiento. Desde ese instante, cada día de su vida la persona estará en un constante proceso de crecimiento y envejecimiento, que tiene por objetivo prepararla para desarrollarse física, psicológica y socialmente.

Bianconi (2013) y su equipo de investigadores han concluido que a la edad de 30 años un ser humano promedio llega a desarrollar el impresionante número de 37.2 billones de células que lo conforman como un ser único, indivisible e irrepetible, un ser que con sus aciertos y desaciertos se desarrollará y relacionará con otros seres como él, en búsqueda de objetivos y anhelos que en ocasiones conllevarán dificultades al igual que enormes satisfacciones.

Ese desarrollo está dividido por siete etapas únicas y distintivas:

- etapa prenatal
- etapa infantil
- etapa de la niñez
- etapa de la adolescencia
- etapa de la juventud
- etapa de la adultez
- etapa de la ancianidad

De las siete etapas mencionadas, seis tienen una fuerte correlación con los procesos biológicos que vivimos, pero en el caso de la adolescencia, los factores sociales y culturales tienen una importancia mayor que la de los procesos biológicos.

La adolescencia puede ser comprendida como una etapa de transición entre la niñez y la adultez que está fuertemente mediada por factores sociales y culturales, pues en poblaciones menos complejas que las industrializadas las personas pasan de la infancia a la adultez generalmente con la llegada de la madurez sexual. Un ejemplo de ello son las comunidades indígenas apartadas de los sistemas industrializados y que siguen un sistema social y económico más tradicional, donde su principal sostén es la agricultura o la cacería: un niño que ha alcanzado un cierto desarrollo muscular es indispensable para el bienestar de su familia y el de la comunidad; una niña que puede involucrarse en las labores de la familia o del grupo representa un alivio para la dura vida que se lleva. Incluso, el hecho de que los chicos se conviertan en padres a una edad temprana, a pesar de las dificultades que esto conlleva, hace que el trabajo se reparta y se asigne tanto a los hombres como a las mujeres, a la vez que asegura la transmisión cultural y la sobrevivencia de la comunidad.

Ante nuestros ojos industrializados y tecnológicos nos podrá parecer inapropiado –e incluso inadmisible– que a chicos de 14 o 15 años se les asignen semejantes responsabilidades, pero desde una perspectiva transcultural nos puede ayudar a comprender por qué la adolescencia no tiene mucho sentido en dichas comunidades y por qué responde a factores sociales como lo hace: simplemente, en las sociedades tradicionales se necesita pasar a la adultez a una edad más temprana para desarrollar las tareas que se esperan de hombres y mujeres. Por lo tanto, la adolescencia no tiene sentido porque interfiere en ese proceso de madurez anticipada, en comparación con las sociedades industrializadas.

Si se tiene en cuenta el ejemplo opuesto, el de los chicos en las comunidades industriales y postmodernas, ¿cuántos adolescentes de 18 años serían considerados capaces de iniciar su propia familia, de poder cubrir las necesidades de esta y al mismo tiempo de completar su desarrollo físico, psicológico y académico de manera adecuada, así como aportar constructivamente a la sociedad? Muy pocos, ¿verdad? Por otro lado, se suele considerar a las personas de 18 años lo suficientemente maduras para que participen en la vida política y acudan a votar o para que defiendan a su país (o los intereses políticos) en las guerras o para que conduzcan un automóvil, consuman alcohol y otras drogas o para que puedan tener actividad sexual, abortar e incluso comprar un arma, pero no se los estima lo suficientemente mayores como para desarrollar trabajos u ocupar puestos con una remuneración que facilite su independencia económica y que les permita decidir cómo quieren vivir y qué es lo más conveniente para ellos y su familia. Cualquier adolescente de 18 años en las sociedades industrializadas que decida emprender la tarea de la independencia y el desarrollo de su propia familia tendrá que enfrentar obstáculos que le harán casi imposible lograrlo. Por lo menos le preguntarán: "¿Tiene usted estudios universitarios?, ¿tiene usted experiencia laboral mínima de cinco años?, ¿tiene usted flexibilidad para viajar de un lugar a otro?, ¿tiene usted flexibilidad de horarios y días laborales?".

Estas diferencias entre las sociedades tradicionales enfocadas al campo y las sociedades postmodernas basadas en la industria, la tecnología y el comercio explican por qué la adolescencia es una etapa primordialmente dominada por cuestiones sociales y culturales, y no por factores biológicos. Además, esto permite comprender por qué hoy pareciera que la adolescencia se alarga y se hace más difícil pasar a la juventud y a la adultez.

Debido a esto, hoy la llamada *mayoría de edad* ha sido cuestionada, y con base en nuevos hallazgos en la psicología y en las neurociencias se propone considerar a la adolescencia como una etapa de la vida más larga de lo que hasta hace poco se pensaba. La fascinante transformación que experimentarán los niños para convertirse en los adultos que serán puede durar más de una década en las sociedades complejas y especializadas.

Pero antes de explicar dichos hallazgos es necesario entender cuándo tiene inicio la adolescencia, y para ello es esencial comprender la pubertad, pues es justo esta la que marca el inicio de la transición entre la infancia y la adultez, que da paso a la adolescencia.

La pubertad, a diferencia de la adolescencia, es una etapa regulada exclusivamente por mecanismos biológicos, donde el sistema nervioso central (SNC) y el sistema endócrino (SE) se solapan para comenzar un fascinante proceso de activaciones y regulaciones hormonales encaminadas a obtener el crecimiento físico de los niños y su madurez sexual. El hipotálamo forma parte del SNC y tiene la importante tarea de regular y generar funciones vitales como la alimentación, el consumo de líquidos, las emociones, así como el impulso sexual y la liberación de hormonas a la glándula pituitaria, que dará paso al desarrollo de las características sexuales secundarias en los adolescentes.

Tabla 1. Características sexuales secundarias en hombres y mujeres

Hombres	*Mujeres*
Estirón puberal (crecimiento súbito y pasajeramente desproporcionado de sus extremidades)	Estirón puberal, aunque regularmente menor que en los hombres
Presencia de vello facial y corporal	Aparición del vello en las axilas y en las piernas
Vello púbico y en los testículos	Vello púbico que cubre el monte de Venus y la vulva
Alargamiento de los testículos y del pene	Crecimiento de los pezones y de los senos
Aparición de la manzana de Adán	Acumulación de grasa en los glúteos y en los muslos
Cambio en el tono de voz	Cambio en la voz, habitualmente en tonos agudos
Desarrollo muscular y esquelético	Ensanchamiento de las caderas

La hormona liberadora de gonadotropina (GnRH) es liberada por el hipotálamo en las niñas después de los 8 años de edad y en los niños alrededor de los 9 o 10 años, y tiene la función de estimular a la glándula pituitaria –también llamada *hipófisis* o *glándula maestra*, por su importante función en regular el resto de las glándulas y sus hormonas– para que produzca y libere dos hormonas esenciales en el inicio y desarrollo de la pubertad: la hormona luteinizante (LH) y la hormona foliculoesti-mulante (FSH). Una vez liberadas, dichas hormonas viajarán en el torrente sanguíneo y, en el caso de los hombres, llegarán a los testículos para estimular la producción de los espermatozoides y de otra hormona: la testosterona. En el caso de las mujeres, llegarán hasta los ovarios para activar la maduración y liberación de los óvulos y la activación de la producción de los estrógenos, que son hormonas que maduran el cuerpo de la mujer y la preparan para el embarazo. Al mismo tiempo, las glándulas adrenales producen, en ambos sexos, las hormonas adrenales, que son las responsables de la aparición del vello púbico y axilar.

Muchas personas tienen la creencia de que las niñas inician la pubertad con la llegada de la menarquia (el primer periodo menstrual); sin embargo, esto no es así. Según Muñoz y Pozo (2011), el primer signo de pubertad en las niñas es la telarquia, o desarrollo mamario, que empieza con el crecimiento de los pezones seguido poco a poco por el abultamiento de los senos. La menarquia señala que la madurez sexual se ha conseguido.

Para algunos padres de familia puede ser más difícil identificar cuándo su hijo varón ha iniciado o no la pubertad. En ausencia de telarquia (aunque el 50 % de los hombres pueden experimentar ginecomastia, que es un desarrollo usualmente temporal de tejido en la zona del pecho) y de menarquia, muchos papás pueden encontrar a su hijo "demasiado chico" para estar en la pubertad; además existe la creencia de que "las niñas maduran más rápido que los niños", y si bien es verdad que esto se refiere a la madurez sexual (no forzosamente a la psicológica), los niños suelen iniciar la pubertad tan solo uno o dos años más tarde de lo que lo hacen la mayoría de las mujeres. En los hombres, usualmente se considera el crecimiento de los testículos como un signo de que la pubertad ha llegado.

Sin embargo, un nuevo desafío se ha venido presentando en las últimas décadas tanto para los papás como para los adolescentes y la sociedad: el inicio de la pubertad cada vez se da a edades más tempranas.

Hace tan solo cien años las chicas tenían su menarquia en promedio a la edad de 15 años. Hoy las niñas la tienen en promedio a los 12 años.

Considerando que la telarquia ocurre en promedio tres años antes de la llegada de la menarquia, podemos concluir que hoy las niñas están iniciando su pubertad a la edad de 9 años (Steinberg, 2014).

La llegada más temprana de la pubertad representa un desafío porque para la mayoría de las sociedades industrializadas, una chica de 12 años sigue siendo vista como una niña y no como un ser maduro sexualmente. Esta discrepancia entre la madurez sexual de los niños y de las niñas y la expectativa social que se tiene sobre ellos y sobre cómo deben comportarse puede ser una importante fuente de estrés y confusión, especialmente si no es manejada y hablada abiertamente con los hijos. Además, muchas niñas encontrarán muy incómodo el que chicos y hombres mayores que ellas empiecen a prestar atención a sus senos o a su cuerpo. Veamos la experiencia que tuvo Rocío, una chica de 13 años, quien solía acudir a mi consulta:

Dr. Guzmán: ¿Cómo estás, Rocío?

Rocío: No muy bien, Mario; la verdad no sé cómo explicarlo. Me da un poco de pena.

Dr. Guzmán: Entiendo que a veces hay temas que puedan ser incómodos de hablar y te agradezco que me dejes saber que te sientes así. Sin embargo, me gustaría recordarte que mi función no es la de juzgarte, sino la de acompañarte en tus problemas y la de buscar soluciones junto contigo.

Rocío: Lo sé, Mario, gracias. Lo que pasa es que desde hace unas semanas me he sentido muy incómoda con mi cuerpo.

Dr. Guzmán: ¿Qué pasa con tu cuerpo? ¿Qué te hace sentir así?

Rocío: En realidad mi cuerpo no tiene nada de malo, me gusta. El problema es que he empezado a sentirme incómoda con cómo me miran los hombres en la calle, incluso con las cosas que a veces me dicen.

Dr. Guzmán: Entiendo, Rocío. Sé que no pocas mujeres se han sentido incómodas en la calle por como las miran o por las cosas que les dicen. ¿Podrías explicarme cómo ha sido para ti? ¿Qué cosas te dicen o cómo te ven?

Rocío: Cuando me empezó a crecer el busto me sentía bien; pensé que me vería más bonita, como las modelos de las revistas. Sin embargo, creo que ha crecido demasiado; me siento desproporcionada y me da vergüenza. Trato de ponerme ropa que me lo cubra para que se vea menos. Incluso en el verano usé chamarra por eso. A veces me gusta que se fijen en mí, sobre todo si son chicos de mi edad o un poco mayores, pero otras veces no sé qué hacer; quiero salir corriendo o decirles alguna grosería, especialmente a los señores. ¡Odio cuando los señores me ven o me dicen algo por mis senos!

Dr. Guzmán: Entiendo que no debe de ser fácil cuando alguien mayor que tú y que a ti no te interesa te dice cosas que te parecen ofensivas. ¿Podrías decirme qué cosas te han dicho y cómo has reaccionado?

Rocío: El otro día, un señor me dijo que no importaba que pareciera mi papá, que quería salir conmigo. Supongo que lo que dijo de mi papá era por su edad; tenía como cuarenta años. Me han dicho cosas peores: en una ocasión otro hombre me dijo que él me enseñaría cómo se siente ser una mujer. Cuando estas cosas pasan, no sé qué hacer; me pongo muy nerviosa y salgo corriendo.

El caso de Rocío no es el de la mayoría de las chicas, pero desafortunadamente un gran número de ellas tiene que pasar por estas experiencias e incluso por vivencias peores. Recordemos que según la Organización para la Cooperación y el Desarrollo Económicos (OCDE), México ocupa el primer lugar a nivel mundial en abuso sexual, violencia física y homicidios de menores de 14 años, donde 4.5 millones de niños son víctimas de abuso sexual (Jiménez, Rivera, Damián, & Venegas, 2015). En los Estados Unidos el 44 % de las víctimas de abuso sexual son menores de 18 años.

La llegada de la pubertad es una excelente oportunidad para reforzar en los hijos cómo pueden cuidarse de actos sexuales inapropiados con personas mayores o con cualquier otro individuo. Hay papás que deciden no hablar con sus hijos sobre sexualidad. Como lo veremos más adelante, esta no es una buena decisión, pues los ponen en peligro de no saber cómo reaccionar ante acosadores ni cómo tomar decisiones que les permitan sentirse seguros y plenos consigo mismos. Es comprensible que para algunos padres de familia sea difícil tratar el tema o desconozcan cómo abordarlo, pero recuerden que por más difícil que sea para ustedes como papás hablar de educación sexual con sus hijos, no se compara con lo difícil que podría ser para ellos superar las experiencias de un abuso. En el capítulo VIII de este libro se ofrecen estrategias sobre cómo tocar este y otros temas con sus hijos.

Volviendo al tema del comienzo de la pubertad, distintas investigaciones han señalado que su inicio más temprano en la presente generación está relacionado con aspectos nutrimentales, hormonales y ambientales que facilitan la maduración sexual a edades más tempranas que en las generaciones del pasado (Steinberg, 2014). El acceso a diversas fuentes de alimentos a lo largo de todo el año y la atención médica de nuestra época, que permiten que el estado de salud de nuestros chicos sea mejor que el de sus pares de hace cien años, hacen que el proceso de maduración sexual comience antes. Además, en la mayor parte de la historia de la humanidad, la hambruna ha sido un problema mayor que la obesidad, de tal forma que retrasar la madurez sexual y los cambios biológicos y sociales que esta implica era lógico para la supervivencia de los individuos.

Con lo visto, podemos sintetizar que la pubertad es un proceso biológico que tiene el objetivo de alcanzar la madurez sexual de hombres y mujeres, mientras que la adolescencia es una etapa de transición entre la infancia y la adultez que comienza junto con la pubertad, pero continúa después de que esta ha terminado.

Es probable que al leer esto se estén preguntando: "¿Cuándo termina la adolescencia?". Pues la respuesta tal vez no sea de consuelo para algunos padres, pero en realidad es muy afortunada: la adolescencia termina alrededor de los 25 años. Veamos por qué se considera afortunado que sea así:

Nuestro cerebro cuenta con una extraordinaria habilidad llamada *neuroplasticidad*. Es la capacidad que tiene para repararse a sí mismo después de un daño sufrido, pero también para generar nuevas conexiones neuronales que le permitan adaptarse a los cambios en el ambiente y a los cambios psicológicos. Por lo tanto, es la posibilidad de aprender y modificar conocimientos, habilidades y conductas. Hasta hace poco tiempo, se creía que la mayor parte de las neuronas se había desarrollado antes de nacer y que, con el tiempo, lo que hacían era generar conexiones (sinapsis) con otras neuronas, lo cual favorecía el aprendizaje, pero que poco a poco esas neuronas iban muriendo y no se podían reparar. Ahora es sabido que es mucho más complejo que eso y que el cerebro es un órgano fascinante y dinámico que se reconstruye y reinventa cada día.

La neuroplasticidad es una habilidad que se da la mayor parte de nuestra vida, pero de manera especial se hace notar en la adolescencia, hasta los 25 años (Steinberg, 2014). Es durante este tiempo (además de en los años posteriores al nacimiento) cuando el cerebro será capaz de desarrollar las habilidades y conocimientos necesarios para ser aplicados posteriormente en la vida adulta. Desde la pubertad hasta los 25 años, el cerebro experimenta un proceso de crecimiento y expansión único. Junto con ello vienen nuevas oportunidades, nuevas habilidades cognitivas fundamentales para el desarrollo intelectual y emocional del adolescente.

Aunque algunos papás puedan poner el grito en el cielo por la duración de la adolescencia ("¡Hasta los 25 años!"), vale la pena pensar bien la oportunidad que hay en esto. Como lo señalamos anteriormente, la madurez sexual llega a edades muy tempranas, pero no así la madurez social, pues incluso cuando los chicos cumplen 18 años aún son considerados muy jóvenes para ocupar posiciones y tomar decisiones de gran importancia para ellos y la sociedad (algunas, pues como ya lo vimos, otras no). Si los chicos a los 18 años tuvieran que hacerse cargo de su vida por completo o necesitaran tomar complicadas decisiones laborales y financieras, no tendrían ni tiempo ni energía suficiente para estimular y desarrollar el cerebro que necesitarán por el resto de su vida.

La complejidad de la época actual y de las sociedades tecnológicas ha promovido una sofisticación y especialización de labores que necesita de personas cada vez más entrenadas y con habilidades que implican pericia y dificultad para su ejecución. Dichas características podrán ser adquiridas en el proceso de enseñanza y aprendizaje que ofrecen las instituciones de educación superior. Hoy, un buen número de jóvenes se enfrenta al hecho de que para ocupar casi cualquier posición con buena remuneración económica, es necesario contar con estudios universitarios y, en varios casos, de maestría o incluso de doctorado. Por lo tanto, si una persona a los 18 años tuviera que trabajar de tiempo completo, pagar renta y manutención de una familia, difícilmente podría lograr el nivel de estudios y sofisticación que nuestra sociedad exige.

Esto no quiere decir que "el camino al éxito" se base siempre en los estudios universitarios; es más, no son pocos los que se quejan de que después de haber estudiado cuatro o seis años en la universidad, lo único que lograron fue una deuda enorme de colegiaturas y un trabajo mal remunerado, donde sus estudios no han servido de mucho. Por otro lado, hay quienes no acuden a la universidad y han alcanzado gran éxito en su campo de acción, como el famoso Steve Jobs, creador de Apple; o Mark Zuckerberg, creador de Facebook, quien dejó la universidad para dedicarse a este proyecto; o como el empresario mexicano Roberto González Barrera, quien a pesar de su polémica relación con los políticos fue un hombre que dejó la escuela a la edad de 11 años y a los 15 ya tenía su propio negocio de venta de verduras. Con el tiempo, se convirtió en el dueño de Maseca (la más importante compañía de masa para tortillas y productos de maíz) y en propietario del único banco mexicano en la actualidad: Banorte, con el cual hizo su fortuna e ingresó a la lista de multimillonarios de *Forbes*.

Pero seamos realistas: son una minoría los que logran desarrollarse en la actual sociedad tecnológica de esa forma. Por cada caso exitoso de una persona sin estudios formales, hay miles de casos que no lograron el éxito en lo que se propusieron. No quiere decir que sea imposible hacerlo sin estudios, pero quien lo intente necesitará disciplina, perseverancia y tolerancia a la frustración, pues la tarea no será fácil.

Es claro que con o sin estudios los adolescentes necesitan transitar por este largo periodo de la vida para poder afrontar los retos y desafíos que vendrán cuando alcancen la adultez. Han de transcurrir quince años de una importante transformación del niño que fueron al adulto en el que se convertirán, y durante ese tiempo su sistema endócrino y su cerebro los ayudarán a madurar sexual y cognitivamente.

Sin embargo, los adolescentes y sus padres, así como la sociedad en general, tienen el desafío de que este largo periodo no sea una justificación para la infantilización de la sociedad, que hoy se vive en muchas partes. Sacar provecho de la adolescencia para aprender y crecer no debería ser visto como sinónimo de no asumir responsabilidades, obligaciones y derechos (incluso aquellos de adultos, después de los 18 años). En realidad significa una oportunidad para hacerlo íntegramente. Por tal motivo, autores como Arnett (2015ª) y Santrock (2019) han propuesto una nueva etapa, o, mejor dicho, una transición entre la adolescencia y la edad adulta, a la cual llaman *adultos emergentes* y que va de los 18 a los 25 años de edad. Sin duda un chico de 20 años luce y actúa muy diferente que uno de 13 años, por lo cual pareciera evidente que están en procesos distintos. A pesar de ello, no hay consenso en el mundo académico sobre el concepto de adultos emergentes, pues no hay evidencia de que sea una etapa distinta ni universal a través de distintas culturas (Santrock, 2019). Por ello, en este libro hablaremos de la adolescencia como una etapa constituida por cuatro subetapas, la cual analizaremos en la sección "Cambios sociales" de este capítulo.

Cambios cognitivos en la adolescencia

> Mario, necesito que me ayudes; me siento desesperada. Ya no sé qué hacer con mi hijo. Todo me cuestiona. Siento que me desafía. Para todo quiere una explicación, y a pesar de que se la doy, no es suficiente. Estoy cansada de escuchar: "Pero ¿por qué dices eso?, ¿en qué te basas para decir eso, mamá? Tú eres la primera en decir una cosa y en hacer otra; ¡eso se llama hipocresía, mamá!". No sé qué pasó. Mi hijo amable y obediente desapareció; es como si los extraterrestres hubieran venido y me lo hubieran cambiado por otro que no reconozco, ni físicamente ni mentalmente. ¡Me estoy volviendo loca!

El relato presentado es de la madre de un adolescente de 13 años a quien atendí en una ocasión. En realidad no había nada "malo" en el adolescente; no había ni un trastorno ni ninguna conducta verdaderamente peligrosa, ni había sido secuestrado y cambiado por los extraterrestres; lo que él tenía era que había llegado a la adolescencia, pero a su

31

mamá, como a muchas otras, le resultaba muy difícil comprender los cambios que su hijo estaba viviendo.

Así como existen los cambios físicos a lo largo de la vida, también existen cambios psicológicos, conocidos como *desarrollo cognitivo*, que influyen en la forma en que generamos y hacemos uso de nuestras capacidades mentales. El lenguaje, la memoria, el procesamiento de la información, las habilidades para solucionar problemas, la generación del conocimiento y la forma en que interactuamos con base en él se modifican a partir de dichos cambios psicológicos, o desarrollo cognitivo.

Aquellos que son padres han podido constatar que existe un proceso interno que se va desarrollando conforme los hijos crecen y que les va permitiendo una interacción cada vez más y más compleja con su medioambiente y con las personas que los rodean. Este proceso se puede observar desde que nacen y se relacionan con los padres y hermanos hasta que son capaces de elaborar complicados proyectos escolares o de negocios en la edad de la adolescencia. Los hijos se desarrollan a través de la interacción entre su naturaleza (predisposición genética y habilidades innatas) y su crianza (la estimulación que reciben de su medioambiente a través de los padres, la escuela y la sociedad) con lo que adquieren más y más habilidades que les permiten alcanzar resultados extraordinarios.

Uno de los pioneros en el estudio del desarrollo cognitivo fue el psicólogo suizo Jean Piaget, quien formuló una propuesta teórica desde un enfoque constructivista. Para él, los niños van pasando por etapas que favorecen el desarrollo de las habilidades cognitivas, en las cuales el niño está inmerso en un proceso autoconstructivo donde los adultos y el medioambiente funcionan como facilitadores de dicho proceso, pero no como creadores de él. El niño es el actor principal del aprendizaje, entendido como un proceso de generación de significados o esquemas cognitivos. Sin embargo, a pesar de que el aprendizaje y el desarrollo cognitivo son una experiencia individual, están determinados por condiciones biológicas y genéticas tales como la edad, la inteligencia y otras predisposiciones, pero también por condiciones sociales como la estimulación recibida en el hogar, en la escuela, etc.

Piaget formuló su teoría en cuatro etapas, que necesitan ser entendidas más como un concepto que como una realidad inamovible, pues es sabido que cada persona las experimenta en su desarrollo cognitivo de manera única, por lo que estas categorías sirven como un referente para comprender mas no para determinar. Con el tiempo se han desarrollado otras teorías, e incluso se han hecho diversas críticas al modelo de Piaget. Lev Vygotsky propone un desarrollo no basado en etapas, sino en un proceso continuo que va del nacimiento a la muerte y que además es dinámico, por lo que puede tener manifestaciones diversas entre una persona y otra de la misma edad. También están los teóricos llamados *neopiagetianos*, quienes, basados en la teoría original de Piaget, la han reformulado para intentar dar respuestas más exactas al complejo proceso del desarrollo cognitivo de los humanos. Sin embargo, la teoría de Piaget sigue siendo un pilar fundamental para comprender el desarrollo cognitivo, pues además de parsimoniosa, permite entender por qué mamás como las del ejemplo mencionado se sorprenden de los cambios que ven en sus hijos y "sienten volverse locas" con sus adolescentes.

Como ya lo habíamos dicho, Piaget formuló cuatro etapas de desarrollo cognitivo en los seres humanos:

1. **Etapa sensoriomotora:** Va del nacimiento a la aparición del lenguaje (de 0 a 2 años, aproximadamente). En esta etapa se pasa de un proceso egocentrista, en el que el bebé considera que él y el ambiente (incluida su madre) son una misma cosa, por lo que todo gira en torno a sus exigencias (hambre, sueño, cansancio, etc.), a la permanencia del objeto, donde los niños aprenden que las personas y los objetos existen incluso si no son capaces de verlos o escucharlos. El objetivo de esta etapa es desarrollar la diferenciación entre el yo y el objeto. Al final de esta, la mayoría de los niños encuentran divertido el juego de "¿dónde está mamá?... ¡Aquí está!", mientras ella se esconde detrás de las manos o de la pared. También son capaces de saber que la galleta que se está escondiendo no desapareció, sino que están evitando dársela y por eso la buscan debajo de la mesa o de la mano.

2. **Etapa preoperacional:** Va desde el momento en que el niño empieza a hablar coordinadamente (alrededor de los 2 años) hasta la edad de 7 años. Los niños en esta etapa tienen dificultades para ver las situaciones de manera concreta y lógica, así como para comprender que hay distintos puntos de vista para una misma circunstancia. Es común observar que pueden jugar o pretender estar en una situación dada, sin ningún objeto real relacionado a ella. Por ejemplo, la vara de un árbol puede representar un arma con la que el niño dispara rayos láser, o una niña puede jugar a la casita y al té con su amiga imaginaria. Hay dos elementos fundamentales en esta etapa: la función simbólica y el pensamiento intuitivo. El primero hace referencia a la capacidad de representar, entender y comprender objetos de manera mental, sin tenerlos de forma presente (de los 2 a los 4 años). El segundo es el deseo de querer comprender todo; de ahí la constante pregunta que los niños hacen ante diversas situaciones: "¿Y por qué?" (de los 4 a los 7 años).

3. **Etapa de las operaciones concretas:** Es la llegada de la comprensión lógica de la vida. Normalmente transcurre entre los 7 y los 12 años edad. Los niños empiezan a llegar a conclusiones o explicaciones válidas en situaciones concretas, pero aún no en las abstractas. Se desarrolla el pensamiento inductivo, que permite al niño basarse en una situación en particular para dar una explicación generalizada; pero todavía no se observa el pensamiento deductivo, con el que podrá predecir los resultados de una situación particular basándose en la experiencia generalizada. Otra característica es que el pensamiento egocéntrico empieza a ceder y los niños son capaces de comprender otros puntos de vista, así como de comprender cuestiones morales, no solo desde su perspectiva, sino también desde la de los demás.

4. **Etapa de las operaciones formales:** A partir de los 12 años los niños entran en esta nueva etapa y adquieren las habilidades cognitivas propias de la mente adulta. Ya no solo se utiliza el pensamiento inductivo, sino que se ha adquirido el pensamiento deductivo también, lo que permite que el adolescente desarrolle un pensamiento

basado en planes, posibilidades y solución de problemas. El razonamiento hipotético-deductivo empieza a ganar terreno y le permite hacer inferencias, ver contradicciones y dar explicaciones de lo que pasa en el mundo. Conceptos abstractos, como los valores e ideales, cobran sentido y lo llevan a experimentar una nueva realidad: la del amor, la de la justicia, la del futuro. El adolescente habrá desarrollado entonces la habilidad que es llamada *metacognición*: pensar sobre lo que se piensa.

El que el adolescente haya desarrollado todas estas habilidades no significa que todo sea miel sobre hojuelas; basta recordar el ejemplo mencionado de la señora desesperada al inicio de esta sección. Es más, la mayoría de los adolescentes caben en el dicho "parece como niño con juguete nuevo"; es como si de pronto la biología y la estimulación social los dotaran de un potente Ferrari con 500 caballos de fuerza y pensáramos que en todo momento harán un uso apropiado de semejante máquina. El adolescente aún tiene que aprender a controlar y guiar estas nuevas herramientas cognitivas, y para ello el ensayo y el error son fundamentales. Los chicos tendrán que equivocarse y aprender de ello; caerán muchas veces, tanto en su razonamiento como en sus relaciones con la familia y con la sociedad, pero necesitamos animarlos a que se sigan levantando. Por eso es que en esta etapa empieza la rebeldía contra los padres, de hecho, contra la mayoría de las figuras de autoridad. El cuestionamiento religioso, filosófico y social se hará presente en la generalidad de los adolescentes, y pondrá en duda el mundo que los rodea.

Sus nuevas habilidades cognitivas son una gran herramienta, pero como todo, conllevan un periodo de aprendizaje para utilizarlas correctamente. Los papás que comprenden esto pueden navegar con mayor tranquilidad en las turbulentas aguas ideológicas que el adolescente desarrollará, en las confrontaciones que traerá y en el señalamiento de las contradicciones que ve entre lo que dicen y hacen sus papás. Podrán no verlo como una falta de respeto o un desafío, sino como una oportunidad para hacer cambios con los hijos.

Su hijo no ha sido cambiado por los extraterrestres; su hijo está madurando física y mentalmente, y los papás necesitan aprender nuevas formas de relacionarse y vincularse con él para que aprenda que junto con sus nuevas habilidades cognitivas vienen nuevas responsabilidades que exigen integridad.

Como lo vimos anteriormente, la teoría de Piaget ha sido cuestionada y enriquecida en los últimos años. Una de las críticas es que estas etapas no se superponen unas a otras, como él lo propuso, pues en la vida real no forzosamente tiene que darse una en su totalidad para que aparezca la siguiente. Además, otros autores, como Vygotsky, han señalado que el desarrollo cognitivo no finaliza en la adolescencia, sino que es un proceso que nunca termina y que no se puede delimitar a edades concretas. Sin embargo, cualquier papá de adolescentes podrá ver que estas etapas suceden en los hijos más o menos en la forma en que Piaget las describió. Conocer esta teoría ofrece una idea general de cómo se da el desarrollo de los hijos y evita tener expectativas que difícilmente ellos pueden cumplir.

Recuerdo a un padre que reprendía fuertemente a su hijo en un paseo en bicicleta, cuando el niño, al tomar algo de la canasta de la bicicleta, provocó que esta se cayera. El padre gritaba: "¡¿Qué no te fijas?! ¡¿Acaso no pensaste que eso podría suceder?!". El niño, de 5 años, lo miraba aterrorizado sin comprender el significado de lo que su padre le pedía (planear consecuencias lógicas a futuro), pues apenas estaba en la etapa preoperacional; lo que el niño sí comprendía era que su papá estaba muy molesto y decepcionado. El niño experimentó una profunda ansiedad, no volvió a jugar ni a hablar por varios minutos. Si los papás no alcanzan a comprender que exigir a sus hijos algo que aún no pueden realizar es una fuente de frustración y de ansiedad, estarán contribuyendo a un conflicto mayor que tarde o temprano se manifestará mediante conductas nocivas.

Cambios sociales del adolescente

Además del desarrollo cognitivo por el que pasa el adolescente, es necesario comprender que los quince años de esta etapa no se viven siempre igual ni de la misma manera. La adolescencia tiene un propósito fundamental: fomentar la independencia del niño para convertirse en el adulto que dirija su vida. En este desarrollo de la independencia, los adolescentes pasan por etapas en su relación con el mundo. El doctor Carl E. Pickhardt (2013), psicólogo estadounidense, tiene un libro llamado *Surviving your child's adolescence*, en el que divide la adolescencia en cuatro etapas, que a continuación enlisto y utilizo para reflexionar con ustedes:

La adolescencia temprana (10 a 13 años). La desorganización

"No entiendo a mis papás. A ellos qué les importa cómo tengo mi habitación; es mi habitación. ¡¿Qué no lo entienden?! Si a ellos no les gusta cómo la tengo, que se preocupen por su habitación y que dejen la mía en paz".

Esta es una queja que he escuchado en innumerables ocasiones en mi consulta. Los adolescentes se lamentan de la "falta de libertad" para poder tener su habitación y sus cosas personales como a ellos les interesa. También escucho a los papás quejándose exactamente de lo mismo: "¿Qué le pasa a mi hijo? Todo en su cuarto es un desorden; pareciera que no le importa".

Efectivamente, en esta etapa no les importa, al menos no como a los papás les gustaría. Los chicos en la adolescencia temprana muestran una desorganización en lo personal (ropa, aliño, habitación, útiles, etc.); además, se muestran más desafiantes y negativos ante las figuras de autoridad (estas incluyen a padres, profesores, entrenadores, etc.).

Este aparente desorden con sus cosas personales y el desafío a las figuras de autoridad tienen un propósito: probar y alterar los límites que, tanto la familia como la sociedad, les han puesto desde la infancia. Tal vez para algunos sea difícil comprender esta situación, pero en términos de crecimiento y para alcanzar la independencia (que es el objetivo final de la adolescencia), esto es fundamental. Sin conflicto no hay separación, sin separación no hay independencia, sin independencia no hay crecimiento y madurez en nuestros hijos. Esto no quiere decir que los padres deban ceder a sus exigencias o demandas; quiere decir que es momento de sentarse con los hijos y negociar las reglas: identificar lo admisible e inadmisible de sus conductas, desarrollar planes sobre cómo cumplir con sus responsabilidades, explicar los beneficios y las consecuencias de sus actos y hacer acuerdos que permitan que ambas partes se sientan satisfechas y tranquilas. Una actitud de apertura y diálogo, junto con la seguridad y la firmeza al aplicar los acuerdos, permite a los hijos sentirse escuchados y tomados en cuenta y al mismo tiempo seguros y contenidos por los límites que se han acordado, los cuales los protegen de situaciones que aún no pueden manejar o que les pueden hacer daño.

La adolescencia media (de los 13 a los 15 años)

Las amistades cobran un nuevo significado; para muchos adolescentes representan una segunda familia. Algunos chicos en esta etapa me han expresado que para ellos sus amigos son lo más importante que hay. Y aunque este sentimiento puede ser transitorio, también es comprensible, pues los adolescentes buscan nuevas experiencias y explorar el mundo por sí mismos y en compañía de otros en igualdad de circunstancias. Quieren pasar más tiempo fuera de casa que dentro de ella; las reuniones familiares, los viajes con la familia y las actividades que antes hacían juntos parecen no interesarles más.

Para muchos papás esta etapa es un enorme desafío. Experimentan una forma de celos al ver que ellos ya no son lo más importante en la lista de intereses de sus hijos. Pueden temer que si les dan demasiada libertad, algo malo pueda sucederles. Pero también sienten cansancio y desgaste por las constantes confrontaciones, que han ido en aumento, y por lo difícil que a veces puede ser ponerse de acuerdo.

Sin duda esta etapa es de peligros importantes: alcohol, drogas, tabaco y conductas de riesgo son algunos de los retos que tienen que enfrentar los adolescentes. Además, debido a la creciente necesidad de independencia y exploración del mundo, buscan a otros chicos que pasen por la misma etapa y que, al igual que ellos, piensen que sus padres no los entienden. Por eso las amistades y el sentirse parte de un grupo son fundamentales en la adolescencia, pues les ayudan a sentirse comprendidos y aceptados. Desafortunadamente, en muchas ocasiones, en casa la tensión va creciendo y creciendo, lo que provoca que los adolescentes se sientan cada vez más juzgados y rechazados, lo cual los lleva poco a poco a buscar en otros el sentido de afiliación. La mayoría de los chicos, especialmente los hombres, que se involucran en pandillas o grupos delictivos lo hacen en estas edades. El grupo les ofrece lo que algunos no han tenido en casa: una estructura, un sentido de pertenencia y aceptación e incluso la presencia de una figura masculina sustituta del padre, que muchos de ellos no tienen por el creciente número de divorcios o porque son hijos de madres solteras. En pandillas o en simples grupos de amigos (las famosas *bolitas*), los adolescentes necesitan sentirse reafirmados y aceptados por sus pares; por eso los amigos son tan importantes en esta etapa.

Algunos padres reaccionan con severidad, incluso atacando a las amistades de sus hijos por cuestiones como su apariencia física, sus creencias o el tipo de familia que tienen. Hacer eso solo incrementará más y más el distanciamiento con el hijo, pues le reforzará la creencia de "mis papás no me entienden", por lo que buscará defender a "quienes sí me entienden": los amigos.

Es fundamental que los papás puedan desarrollar una actitud comprensiva de la necesidad de socializar de su hijo y que a la vez puedan mostrar oposición a las conductas de riesgo que el adolescente aún no es capaz de prever. Los acuerdos sobre qué está permitido y qué no lo está en cada familia tienen que reforzarse en esta etapa. Es importante que los padres recuerden a su hijo que si bien ellos respetarán las distintas formas de ser y no criticarán a sus amigos, también le piden respetar la forma de ser, los valores y los acuerdos de la familia propia, y que para ello el hijo tiene que aprender a distinguir entre cómo son sus amigos y sus familias y cómo es él y su familia. Si los papás tienen evidencia de que un amigo es una influencia inadecuada (por alcohol, drogas, promiscuidad, etc.), deben hablar con su hijo, preguntarle por qué admira a esa persona, así como qué le disgusta de ella, y llevarlo a reflexionar si a pesar de eso considera que debe ser su amigo o no. Para la sorpresa de muchos papás, no pocos adolescentes ya se sienten incómodos con esas amistades y solo necesitan que los ayuden a reforzar la idea de terminar la relación. Si el hijo no sabe qué contestar o no sabe decir qué le disgusta de su amigo, o si eso no le parece suficiente para alejarse de él, los papás pueden enumerar evidencias que tengan y darle explicaciones claras, concretas y objetivas de por qué piensan que no es una buena opción para él. Después de eso pueden dejarlo reflexionar por algunos días y posteriormente volver a platicar con él. Si a pesar de ello el chico se resiste y si la evidencia señala que dicha amistad es peligrosa para el muchacho, entonces es un punto de no negociación y los padres tendrán que implementar una regla que prohíba dicha amistad.

La mayoría de los chicos que son escuchados, aceptados y validados por sus padres no necesitan reglas de prohibición con los amigos, pues suelen comprender bien lo que es y lo que no es apropiado para ellos. Pero cuando se sienten sin ningún control o poder en las decisiones que les afectan, suelen resistirse y desafiar más la posición de los papás. Desafortunadamente algunos padres terminan haciendo una guerra de poder con ellos: "Ahora verás quién manda aquí", lo que incrementa más y más el conflicto.

En el capítulo VIII veremos más estrategias sobre cómo manejar las amistades y las conductas aceptables e inaceptables en nuestros hijos.

La adolescencia tardía (de los 15 a los 18 años)

La mayoría de los adolescentes en esta edad ha superado la tendencia desafiante y busca asumir una actitud de personas mayores diciendo algo como "¿por qué no me pueden tratar como un adulto? Ya no soy un niño para que me traten de controlar".

Efectivamente, su cerebro y su estadio cognitivo (recuerden las etapas de Piaget que se mencionaron anteriormente) lo hacen actuar y pensar más como un adulto que como un niño. Pickhardt (2013) señala que la independencia que se busca en la adolescencia es cada vez más y más clara: los chicos ya no dependen de los padres para sentir amor; ahora los adolescentes tienen novio o novia, que los hacen sentir amados; ya no dependen de los papás para trasladarse, pues ahora ellos mismos conducen el automóvil o se mueven en transporte público; incluso muchos de ellos ya no dependen de los papás para tener dinero, pues suelen empezar con sus primeros trabajos y sus primeros ingresos económicos.

Sin embargo, los riesgos también van en aumento. De acuerdo con Sandra Treviño Siller, del Instituto Nacional de Salud Pública en México, los accidentes automovilísticos representan la primera causa de muerte entre los adolescentes mexicanos, y de ellos del 40 % al 60 % suceden por conducir bajo el efecto del alcohol y otras drogas ("Accidentes viales", 2016). De acuerdo con datos de la OCDE, en México a diario se dan 1252 partos de mujeres de entre los 12 y los 19 años de edad (Reyes, 2014). Además hay otros riesgos, como la deserción escolar, la procrastinación de sus responsabilidades académicas y del hogar, etc. En el capítulo V hablaremos más a fondo sobre las conductas de riesgo del adolescente.

Para los papás, el desafío radica, por un lado, en fomentar esa independencia y permitir que los chicos experimenten la vida de adultos, dejándolos manejar, trabajar, tomar más decisiones, llegar más tarde a casa, etc., y por el otro lado, en promover la responsabilidad de sus actos, los valores familiares y el conocimiento de los peligros. Los acuerdos necesitan discutirse y reforzarse, y las consecuencias y los privilegios deben presentarse cuando así lo ameriten.

Probando la independencia (de los 18 a los 25 años)

En esta etapa muchos adolescentes dejarán el hogar para ir a estudiar a alguna universidad foránea; otros tendrán trabajos cada vez más demandantes, formales y mejor pagados; algunos pondrán su propio departamento o casa; otros más empezarán su propia familia. El adolescente está en la última etapa antes de asumir una completa independencia y autonomía.

Para los papás puede ser difícil comprender hasta dónde sí y hasta dónde no deben involucrarse en los problemas y las decisiones que tomen sus hijos. Algunos padres suelen pensar: "Ya es lo suficientemente grande como para que le diga qué debe hacer". Efectivamente, los hijos a esta edad deben tomar decisiones por sí mismos y asumir las consecuencias positivas o negativas que estas conlleven; si los padres no se lo permiten, podrían estar promoviendo lo que en psicología se llama *dependencia moral*, que es la incapacidad para tomar decisiones por uno mismo.

Lo hasta aquí dicho no significa que la función de los padres se haya terminado. El consejo, el diálogo y el refuerzo de los valores y principios que se han promovido son fundamentales en esta etapa. Además, probablemente algunos padres seguirán apoyando a sus hijos económicamente o estos seguirán viviendo con ellos, y, de ser así, se deberán reajustar los acuerdos sobre las responsabilidades en el hogar, las académicas e incluso el apoyo financiero por parte de los jóvenes a la familia.

El que los hijos hayan crecido no quiere decir que se hayan quedado huérfanos. Los papás necesitan darse cuenta de que su hijo ha crecido y es un adulto, pero que aún necesita del acompañamiento moral, e incluso económico, de sus padres para seguir tomando decisiones apropiadas.

Las cuatro etapas propuestas por Pickhardt suelen ser observadas en adolescentes que no presentan un trastorno psicológico o problemas mayores. Sin embargo, puede ser diferente en los chicos con psicopatologías. Un creciente número de adolescentes presenta problemas de salud mental importantes. En el capítulo VI abordaremos los trastornos psicológicos más frecuentes y los tratamientos que han mostrado efectividad, de tal forma que ese apartado contribuya a aumentar el entendimiento sobre la difícil situación que atraviesan tanto los adolescentes con trastornos como sus familias y aporte algunas herramientas para hacerle frente.

Es necesario recordarles a los papás y a los profesionales que trabajan con adolescentes que esta etapa no durará para siempre y que, si bien conlleva retos y en ocasiones desgaste, también es una extraordinaria oportunidad para apoyar a los hijos en su transformación. El tiempo, los recursos, el diálogo, las estrategias, la convivencia y demás cosas que los adultos hacen por y para los adolescentes no serán en vano; tarde o temprano formarán parte de los cimientos y de las estructuras de los adultos en los que los chicos se convertirán. ¡Vale la pena seguir trabajando por ellos!

Resumen

En este primer capítulo se vio en qué consisten la adolescencia y la pubertad. Se explicó por qué la adolescencia tiene un componente social y cultural tan relevante, pues su objetivo es la independencia del hijo de sus padres, y por qué la pubertad es una etapa biológica cuyo objetivo es la madurez sexual.

También se estudió el papel del cerebro en la pubertad y el desarrollo cognitivo junto con las cuatro etapas propuestas por Piaget: etapa sensoriomotora, etapa preoperacional, etapa de operaciones concretas y etapa de operaciones formales.

Finalmente se abordaron los cambios sociales y las cuatro etapas de la adolescencia propuestas por Pickhardt: la adolescencia temprana, la adolescencia media, la adolescencia tardía y la prueba de la independencia.

Se comentó que tanto el desarrollo cognitivo como el desarrollo social en el adolescente pueden ser afectados por diversas psicopatologías, que se revisarán en capítulos posteriores.

En el próximo capítulo se estudiará la situación de las familias en las que el adolescente se desarrolla, desde las estructuras integradas por padre y madre hasta las familias monoparentales, e incluso los adolescentes huérfanos o los casos en los que el mismo adolescente ha iniciado su propia familia; así como los retos que los papás y los hijos tienen que afrontar y cómo estos impactan en el desarrollo del adolescente.

Cuestionario para padres y profesionales

1. ¿Cómo puedes reconocer cuándo tu hijo ha iniciado la pubertad y la adolescencia?
2. ¿Cómo te sientes ante la idea de abordar con tus hijos los cambios físicos, psicológicos, sociales y sexuales que vivirán?
3. ¿Estás siendo consciente de las etapas cognitivas en las que están tus hijos y mesurando tus expectativas sobre cómo deberían comportarse?
4. ¿Tienes un plan basado en acuerdos y consecuencias positivas y negativas acorde a las etapas de la adolescencia?
5. ¿Cómo te sientes ante la adolescencia de tu hijo y qué tan dispuesto estás para aprender a negociar, dialogar y establecer acuerdos con él?

Para saber más sobre el capítulo I

Para saber más de las etapas del desarrollo:
   http://www.etapasdesarrollohumano.com/

Para saber más de la pubertad:
   https://medlineplus.gov/puberty.html

Para saber más sobre el abuso sexual en México y Estados Unidos:
   http://www5.diputados.gob.mx/index.php/esl/Comunicacion/Agencia-de-Noticias/2014/11-Noviembre/18/9037-Mexico-ocupa-primer-lugar-a-nivel-mundial-en-abuso-sexual-violencia-fisica-y-homicidios-de-menores-de-14-anos-afirma-directiva-de-centro-de-estudios
   https://www.psychologytoday.com/us/blog/the-new-teen-age/201207/7-ways-help-teen-survivor-sexual-assault

Para saber más de Piaget:

https://psicologiaymente.net/desarrollo/etapas-desarrollo-cognitivo-jean-piaget

Para saber más del sistema endócrino:

http://www.albertosanagustin.com/2015/03/sistema-endocrino-organos-y-funciones.html

Capítulo II: El adolescente y la familia

Gran parte de lo mejor que hay en nosotros está ligado a nuestro amor a la familia, que sigue siendo la medida de nuestra estabilidad porque mide nuestro sentido de la lealtad. Todos los otros pactos de amor o temor derivan de ella y se modelan sobre ella.

Haniel Long

En el capítulo anterior estudiamos la influencia de los aspectos biológicos y sociales tanto en la pubertad como en la adolescencia. Hablamos de las etapas cognitivas y sociales por las que pasa el adolescente y cómo estas influyen en su comportamiento.

Sin embargo, la familia es otro elemento de suma importancia en el desarrollo de cada adolescente, y por ello es necesario dedicar un capítulo completo para comprender sus características y su participación en la conducta y los procesos por los que se transitan en esta etapa del desarrollo.

La familia es la primera comunidad en la que el adolescente puede practicar su forma de ser, sus conductas, sus pensamientos y sus emociones. Pero también es una fuente de aprendizaje bidireccional basada en la relación que sostiene el hijo con sus padres y hermanos. De igual forma, es un sistema que configura las creencias, principios y valores que influyen en el comportamiento social del chico. De ahí que comprender las dinámicas familiares en las que se desarrollan los adolescentes, es comprender al adolescente mismo.

Desafortunadamente no todas las familias representan el ambiente ideal para el desarrollo de los hijos. Familias desintegradas, marcadas por la violencia, la pobreza, el alcohol y las drogas representan un ambiente no apto para la crianza de los hijos y al cual los adolescentes son especialmente susceptibles. Pero hay otros entornos menos obvios y de reciente aparición que tampoco cubren las necesidades emocionales y psicológicas para el adecuado desarrollo de los hijos. Me refiero a las familias constituidas por la ausencia de los padres y a la dinámica familiar en aras de la productividad y del éxito financiero y social.

Muchos hijos crecen sin un vínculo de intimidad con sus padres o sus hermanos, pues las demandas de la vida contemporánea exigen que en una alta cantidad de hogares papá y mamá trabajen de tiempo completo, lejos de casa, lejos de los hijos, lejos de la posibilidad de formar vínculos. La vida familiar ha sido relegada a cuando sobre tiempo. Además, el tiempo pareciera nunca sobrar en las zonas urbanas, donde la vida laboral y el tráfico consumen los momentos que podrían promover la relación entre padres e hijos. Hoy las palabras de Chesterton tienen más sentido que nunca y son una exhortación a replantearnos el modelo que estamos siguiendo: "El lugar donde nacen los niños y mueren los hombres, donde la libertad y el amor florecen, no es una oficina ni un comercio ni una fábrica. Ahí veo yo la importancia de la familia".

Así pues, en este capítulo revisaremos las familias constituidas por ambos padres, las monoparentales, las familias de parejas heterosexuales y las de parejas homosexuales. Estudiaremos cómo influyen los distintos tipos de configuración de las familias en el proceso de desarrollo del adolescente. También existen las familias constituidas por los propios adolescentes: las del 55.7 % de las jóvenes mexicanas que iniciaron vida sexual temprana y que según los investigadores González, Rojas, Hernández y Olaiz (2005) se convirtieron en mamás en esa etapa de su vida. Sobre esta realidad hablaremos en el capítulo V, "Conductas de riesgo en el adolescente". Finalmente analizaremos los estilos de crianza, la comunicación familiar y los conflictos más comunes entre padres e hijos, así como la importancia de la comunicación sobre temas como la sexualidad y las drogas.

Las distintas formas de ser familia

Como ya lo mencionamos, la familia es la primera comunidad donde el adolescente aprende, desarrolla y ejecuta sus habilidades sociales, emocionales y psicológicas. Los padres y los hermanos son una forma de maestros a la vez que compañeros en el complejo proceso de aprendizaje que implican los códigos sociales y culturales.

En casa se transmiten creencias, valores y principios, y al mismo tiempo se modelan conductas y estilos de afrontamiento ante los retos de la vida. De manera tácita o con el ejemplo, los padres y los hermanos son parte nuclear de la configuración cognitiva del adolescente. Las creencias de quién y cómo soy, quiénes y cómo son los demás y cómo es el mundo en el que habitamos están fuertemente influidas por la relación con los padres y los hermanos, quienes contribuyen a la configuración de lo que en psicología se conoce como *esquemas cognitivos* (Young, Klosko, & Weishaar, 2003).

Sin embargo, no todas las familias son iguales. Recuerdo el fuerte impacto que tuvo en mí la noticia del fallecimiento de la mamá de un compañero y amigo de mi salón cuando estábamos en cuarto o quinto grado. Mi compañero era el mayor de una numerosa familia, algo así como de diez u once hermanos. Además, su padre había migrado a México, por lo que mi primer pensamiento fue: "¿Cómo hará el papá para sacar adelante a una familia tan numerosa y probablemente sin tener parientes con quién apoyarse?". Sin yo saberlo, esa fue mi primera experiencia de que no todas las familias estaban constituidas de la misma forma, que existían familias con realidades muy distintas a las mías. De modo impresionante, tanto mi ahora excompañero como sus hermanos han mostrado un extraordinario ejercicio de resiliencia, o de crecimiento postraumático, pues recientemente supe de los logros que han tenido y de cómo han podido afrontar la ausencia de la madre.

Poco tiempo después, otro compañero perdió a su padre en un accidente deportivo. Ahora era la madre quien se tendría que hacer cargo de una familia también numerosa (cinco o seis hijos). Con el tiempo, pude observar que en otras familias el padre estaba ausente, que el divorcio había dividido la unidad familiar. Que algunos nunca conocieron a su padre o a su madre, que otros no querían volver a saber de ellos. Conocí personas muy cercanas cuyos padres biológicos no pudieron o no quisieron asumir la responsabilidad de criarlos y amarlos, y que fueron acogidos como hijos propios por personas de gran generosidad.

Sin embargo, el golpe de realidad más fuerte lo tuve cuando empecé mis prácticas de psicología en el Centro Tutelar para Menores de Jalisco en la ciudad de Guadalajara, donde los menores infractores son enviados después de cometer algún crimen. Siendo estudiante de octavo semestre, tuve la extraordinaria oportunidad de ver el fuerte impacto que tienen las familias en la conducta de los adolescentes. Con gran sorpresa, a la vez que consternación, constaté la difícil realidad con la que no pocos adolescentes crecen: papá o mamá alcohólicos o con adicción a las drogas, mamás dedicadas a la prostitución, adolescentes que fueron golpeados o abusados sexualmente por sus propios padres o hermanos, papás

51

negligentes que abandonaron a sus hijos en la calle, familias enteras sumergidas en la miseria. Comprender sus ambientes familiares me permitió entender por qué esos adolescentes presentaban conductas delictivas y darme cuenta del difícil camino que tenían enfrente para no terminar repitiendo el mismo círculo de violencia, abuso y peligros.

Estas y muchas otras experiencias me fueron abriendo poco a poco los ojos para comprender que no todos disfrutan de un hogar bajo la protección de un padre y una madre amorosos que buscan proveer a sus hijos de sus necesidades materiales y emocionales. En realidad, solo el 50 % de las familias actuales cuentan con papá y mamá, pero inclusive para ellas eso no es una garantía de estabilidad, pues hasta las familias con ambos padres pueden estar marcadas por los trastornos mentales, la violencia, la pobreza o las adicciones.

La naturaleza humana no tiene garantías para la felicidad. Es un camino sinuoso que debemos transitar, y en ese andar tal vez podamos encontrar atajos que nos ayuden a hacer más fácil y corto el camino para llegar a la meta. La familia, dependiendo de su dinámica interna, puede ser o bien un atajo, o bien un camino que lleva al conflicto constante.

Según Andrea Sánchez Zepeda, investigadora de la Escuela Nacional de Trabajo Social de la UNAM ("Cambia la estructura familiar", 2016), el 50 % de los 28 millones de familias en México no está conformado por un padre, una madre y los hijos, lo que se conoce como *familia nuclear*. Catorce millones son familias que van desde monoparentales (puede ser papá o mamá con hijos), compuestas (papá o mamá con otra pareja e hijos de otra relación), ampliadas (nuclear más otro miembro consanguíneo) o hasta lo que llama correlacionales (sin ninguna línea de parentesco).

En Estados Unidos, según el Pew Research Center (2015), el 46 % de los niños vive con ambos padres; el 15 % tiene papás que se volvieron a casar; el 7 % tiene papás en cohabitación; el 26 % vive con un solo papá y, finalmente, el 5 % de los niños no vive con ninguno de sus papás.

La situación de la familia ha cambiado drásticamente. En Estados Unidos, en 1960 el 73 % de los niños vivía con ambos papás, y en México, según el Instituto Nacional de Estadística y Geografía (Inegi, 2013, 2015), en 1980 solo el 4.4 % de los matrimonios terminaba en divorcio;

en 2013 la cifra aumentó al 18.6 %. Desde el 2005 el aumento del divorcio en México ha sido casi de un punto porcentual cada año.

La familia está experimentando cambios, y de manera interesante también lo está haciendo la salud mental. Pareciera existir una correlación entre los cambios y problemas que vive la familia y el número de personas que padecen problemas psicológicos, pues al igual que las rupturas matrimoniales y familiares han ido a la alza, también lo han hecho los trastornos psicológicos. En 1987, 1 de cada 184 estadounidenses padecía de un trastorno psicológico; para 2007 la cifra fue más del doble: 1 de cada 76. Claro que no es la única respuesta posible, pues hoy se cuenta con mejores instrumentos diagnósticos y hay un número mayor de profesionales de la salud mental; además ha ocurrido un cambio sociodemográfico donde cada vez más personas han abandonado el campo para irse a vivir a la ciudad (con el estrés y los problemas relacionales que esto implica). Sin embargo, el sentimiento de solitud ha ido en crecimiento al igual que lo ha hecho la depresión, lo que hace que muchos adolescentes no vean en la familia un lugar de apoyo. En relación con esto, una paciente de 17 años me explicaba lo siguiente:

> Yo no puedo hablar con mi familia sobre mis problemas. Prácticamente no convivo con ellos. Mi mamá trabaja todo el tiempo, y cuando no lo está haciendo sale con su novio en turno; creo que le he conocido unos cinco novios en los últimos dos años. A mí papá no lo veo; solo cuando necesito dinero lo busco y tengo que pedírselo muchas veces y de distintas maneras. Pero si yo no le hablo, él no me habla. No sé ni siquiera qué hace en este momento de su vida, si tiene pareja o no. La verdad, ante mis problemas me siento sola; tú eres la única persona con la que puedo hablar de lo que me pasa.

Con base en los cambios mencionados, no es difícil comprender el efecto negativo que la crisis de la familia está trayendo a nuestros adolescentes. Desafortunadamente, el modelo social y político que se ha implementado en las últimas décadas provoca que el tiempo para la convivencia entre familiares sea cada vez menor. En cambio, progresivamente se pasa más y más tiempo con personas sin lazos consanguíneos o emocionales a quienes las une el objetivo económico y productivo, como es el caso de las guarderías infantiles. Prado Esteban habló de esto en una reciente entrevista:

> Las clases en el poder han tenido desde el siglo XIX un objetivo muy claro: ampliar las funciones del Estado para sustituir el ámbito propio del pueblo. En esa estrategia, el enfrentar a las mujeres con los hombres es fundamental. Destruir las células de convivencia básicas con el fin de crear una nueva sociedad, con una nueva criatura que es esta de hoy: un *animal laborans* que solo trabaja y consume, con cada vez menos vida sexual y colectiva –sin vida en ningún sentido. (Ortega, 2014, párr. 4).

Las familias están experimentando cambios como nunca antes lo habían hecho; el efecto de estas transformaciones se refleja de manera más clara en el comportamiento de los adolescentes. La estabilidad del adolescente está fuertemente marcada por la permanencia familiar. Por eso, a continuación analizaremos el efecto que tienen las distintas familias en la vida de los adolescentes.

Familias nucleares frente a las no nucleares y el divorcio

Como ya lo señalamos, no todas las familias son iguales. Las hay nucleares, monoparentales, compuestas, ampliadas y correlacionales. El impacto de estas familias en el desarrollo y comportamiento del adolescente ha sido estudiado por diversos investigadores a lo largo de las últimas dos décadas; comprender los resultados puede ayudarnos a identificar cuál es el escenario ideal para el crecimiento de los hijos.

Estudiar cómo los distintos tipos de familia impactan en el adolescente no es un ejercicio de discriminación social o limitación de derechos, como algunos lo han señalado, sino una oportunidad para prevenir e intervenir en los distintos tipos de familia con la intención de incidir favorablemente en el bienestar familiar y en el bienestar psicológico del adolescente. A continuación veremos los resultados obtenidos por diversos estudios sobre el tema.

Una de las investigaciones pioneras para identificar el efecto de la configuración familiar fue el meta-análisis elaborado por Amato y Keith

(1991). En su estudio encontraron que los hijos de familias nucleares intactas (padre, madre e hijos reunidos) suelen obtener mejores resultados académicos y conductuales; muestran mayor ajuste psicológico, mayor autoestima y competencia social, a la vez que una mejor relación con sus padres. Observaron que los hijos de familias divorciadas suelen tener resultados más bajos en estas áreas, especialmente en la evaluación de sus conductas y en la relación con su padre.

Desde entonces, se han realizado distintos estudios con diversas poblaciones para conocer cómo afectan el divorcio y las distintas familias al desarrollo de los adolescentes.

Falci (2006) encontró que los adolescentes de familias nucleares suelen experimentar menos problemas emocionales y estrés psicológico cuando son comparados con los adolescentes provenientes de familias no nucleares. De igual forma, Apel y Kaukinen (2008) encontraron que las conductas antisociales (que van desde huir de casa, ser suspendido de la escuela o abusar de sustancias hasta cometer delitos menores de propiedad y participar en conductas violentas o ser arrestado) son en promedio menores en aquellos adolescentes que cuentan con familia nuclear en comparación con los que no.

En cuanto a los trastornos psicológicos, Cuffe, McKeown, Addy y Garrison (2005) encontraron que los adolescentes que no viven con ambos padres biológicos muestran hasta cuatro veces más probabilidades de desarrollar irritabilidad, hiperactividad y depresión. Rodger y Rose (2002) señalan que la promiscuidad sexual, la portación de armas, así como verse envueltos en peleas físicas, fue mayor en los chicos que no vivían en familias nucleares o intactas. Lo mismo para el abuso de sustancias y desarrollo de adicciones, pues según Dube (2003), los hijos de padres divorciados tienen cuatro veces más probabilidades de utilizar drogas a lo largo de su vida.

En Noruega, Størksen, Røysamb, Holmen y Tambs (2006) concluyeron en su estudio que el 14 % de los hijos de padres no divorciados consumían drogas, frente al 30 % de los hijos de padres divorciados (más del doble), además de mayores puntuaciones en estrés, ansiedad y depresión.

El efecto de las rupturas matrimoniales, la cohabitación y otras formas de familia también fue estudiado por Waite y Gallagher (2001) en el libro *The Case of Marriage: Why Married People are Happier, Healthier and Better Off Financially*, donde apuntan que el divorcio es una gran fuente de estrés para los adultos y para los hijos.

Los autores encontraron que la separación de los padres acarrea, entre otras, las siguientes consecuencias en los chicos: dobla la posibilidad de que abandonen la escuela; reduce en un tercio la posibilidad de que se gradúen de la universidad; aumenta en un 50 % la probabilidad de que desarrollen problemas de salud; reduce en cuatro años su expectativa de vida; aumenta en 37 % la posibilidad de que desarrollen problemas psicológicos; incrementa el riesgo de que sean encarcelados; dobla la posibilidad de que inicien la vida sexual a los 14 años y triplica la posibilidad de embarazos no deseados en la adolescencia.

En los adultos, las consecuencias del divorcio son que reduce en un 60 % la posibilidad de experimentar felicidad; aumenta el riesgo de depresión y triplica el riesgo de suicidio. Las mujeres divorciadas tienen mayor riesgo de sufrir violaciones; se reducen hasta en un 30 % los ingresos económicos y se disminuye tanto el desempeño del sistema inmunológico como la expectativa de vida.

La crisis por la que pasan las familias ha llevado a que en Estados Unidos 15 millones de niños crezcan sin su padre y 5 millones sin su madre. Las investigaciones aquí comentadas, y muchas otras, apuntan a una lamentable realidad de la que no se ha hablado lo suficiente; la ausencia de la figura paterna es crucial en el sano desarrollo psicológico, físico y social de los hijos.

Kirchheimer (2003) señaló que la ausencia del papá se asocia a niños dos veces más propensos a cometer suicidio, dos veces más propensos a desarrollar trastornos psiquiátricos, dos veces más propensos a tener problemas de alcohol, cuatro veces más propensos a tener problemas de drogas.

Arvelo (2009) señala que distintas investigaciones han concluido que los hijos que crecen sin un papá o con un papá ausente tienen más probabilidades de presentar problemas en el establecimiento de límites y normas; bajo rendimiento escolar; trastornos lingüísticos, de aprendizaje y cognoscitivos; dificultades en la lectoescritura; retraso escolar; repetición de año escolar; conductas transgresoras; dificultades en la comunicación; depresión, angustia, hostilidad, rebeldía y deterioro de los procesos psicológicos y conductas como la motivación, atención, comprensión, memoria, responsabilidad, disciplina, persistencia, planificación, organización, etc., los cuales son factores necesarios para un adecuado aprendizaje.

La crisis de la familia expresada en el alto número de divorcios y hogares monoparentales no les hace bien ni a los hijos ni a los padres.

Familias de parejas homosexuales y homoparentalidad

Hasta hace pocos años, el matrimonio y la adopción estaban constituidos y limitados por y para parejas heterosexuales. Sin embargo, en los últimos años se ha dado un cambio ideológico, filosófico y antropológico tanto en la institución del matrimonio como en la de la familia. Los matrimonios homosexuales y la adopción de niños por parejas del mismo sexo son una realidad en un gran número de países occidentales. En México, la Ciudad de México, Quintana Roo y Durango han aprobado el matrimonio entre personas del mismo sexo. Según lo comenta Sánchez Zepeda, 3 de cada 10 nuevos matrimonios en el registro civil de la Ciudad de México son de parejas homosexuales ("Cambia la estructura familiar", 2016).

Con los matrimonios civiles homosexuales ha llegado la llamada *adopción homoparental*. Veintiséis países han aprobado leyes para que las parejas homosexuales puedan adoptar hijos y así se equiparen los derechos civiles de las parejas heterosexuales y homosexuales.

En los ámbitos político, social y religioso la medida no ha pasado inadvertida y ha encontrado fuerte oposición de algunos sectores de la sociedad.

En la Ciudad de México, desde 2010 las parejas homosexuales pueden adoptar hijos. El presidente Enrique Peña Nieto intentó pasar un paquete de leyes para validar el matrimonio civil homosexual en todo el país y para permitir la adopción a parejas del mismo sexo. La polémica se manifestó en los medios de comunicación, en las familias, en las reuniones con los amigos. La controversia llegó hasta las calles en una manifestación de más de un millón de personas promovida por el Frente Nacional de la Familia, grupo constituido por diversas instituciones religiosas y sociales. Sin duda se generó una confrontación social sin precedentes entre quienes apoyaban la medida y quienes no. De momento, el Congreso ha detenido la iniciativa presidencial.

Para distintos autores los cambios en la familia y el matrimonio son resultado de la creciente aprobación política y social de las nuevas lecturas que se hacen a las ideas políticas, económicas y sociales del marxismo, lo que han llamado *neomarxismo cultural,* o *ideología de género* (Zamora, 2015; Kuby, 2015; Márquez & Laje, 2016). Los cambios en el matrimonio y en la familia han sido vistos por muchas personas como una amenaza a la estructura familiar y al sistema social.

En psicología, la ideología de género, o teoría de género, o perspectiva de género (como suele llamarse en distintos ámbitos académicos), ha sido ampliamente aceptada y ha encontrado promotores tan importantes como la American Psychological Association (APA), que ha hecho recomendaciones, investigaciones y cambios en sus estatutos para promover dicha perspectiva. Money, J. G. Hampson y J. L. Hampson (1955) y Stoller (1968) fueron los primeros psicólogos en proponer el concepto de *identidad de género* para distinguir entre el sexo biológico y la construcción social de género, es decir, lo que una determinada sociedad promueve para los sujetos masculinos o femeninos. Fue en la década de los setenta, con el creciente número de seguidores al feminismo y las renovadas lecturas del marxismo, que el concepto de género empezó a expandirse y poco a poco a convertirse en concepto oficial de la Organización Mundial de la Salud, la Organización de Naciones Unidas y diversos Gobiernos occidentales.

Sin embargo, la controversia no solo está presente en los ámbitos político, religioso y social; también se ha presentado en el mundo científico. Por un lado, la APA, junto con un gran número de asociaciones, universidades e investigadores, ha asumido la perspectiva de género no solo como una teoría, sino como un derecho que de negarlo es equiparable a ir en contra de los derechos humanos. Por otro lado, algunos investigadores y asociaciones como la National Association for Research and Therapy on Homosexuality (NARTH) han señalado las estrategias que –aseguran– la APA y los Gobiernos han implementado para silenciar sus intervenciones terapéuticas, investigaciones y los resultados contrarios a lo que promueve la perspectiva de género. Tal es el caso de los Gobiernos de California y New Jersey, que en 2012 prohibieron a los terapeutas y profesionistas de la salud mental trabajar para hacer cambios en la orientación sexual de niños menores de 18 años con atracción homosexual.

El debate continúa. Recientemente se publicó en el *journal The New Atlantis* un reporte especial sobre sexualidad y género realizado por connotados investigadores en psicología, psiquiatría, biología y epidemiología. Los coordinadores son los distinguidos doctores Mayer y McHugh (2016), ambos de la Johns Hopkins University. Dicho reporte contradice algunos de los postulados que la perspectiva de género, junto con la APA, han sostenido en temas como orientación sexual, identidad de género, salud mental en la homosexualidad y la transexualidad y la forma de atender terapéuticamente la transexualidad.

Resulta interesante que dichos investigadores forman parte de la misma universidad a la cual perteneció Money, quien desarrolló la Johns Hopkins Gender Indentity Clinic, donde se promovieron e iniciaron las primeras cirugías de reasignación sexual. Con el tiempo, el hospital concluyó dejar de practicar las cirugías por los efectos endocrinológicos y psicológicos adversos que presentaban los sujetos que se sometían a ellas (como el caso de David y Brian Reimer).

La controversia científica en torno a la ideología de género no se ha quedado solo en el nivel teórico o político (lo cual es una lamentable realidad en la mayoría de las agrupaciones científicas), sino que se ha expandido en torno al efecto positivo o negativo que la homoparentalidad tiene en los hijos.

Por un lado, la APA y diversos investigadores han mostrado estudios donde declaran que no existen diferencias psicológicas significativas entre los hijos criados por parejas heterosexuales y aquellos formados por parejas homosexuales (dichos resultados han sido recopilados en el reporte *Lesbian & Gay Parenting,* publicado por la APA en 2005). Por otro lado, el NARTH y diversos investigadores han dicho que las conclusiones a las que se han llegado en esos estudios son falsas y que los resultados han sido manipulados intencionalmente para favorecer un cambio en la perspectiva de la homparentalidad tanto en académicos como en el público en general. Quienes estén interesados en conocer la postura del NARTH en oposición a la de la APA pueden visitar el siguiente enlace: https://static1.squarespace.com/static/55efa8b5e4b0c21dd4f4d8ee/t/55f03ed3e4b0ef16d8 a9c7fe/1441808083056/Narth%27s+Critical+Analysis+of+Task+Force+Report_c.pdf.

La discusión sobre este tema en los ámbitos político, social y científico no ha estado exenta de confrontaciones de gravedad, falacias *ad hominem* y todo tipo de estrategias para que los de una posición descalifiquen a los de la otra.

Quienes se oponen aseguran que se hace daño a los hijos y que la homoparentalidad responde solo a los intereses individuales de las parejas homosexuales, pero no a los de los hijos. Que todos tienen derecho a conocer y ser criados por su padre y su madre, y si estos no quieren o no pueden criar al hijo, entonces es conveniente entregarlo a una pareja heterosexual que pueda suplir dichas figuras. Quienes se muestran a favor aseguran que no hay diferencia en la crianza y que en un hogar homosexual o heterosexual es suficiente con que haya amor para criar exitosamente a un hijo. Además aseguran que quienes se oponen los discriminan y que lo hacen basados en lo que llaman *el modelo heteropatriarcal-heteronormativo,* que supuestamente reprime y no reconoce a quienes no se ajusten a él (para un análisis crítico del concepto de patriarcado, sugiero el artículo de Laje (2016) titulado "El patriarcado ya no existe".

Más allá de las estrategias y las confrontaciones señaladas, están las discrepancias encontradas en los estudios científicos y que, como ya mencionamos, no han estado exentas de acusaciones y de manipulaciones e intereses políticos. Veamos algunos de los estudios que se oponen a los postulados de la APA y que con frecuencia no son escuchados en la discusión de estos temas.

En un reciente estudio publicado en el *British Journal of Education, Society and Behavioral Science*, Sullins (2015) retomó los estudios previos en los que se afirmaba que no había diferencias entre hijos de parejas heterosexuales e hijos de parejas homosexuales, y encontró que en dichos estudios se identificó erróneamente a los participantes heterosexuales con los que se había hecho la investigación. Corrigió dicho error y replicó los estudios. Entre sus resultados encontró que los adolescentes con padres del mismo sexo experimentan significativamente menor autonomía y mayor ansiedad, pero también un mejor rendimiento escolar que los adolescentes con padres de sexos opuestos. Sullins señala que otros estudios han explicado que la mejoría en el rendimiento académico podría deberse al deseo de los adolescentes de agradar a los adultos con las conductas que consideraban importantes en un niño y así generar una apariencia apropiada frente a las familias heterosexuales.

La comparación entre chicos criados por padres solteros y adolescentes criados por padres (autodescritos) casados del mismo sexo mostró que los síntomas depresivos se elevan del 50 % al 88 %; el temor y el llanto diario se elevan desde 5 % a 32 %; hay un descenso de calificaciones promedio de 3.6 a 3.4 (en la escala de puntuación usada en Estados Unidos, que va de 0 a 4); y el abuso sexual a niños por los padres aumenta de cero a 38 %.

El autor concluye que cuanto más tiempo un niño ha estado con padres del mismo sexo, mayor es el daño que recibe, y que es falso lo que la APA afirma: "Ni un solo estudio de lesbianas o padres homosexuales ha encontrado estar en desventaja en cualquier aspecto significativo respecto a los niños de padres heterosexuales". En su estudio, Sullins considera demostrado que la declaración de la APA sobre la no existencia de diferencias en la crianza es definitivamente falsa.

Sin embargo, las críticas no se han hecho esperar para este y otros estudios de Sullins, pues sus críticos dicen que es imparcial por tener una perspectiva católica conservadora. Si dicho argumento –que se utiliza para descalificar estos estudios– fuese válido, se tendría que someter a la

APA a la misma medida y dudar de sus posiciones, pues es evidente su promoción de la homoparentalidad.

En otro estudio, el *New Family Structures Study* (NFSS), de la Universidad de Texas (Regnerus, 2012), basado en un muestreo de amplitud nacional, representativo y al azar de jóvenes adultos de entre 18 y 39 años, se encontraron resultados contrarios a los sostenidos por la APA.

Los resultados, contrarios a los que hasta hoy la APA (desde su reporte del 2005) ha venido afirmando al decir que a los hijos criados por padres con relaciones homosexuales no les iba peor –sino en algunos casos hasta mejor– que a los hijos criados en familias biológicas intactas, señalan que a los chicos criados por parejas homosexuales en promedio les va peor que a los hijos criados por sus padres biológicos.

En 25 de las 40 variables evaluadas había diferencias estadísticamente significativas entre los hijos de hogares de familias biológicas intactas (FBI) y los de hogares de madre en relación lesbiana (MRL). Estos últimos mostraban una puntuación por debajo del nivel óptimo en áreas como estar recibiendo asistencia social, necesidad de terapia, infidelidad, enfermedades de transmisión sexual, haber sido víctimas sexuales, nivel de educación alcanzado, seguridad en la familia de origen, depresión, adicciones, uso de marihuana y su frecuencia, así como conducta criminal.

En 11 de las variables había diferencias estadísticamente significativas entre los hijos de hogares FBI y aquellos que reportaban tener un padre en relación gay (PRG) en aspectos como estar recibiendo asistencia social, pensamientos suicidas, enfermedades de transmisión sexual, haber sido forzados sexualmente, seguridad en la familia de origen, depresión, calidad de las relaciones, frecuencia con que se fuma y conducta criminal. Además hay importantes diferencias en ambas comparaciones, pero los jóvenes adultos de MRL mostraron los resultados menos favorables en una amplia gama de categorías cuando al compararse con los hijos de hogares FBI y les ha ido peor en más categorías que a los hijos de PRG.

La doctora Ana Samuel del Witherspoon Institute hospeda una página web (http://www.familystructurestudies.com/es/) con los resultados tanto del estudio de Regnerus como de otras investigaciones sobre la materia, disponibles para ser consultados públicamente. Samuel concluye diciendo:

> La ampliamente difundida afirmación de que las familias con padres del mismo sexo no son diferentes de las familias con padres heterosexuales no tiene base científica. Nuevos estudios muestran que los hijos criados por sus padres biológicos —en un matrimonio estable e intacto— tienen ventajas.

Reflexiones sobre la configuración de las familias y los adolescentes

Hasta aquí hemos revisado diversas investigaciones científicas sobre el efecto de las distintas familias en la salud mental de los hijos. También hablamos sobre la controversia existente entre sectores de la vida política y social, así como de la aparente implementación del neomarxismo cultural y de la ideología de género en diversas instituciones.

Analizamos la controversia entre la posición oficial de la APA, que se muestra a favor de la homoparentalidad diciendo que no hay diferencias, y la de otros grupos de investigación, que aseguran que sí hay diferencias y que los resultados son desfavorables para los adolescentes.

Con un escenario así es probable que ustedes, lectores, se sientan abrumados y desesperanzados ante la dificultad de saber qué es lo conveniente o no para los adolescentes. Por eso, a continuación comparto mi opinión.

Sabemos que la presencia del padre (y no solo la de la madre) es importantísima en la vida de los hijos. Pero no hablamos de un padre exclusivamente proveedor, sino de un padre presente en los intereses y en las experiencias de sus hijos, con quienes puede construir un nivel de intimidad que les permita influir en sus decisiones. De tal forma que independientemente de si los padres están casados, divorciados, separados; si son pareja heterosexual u homosexual, la presencia de papá y mamá en la vida de los hijos es fundamental.

Por desgracia no siempre es posible que papá o mamá estén presentes en la vida de los hijos: hay chicos huérfanos de padre, de madre o de ambos; hay papás separados o divorciados que viven en ciudades o incluso en países distintos. Papá o mamá con problemas psicológicos severos y otras múltiples realidades hacen que no pocos hijos crezcan sin la presencia de papá o mamá (mayormente papá). En casos como estos es probable que se afecte de alguna forma a los chicos; sin embargo, fortalecer la relación con el padre presente, así como buscar una vida estructurada y figuras de apoyo (abuelos, tíos, etc.), pueden ayudar a mitigar el impacto de la ausencia del padre o de la madre.

En cuanto al debate de la homoparentalidad, es importante recordar que 26 países ya la han aprobado y que, por lo tanto, se tiene la oportunidad de hacer más investigación (deseablemente sin intereses políticos o ideológicos) para saber cuáles son los efectos de dicha relación parental. Sin embargo, hasta inicios de 2017 había 168 países que no habían otorgado el derecho de la adopción a parejas homosexuales, y por lo tanto la gran mayoría de niños y adolescentes no viven con parejas en este tipo de convivencia.

Sin duda habrá parejas homosexuales capaces de proveer de un hogar estable y amoroso a los hijos, así como hay parejas heterosexuales que no han podido ni sabido cómo cubrir las necesidades emocionales de sus hijos. Sin embargo, como lo han señalado hijos adoptados por parejas homosexuales (les recomiendo que vean el libro de Dawn Stefanowicz: *Out from Under: The Impact of the Homosexual Parenting*, 2007), el tema no debería centrarse en si es un derecho para la pareja o en si esta es o no capaz de dar amor a los hijos, sino en el derecho de los niños a crecer en un hogar constituido por padre y madre que los ayude a experimentar tanto el amor materno como el amor paterno para que aprendan a vincularse y relacionarse de manera íntima con ambos sexos, así como contar con modelos para su identificación y desarrollo sexual.

En la época actual se habla poco de la psicología femenina y de la psicología masculina, pues el discurso contemporáneo lo ha tachado de discriminación; sin embargo, no se necesitan discursos o explicaciones del tipo político, filosófico o incluso científico para saber que hay diferencias (biológicas, psicológicas y sociales) entre los hombres y las mujeres, pues es una experiencia que se tiene día con día. Por lo tanto, la forma de relacionarse del padre y de la madre con el hijo también es distinta, a la vez que complementaria y necesaria.

Las diferencias entre hombre y mujer no deberían ser leídas solamente desde el discurso de la represión, sino desde la complementariedad. Complementariedad para el trabajo, la política, la educación, la reproducción y, claro está, la crianza de los hijos.

Es esta complementariedad la que es capaz de proveer, con mayor frecuencia, el ambiente ideal para el sano desarrollo de los hijos, como lo han mostrado desde los estudios pioneros (previamente señalados), como el de Amatho y Keith, hasta los más recientes, como el de Regnerus.

Es necesario apoyar a quienes son parte de una familia no nuclear y buscar las estrategias que mitiguen las dificultades que afrontarán. Tanto los adolescentes como sus padres necesitan del apoyo social, institucional y profesional para poder superar los retos que enfrentarán. Pero también es necesario apoyar a los miembros de familias nucleares, pues –como lo vimos al inicio de este capítulo– un hogar conformado por padre, madre e hijos, aunque puede ser el ideal, está lejos de ser perfecto, por lo que también tendrá que afrontar la adversidad y los retos que cada hijo trae consigo.

Conflicto entre adolescentes y padres

Independientemente de la configuración familiar, todos los padres de adolescentes (en mayor o menor medida) tendrán que afrontar problemas de comunicación, de conducta, académicos, sociales y otros retos que la adolescencia suele traer con su llegada.

Dichos problemas estarán mediados por las interpretaciones que se hacen de las situaciones y circunstancias, así como por las presunciones que se tienen sobre la adolescencia, por los estilos de crianza y por la forma en que se comunican padres e hijos.

65

El papel de los pensamientos y de las creencias irracionales

La paternidad conlleva problemas; sin embargo, la forma en que interpretamos las situaciones y las creencias que tenemos sobre la adolescencia influyen en hacer del problema un conflicto: "¿Por qué me pasa esto a mí?", "Es inadmisible que estemos pasando por esto", "Las cosas no deberían ser así", "Tú tienes la culpa de lo que está pasando". Pero nuestras interpretaciones o creencias también pueden servir para ver en el problema una oportunidad: "¿Qué puedo aprender de esto? ¿Cómo puede servirme para conocer más a mi hijo? ¿Qué puedo conocer de mí mismo en esta situación? ¿Cómo puedo sacar un beneficio para ambos de esto que vivimos?". La diferencia entre ver los problemas con los adolescentes como un conflicto o como una oportunidad dependerá en gran medida de qué tanto nos apegamos a nuestras expectativas de cómo deben ser las cosas.

El doctor Albert Ellis, un prominente psicólogo de Nueva York, solía llamar a esas interpretaciones *pensamientos must-turbatorios*, pues en inglés la palabra *must* hace referencia al 'debo o tengo que', de tal forma que cuando pensamos en términos de que las cosas deben o tienen que ser de tal o cual manera, o cuando pensamos: "Tú tienes que hacer o ser de tal o cual forma", experimentaremos perturbación, pues no hay nada que garantice que las cosas deban o tengan que ser como nosotros pensamos. En la relación con los adolescentes (como en la vida en general), es conveniente cambiar esos pensamientos must-turbatorios por pensamientos más flexibles, objetivos y realistas, por ejemplo, "Sería deseable", "Sería conveniente", "Sería de provecho si", "Sería de crecimiento si", "Sería agradable", etc. Este cambio en la forma de pensar la realidad con los hijos no solucionará los problemas mágicamente, pero podrá ayudar a entablar un mejor diálogo y, sobre todo, a experimentar menos frustración.

Además de las interpretaciones must-turbatorias, existe una serie de creencias que pueden acrecentar los problemas y convertirlos en conflicto: las ideas irracionales sobre qué es la adolescencia.

Con frecuencia escucho a papás hablar de la adolescencia como si de una enfermedad se tratara: "Es terrible", "Es la edad de la choca", "Todo se vuelve complicado", "Ya no sé qué hacer", "Esto me ha superado", "Es la culpa de las hormonas". Estos tipos de pensamientos derrotistas, catastróficos y sobregeneralizados hacen que la tolerancia de algunos papás y también de algunos adultos que trabajan con los adolescentes, como profesores y entrenadores, disminuya y se anticipen negativamente al encuentro con los adolescentes.

Sin duda la adolescencia no es fácil, pero está lejos de ser una enfermedad o un problema *per se*. Como ya lo vimos, la adolescencia es una etapa de transición, transformación y oportunidad. Y dentro de esta transición y transformación los problemas, e incluso el conflicto, son fundamentales. Sin conflicto no hay independencia; sin conflicto lo que hay es estancamiento, y eso sería ir en contra del propósito mismo de la adolescencia. De tal forma que es aconsejable para los adultos que se relacionan con los adolescentes que traten de monitorear sus pensamientos e identificar cuándo podrían estar teniendo lo que en terapia cognitivo-conductual se conoce como *errores cognitivos* o *distorsiones cognitivas* (Beck, 2000), que son formas poco objetivas y distorsionadas de interpretar la realidad y sus eventos.

Tanto los papás como los hijos tienen distintas distorsiones que agravan el problema. Veamos las más comunes entre padres e hijos adolescentes.

Tabla 2. Errores cognitivos más comunes en padres e hijos

Error cognitivo	*Padres*	*Hijos*
Sobregeneralización: Se ve un suceso negativo como algo que nunca termina	"Siempre es lo mismo contigo". "Nunca obedeces". "Te tengo que decir las cosas mil veces". "¿Por qué siempre lo haces tan difícil?".	"Nunca me entienden". "Siempre me tratan como a un niño chiquito". "Nunca confían en mí". "Siempre me quieren controlar". "Todas las veces es lo mismo con ustedes".

Error cognitivo	Padres	Hijos
Pensamiento dicotómico: Se ven las situaciones en dos categorías, en lugar de una gama de opciones	"O haces las cosas bien o las haces mal". "O fracasas o tienes éxito en la escuela". "Si logras tus metas, eres alguien en la vida; si no, serás un fracasado".	"Mis papás o son buena onda o son muy difíciles". "O mi mamá es insoportable o mi mamá es la mejor de todas". "O me llevo bien con mis papás o me llevo mal con ellos".
Lectura de la mente: Se asume que las personas piensan negativamente de uno sin tener evidencias de eso	"De seguro le caigo mal a mi hijo". "Debe de pensar que soy una anticuada". "Él piensa que me gusta molestarlo". "Solo piensa en darme la contra".	"Piensan que no puedo hacer nada". "Seguramente no creen en mí". "Ellos no confían en mí". "No piensan que soy capaz de hacerlo por mí mismo".
Descalificar o dejar de lado lo positivo: Las experiencias, logros o cualidades no son valoradas como los fracasos o errores	"No me importa que hayas sacado 10 en Español; reprobaste Matemáticas". "No tengo por qué premiarte por tus responsabilidades; eso lo tienes que hacer y punto". "El hecho de que llegaras tarde no se justifica aunque nos hayas avisado; estás castigado".	"Con ustedes no se puede hablar, no les interesan mis cosas". "No importa que mis papás traten de acercarse a mí si no puedo hacer lo que yo busco". "Sí, me dan lo que necesito materialmente, pero eso no es importante".
Visión de túnel: Cuando se ven solo los aspectos negativos sin atender aspectos importantes de una situación	"Lo importante es que reprobaste, lo demás son excusas". "No me importa lo que haya pasado; te dije a las 10 y llegaste a las 10:30". "Te dije que tuvieras tu cuarto listo; no es mi problema si tenías otras cosas que hacer".	"La pasé mal con mis papás porque no fuimos al lugar que yo quería". "No importa que me den sus explicaciones si no me darán permiso".

Error cognitivo	*Padres*	*Hijos*
Pensamiento catastrófico o tremendismo: Cuando se exagera negativamente la gravedad de las situaciones	"Es terrible lo que has hecho". "Has roto nuestra confianza". "Tu conducta es muy grave". "Esto lo cambia todo entre tú y nosotros".	"Sería terrible si no me dejaran ir a la fiesta que quiero". "Mi vida está arruinada por su culpa". "Nunca podré perdonarlos por lo que me han hecho".
No puedo *soportantitis*: Las experiencias se viven como imposibles de soportar. También se conoce como *baja tolerancia a la frustración*	"No puedo tolerar la forma en que me habla". "No soporto su forma de vestir" "No tolero la música que escucha".	"No soporto que me pongan reglas". "No tolero que se metan en mi vida privada". "Es insoportable cómo me tratan".
Condena y autocondena: Cuando se emiten juicios de condena a los demás o a uno mismo	"Soy una mala madre". "Eres un mal hijo". "Eres un irresponsable". "Eres un problema". "Eres un inútil". "¿Qué hice para merecer un hijo como tú?".	"Eres un tirano". "Eres una decepción". "Eres un mal padre". "Son los peores papás que hay".

Si papás e hijos prestan más atención a lo que piensan el uno del otro, si someten sus pensamientos e interpretaciones al juicio de la objetividad o si se preguntan: "¿Qué tan objetivo es lo que estoy pensando? ¿Tengo evidencia que respalde mi pensamiento? ¿Tengo evidencia que contradiga mi creencia? ¿Hay otra forma en que yo pueda interpretar lo que pasa? ¿Mi pensamiento es rígido e inflexible (must-turbatorio) o es flexible y objetivo?", será más fácil navegar por los problemas propios de la adolescencia y verlos como oportunidades para conformar nuevos acuerdos y aprender de lo sucedido. Si los papás y los hijos no están dispuestos a cuestionar sus pensamientos, a pensar sobre lo que piensan (le llamamos *meta-cognición*), entonces difícilmente verán los problemas como oportunidades y los considerarán conflictos. Ese es el camino para el desgaste en la relación.

Es importante para los papás recordar que estos errores cognitivos son comunes en la mayoría de las personas, pero que especialmente para el adolescente es fácil llegar a estos juicios irracionales y exagerados, pues como lo vimos en el capítulo I, los chicos están aprendiendo a utilizar las operaciones formales, y según Piaget, esta es la etapa cognitiva en la que se encuentran los adolescentes y adultos, pero en el caso de los primeros están aprendiendo a utilizar estas nuevas herramientas cognitivas. De ahí la importancia de no personalizar los problemas e interpretaciones irracionales y buscar ayudar al adolescente a ser más objetivo en sus razonamientos.

No es fácil ser consciente en todo momento sobre el tipo de pensamiento que se tiene. Los errores cognitivos suelen ser automáticos o preconscientes, lo que hace que operen en el individuo sin que este se percate de ellos y suscitando emociones y conductas negativas que engrandecen el conflicto. En el capítulo VIII, "Estrategias para padres", se explica el método A-B-C del doctor Ellis, que puede ayudar a ser más consciente de estos pensamientos y de transformarlos (junto con las emociones y conductas que les siguen) a pensamientos más objetivos, racionales y constructivos.

Es común experimentar tanto un flujo de pensamientos irracionales (carentes de evidencia, subjetivos y con alta carga emocional) como un flujo de pensamientos racionales (evidentes, objetivos y con una carga emocional mesurada); desafortunadamente los primeros suelen presentarse con mayor frecuencia e intensidad. Trabajar en ellos, cuestionarlos y modificarlos es aplicarse en un proceso de crecimiento con uno mismo y en la forma de relacionarse con los demás, incluyendo la de los adolescentes.

Los estilos de crianza y su efecto en los hijos

La enseñanza que deja huella no es la que se hace de cabeza a cabeza,
sino de corazón a corazón.

Howard G. Hendricks

Otro aspecto que suele ser fuente de conflicto entre padres e hijos son los estilos de crianza, que revisaremos a continuación.

Con frecuencia atiendo a papás que acuden a mi consulta desesperados por las conductas de sus hijos. Me dicen: "No nos hace caso, no se le puede decir nada; de todo se enoja". "Hemos optado mejor por no decirle nada; así nos evitamos problemas con ella". "Si necesitamos algo de su parte, tenemos que sobornarlo y ofrecerle algo que le interese; de lo contrario no nos hace caso". "Él actúa como si lo supiera todo; nos quiere enseñar cómo hacer las cosas".

Muchos papás tienen grandes dificultades para ejercer su rol de autoridad en la casa. En las últimas décadas, los Gobiernos y los medios de comunicación han lanzado estrategias para menguar la figura de autoridad familiar, lo que lleva a algunos padres a sentir que ejercen más el papel de hostaleros sin pago, donde proveen de techo y alimentos a sus hijos, pero donde no tienen autoridad sobre ellos. Desde los Simpson hasta el Chavo del Ocho, se han mostrado roles de papás y mamás que rayan en los extremos o son desobligados, incapaces de entender y atender las necesidades emocionales de sus hijos, o son sobreprotectores y autosacrificados padres que consienten a sus hijos con todo lo que pueden.

En un reciente artículo, Greydanus (2016) explica el fenómeno que llamó *Junior Knows Best*, o "Junior sabe más y mejor". Explica que la gran mayoría de las películas infantiles trata sobre papás incompetentes, represores o incomprensibles que intentan limitar a sus hijos, y como consecuencia los hijos se rebelan y van en contra de lo que los padres les han dicho, emprendiendo una aventura que traspasa los límites paternos y sociales. *La sirenita, Ratatouille, Cómo entrenar a tu dragón*, hasta la reciente *Moana*, todas estas tienen en común que los hijos desobedecen a los padres, emprenden su objetivo y al final tanto la sociedad como los padres reconocen que ellos estaban mal y los hijos estaban bien. Los hijos son los que mandan, los hijos son lo que saben qué es mejor y no los padres, los hijos son los que confrontan la tradición y las reglas sociales y les demuestran a los adultos que ellos estaban mal y que los hijos son los que estaban bien.

Este mensaje, donde se enaltece a los hijos que enfrentan a los papás y que promueve la idea de que hacen cambiar las creencias y valores de sus progenitores porque saben más que ellos, no ha sido solamente exaltado en las películas o en los medios de comunicación; en realidad ha sido también un objetivo de los Gobiernos de izquierda o aquellos con influencia marxista, como la URSS, que increpó a los hijos a rebelarse contra sus padres (Zamora, 2015) siguiendo la consigna de Marx: "¿Nos reprocháis el querer abolir la explotación de los hijos por sus padres? ¡Pues confesamos este crimen!".

Dicha promoción gubernamental de ir en contra de las enseñanzas de los padres y de su autoridad no es parte del pasado; sigue haciéndose presente de distintas formas: desde el reconocimiento de Obama en 2015 a los jóvenes que "se levantaron, salieron, hablaron con sus padres [...] y se mantuvieron fuertes y creyeron en ellos mismos y en quienes son" hasta la búsqueda de políticos mexicanos de garantizar que las niñas de trece años puedan realizarse abortos gratuitos y sin consentimiento ni autorización de sus padres (Velasco, 2016), de modo que se pone al Estado por encima de los padres.

Observamos entonces que, por un lado, los medios y los Gobiernos debilitan la figura de autoridad familiar; pero, por otro lado, hay papás que no quieren repetir (y con razones válidas) las experiencias negativas que ellos vivieron con sus propios padres, quienes se mostraron intrusivos, sobreprotectores o violentos, práctica que era común de las generaciones pasadas. En mi consulta, los papás me suelen decir: "Yo no educaré a mis hijos como lo hicieron conmigo", "Les daré todo lo que a mí no me dieron" o "Fueron muy duros en mi educación, por lo que yo seré un amigo para mis hijos".

Ser un amigo para los hijos es una terrible idea, pues un amigo no reprende ni aplica consecuencias; eso lo hacen los papás, y los hijos necesitan aprender que sus actos tienen consecuencias; de otra forma se darán de tumbos en la vida sin comprender por qué las cosas no son como ellos quieren. Además, los hijos tendrán muchos amigos a lo largo de su vida, por lo que promover la relación como si de amistad se tratara es privarlos de la oportunidad de tener un padre y una madre.

La idea de evitarles frustraciones y sufrimientos a los hijos es comprensible, tanto por los excesos de los modelos autoritarios del pasado como por el amor que se les tiene; a los padres simplemente no les gusta verlos sufrir. Pero es necesario distinguir entre sufrimiento y aprendizaje, entre autoritario y autoridad, entre incomprensión y frustración. Los hijos necesitan aprender, y para ello necesitan de padres que sepan asumir su rol de autoridad, e inevitablemente eso conllevará frustración, lo que a su vez les enseñará a comprender que no todo gira en torno a ellos y que aunque el mundo, las personas o las situaciones no sean como ellos quieren, eso está bien, pues los chicos pueden tolerar que ellos no sean el centro del universo y, aun así, vivir con ello.

Autores como Lozano, Galiar y Huesca (2007) han señalado que el creciente número de niños consentidos con problemas para respetar la autoridad de los padres y los profesores, así como las normas establecidas (lo cual se asocia con distintos trastornos, como el caso del negativista desafiante, el trastorno por déficit de atención e hiperactividad, etc.), tiene su origen en la disciplina permisiva que los papás han adoptado en últimas fechas. De tal manera que es esencial cuestionarse cuál es el mejor modelo para criar y relacionarse con los hijos, pues de ello dependerá en gran medida el tipo de comportamiento y personalidad que los adolescentes desarrollen, como también el tipo e intensidad de conflicto que se tenga con ellos.

La crianza o estilo parental es el estilo educativo que adopta la pareja hacia sus hijos y que influye en su desarrollo psicosocial y su adaptación al medio en el que se desenvuelven. Algunas parejas dialogan abiertamente sobre qué reglas, valores y acuerdos se tendrán con los hijos, y otras lo hacen implícitamente. Todas las parejas, sabiéndolo o no, desarrollan un estilo de crianza particular. Además, hay otros actores que participan de la crianza: profesores, tíos, abuelos y demás personas cercanas a los chicos tienen influencia en su desarrollo.

Diana Baumrind (1971) fue pionera en la investigación de los distintos tipos de crianza y los efectos en el desarrollo de los hijos. Su trabajo sigue siendo fundamental para comprender las nuevas investigaciones en el tema. Propuso que existían al menos tres estilos de crianza, o estilos parentales. Posteriormente, Maccoby y Martin (1983) agregaron un cuarto estilo en el libro *The Handbook of Child Psychology*. A continuación explico estos estilos:

1. **El estilo autoritario:** Caracteriza a padres que imponen sus normas sin lugar a la discusión, castigan severamente las conductas inadecuadas, son muy exigentes en cuanto a la madurez de sus hijos y dejan escaso margen para la comunicación y la expresión de afecto.

2. **El estilo permisivo:** Lo muestran los padres que se mueven al otro extremo: exigen poco a sus hijos tanto en cumplimiento de normas como en madurez, y en cambio son muy afectuosos y tienen un gran nivel de comunicación con ellos.

3. **El estilo autoritativo**: Los padres estimulan la madurez de sus hijos, ponen límites y hacen respetar las normas, pero son comprensivos, afectuosos y fomentan la comunicación con sus hijos.

4. **El estilo negligente:** Los papás cubren las necesidades físicas y materiales de sus hijos, pero son distantes, desapegados y sin compromiso. Además no se involucran en las necesidades emocionales de sus vástagos ni se interesan por la conducta de estos. Suelen estar envueltos en sus propios asuntos y preocupados solo de ellos mismos.

Se ha reportado que los hijos de padres autoritarios tienen una tendencia a ser obedientes y pasivos, a sentirse culpables y deprimidos (Berger, 2001). Los hijos de padres permisivos suelen ser exigentes y carecen de autocontrol. Los hijos de padres autoritativos tienden a mayor satisfacción consigo mismos y a ser más generosos con los demás. Los hijos de padres negligentes suelen tener problemas para desarrollarse académica y socialmente, así como una mayor tendencia a problemas psicológicos y de sustancias.

Otros estudios (Lamborn, Mounts, Steinberg, & Dornbusch, 1991; Maccoby & Martin, 1983) han confirmado que el estilo autoritativo trae mejores consecuencias para el desarrollo de los niños en una variedad de ámbitos, incluyendo la habilidad social, la autoestima, la autonomía y la responsabilidad, así como la autorregulación y el desarrollo moral.

Por todo ello, parece aconsejable que los papás adopten un modelo autoritativo en su estilo de educar a los hijos. Sin embargo, eso no significa que tengan que someter todo a consenso y que los niños tengan igualdad de circunstancias y de poder en la relación. Significa que los hijos serán tomados en cuenta; que se buscará el diálogo, la negociación, la conformación de acuerdos; que se verán las características de cada hijo y con base en ello se desarrollarán las peticiones o exigencias, pero al final, recordando que como en toda democracia hay una autoridad máxima (presidente, Supremo Tribunal de Justicia, etc.), así también en el hogar existe la autoridad máxima, conformada por los padres. Como toda autoridad, ellos han de buscar el consenso en las normas y acuerdos, pero también deben saber aplicar consecuencias (positivas y negativas) cuando la situación lo amerite.

Los dos elementos básicos en los papás autoritativos son:

- El afecto, que incluye conductas que transmiten aceptación, afecto positivo, sensibilidad y responsabilidad hacia el niño.
- El control, que incluye conductas tales como implicación, disciplina y supervisión.

Un adecuado estilo parental conlleva estos dos elementos (afecto y control), pues son las dos piernas con las que el andar es más fácil tanto para los padres como para los hijos. Un ambiente estructurado con límites y con aceptación incondicional a la persona representa el lugar ideal para crecer, explorar con seguridad y sentirnos amados y aceptados.

75

La aceptación incondicional es un concepto que se utiliza en psicoterapia y que a su vez es parte fundamental del sano vínculo entre los hijos y los padres. Significa "te amo y te acepto tanto por ser mi hijo como en cuanto al ser humano que eres, pero no acepto ni amo las conductas que te puedan poner en riesgo, que son objetivamente nocivas o inadecuadas para ti o para otras personas". Es recomendable que los papás recuerden que al tener problemas, o incluso conflictos, con los hijos es necesario distinguir entre el *ser* y el *tener* o el *hacer*. Su hijo, papás, podrá tener un fracaso, pero eso no lo hace fracasado. Su hijo podrá hacer una grosería, pero eso no lo hace un grosero. Su hijo podrá cometer un error, pero eso no lo convierte en un error. Su hijo podrá tener un problema, pero eso no lo hace ser un problema.

Poner el énfasis en la conducta y no en la persona evitará que los hijos se identifiquen con esa conducta y la hagan parte de su ser. Además ayudará a que los padres recuerden que el problema no es su hijo, sino su conducta. Esta simple distinción entre el ser y el hacer es crucial para una crianza que valora y acepta incondicionalmente a los hijos, pero no a sus conductas inadecuadas. Es fundamental para dar espacio al cambio conductual.

La comunicación familiar

La adolescencia es vista por algunos como una etapa especialmente conflictiva. Se suele creer que el comportamiento del adolescente es intrínsecamente desorganizado y hasta patológico. Es común encontrar esta creencia entre los padres de familia y los medios de comunicación, que gustan de mostrar imágenes de adolescentes resentidos, perturbados y en constante conflicto con la familia y la sociedad.

Sin embargo, esta creencia fue diseminada por los primeros teóricos que enfocaron su interés en estudiar este periodo del desarrollo humano. Lerner (2007) señala que Ana Freud y Stanley Hall fueron pioneros en el estudio y atención psicológica de los adolescentes y que además se cuentan entre los principales propagadores de la hipótesis de que la adolescencia es una etapa de *stress and storm*, o estrés y tormenta, y que por lo tanto inevitablemente todos habrían de pasar por conductas problemáticas, o como Ana Freud lo comentó: "Ser normal durante la adolescencia es por sí mismo anormal".

Esta perspectiva no solo es errónea, sino que además ha constituido un prejuicio con el que generaciones y generaciones de adolescentes han tenido que cargar. Además ha predispuesto a los padres contra la adolescencia y ha conseguido que la sociedad vea a los adolescentes como si fueran pequeñas personas mentalmente desequilibradas ignorantes de lo que hacen.

No obstante, la investigación no apoya dicha perspectiva. Estudios como el de la doctora Águeda Parra y el doctor Alfredo Oliva (2002), de la Universidad de Sevilla, han mostrado que la gran mayoría de los adolescentes gozan de una buena comunicación con sus padres y que el nivel de conflicto es en realidad bajo.

Es verdad que las áreas que provocan discusiones más intensas son las drogas, la conducta sexual y la elección de carrera o profesión, pero a pesar de ello son las discusiones menos frecuentes. En cambio, el empleo del tiempo libre y del dinero, la forma de vestir o la hora de llegada a casa son los que se presentan con mayor frecuencia, pero son de menor intensidad o afectación entre padres e hijos.

La investigación de Parra y Ortega señala dos aspectos de suma importancia: el primero es que la comunicación con papá no es tan frecuente ni positiva como la comunicación con mamá, lo cual representa una oportunidad para los papás (hombres) para trabajar en un vínculo y comunicación mayor con sus hijos, pues, como lo vimos anteriormente, su presencia es fundamental para el sano desarrollo de los chicos. El segundo es que los temas que se tratan con menor frecuencia en la comunicación padres-hijos son los relacionados con drogas, política, religión y sexualidad. Esto es un foco rojo para todos los padres, pues son los puntos que constituyen áreas de riesgo en la adolescencia que pueden tener consecuencias de gran importancia en la vida de los hijos. Si los padres no discuten de esto con sus chicos, ¿quién lo hará? ¿El buen samaritano de Google? ¿Los amigos? ¿El televisor?

Los hijos corren el riesgo de asumir ideas erróneas sobre estos asuntos y por ello tomar decisiones que no sean las más convenientes en la etapa de la adolescencia.

Sin duda, para muchos padres hablar de estos y otros aspectos es un desafío y, como algunos me han dicho, suele ser algo que prefieren evadir: "No sé cómo hacerlo, por lo que prefiero no hablarlo para no equivocarme". Sin embargo, la evasión no resuelve la necesidad de comprensión que tienen los hijos, por lo que en el capítulo VIII veremos algunas estrategias concretas para hablar y manejar estas y otras cuestiones con los hijos.

A continuación estudiaremos el efecto que tiene la comunicación entre padres e hijos sobre temas como el consumo de drogas y alcohol y las relaciones sexuales.

Efecto de la comunicación en la conducta sexual y en el consumo de sustancias

La siguiente es una conversación entre una mamá y yo en medio de una conferencia que estaba impartiendo a padres de familia en una escuela privada; al día siguiente dictaría la conferencia a los hijos.

Señora: Yo no estoy de acuerdo con que les hables de sexo a los niños.
Dr. Guzmán: Señora, ¿por qué no está usted de acuerdo?
Señora: Porque si tú les hablas de sexo, se harán morbosos y empezarán a pensar en sexo y después todo será peor: empezarán a ver pornografía, a tocarse y finalmente a tener relaciones sexuales.

El relato que les comparto me sucedió cuando estuve apoyando a distintas escuelas de nivel primaria y secundaria en México para hablar de educación sexual tanto con los padres como con los hijos. La dinámica era muy sencilla: una noche me reunía con los padres, les explicaba por qué era importante la educación sexual de sus hijos, les decía qué contenidos abordaría yo en la plática con sus hijos, cuál sería la dinámica y finalmente escuchaba las dudas, comentarios y sugerencias que los padres tenían y las integraba en la reunión del día siguiente con los niños.

La gran mayoría de los padres y de los niños disfrutaba de las conferencias. Los padres se sentían aliviados de que un profesionista de la salud mental les ayudara con la tarea de educar sexualmente a sus hijos. Los niños se sentían cómodos de que alguien distinto a sus padres les ayudara a entender la sexualidad. Las charlas eran para quinto y sexto grado de primaria, así como para primero, segundo y tercero de secundaria.

Pero no todos tenían rostros alegres. Además de la mamá de la que les hablé, era común encontrar en cada conferencia a más de un papá o una mamá ansiosos. Recuerdo que uno me amenazó justo al subir a la tarima para empezar el encuentro con los chicos de sexto:

Señor: Mario, ¿cómo se te ocurre venir a hablar de sexo a mi niño de sexto de primaria?

Dr. Guzmán: Te aclaro que el de la idea fue el director. Él me contrató y yo acepté con mucho gusto, por lo que no es mi ocurrencia, como tú lo dices.

Señor: ¡Pues no estoy de acuerdo con que lo hagas!

Dr. Guzmán: Entiendo que te sientas ansioso justo en el momento de iniciar la sesión, pero si hubieras venido ayer por la noche, sabrías de qué hablaré con los niños y estarías más tranquilo. Te invito a que te des la oportunidad de escuchar la plática. Está diseñada para niños de su edad; te aseguro que no tendrán material inapropiado.

Señor: Pues más te vale, porque aquí estaré hasta el final esperándote.

Podrán imaginar cómo subí a la tarima después de su último comentario: con una pierna temblando y la otra también. Pensaba que si no cubría las expectativas del papá, tendría que enfrentarme a él; las apuestas estaban de su lado: me sacaba más de una cabeza y seguro pesaba como veinte kilos más que yo.

Durante toda la conferencia podía ver cómo los ojos se le torcían, la cara se le contraía y sus piernas no dejaban de moverse de un lado a otro. Pensé: "De seguro hoy me golpean". Al final de la conferencia, el papá me esperó. Yo buscaba al máximo alargar las preguntas y las respuestas que los niños me hacían. Intentaba hablar, mantener la comunicación con otros padres que se acercaban a comentar algo conmigo. Sin embargo, no pude evadirlo más. Al final, quedamos él y yo. Mientras se acercaba a mí, yo esperaba que alguna de mis lecciones de karate de la infancia se mantuviera en algún lugar de mi hipocampo, almacenada entre las sinapsis de mis neuronas, y me ayudara mágicamente a defenderme, al menos a evitar uno que otro golpe.

El papá se acercó y me dijo: "Discúlpame, estaba equivocado". Mis pulsaciones bajaron inmediatamente y el color pálido de mi cara cambió al habitual. El papá continúo: "La verdad tenía mucho miedo de que le hablaras de sexo a mi hijo y por eso me porté así. Me di cuenta de que estuvo mal, sobre todo porque mi hijo fue el niño aquel que no dejaba de levantar la mano y te hacía las preguntas de '¿por qué se siente rico cuando te tocas la cabeza del pene?' y '¿por qué en algunas películas hay dos o tres mujeres desnudas con un señor desnudo en la cama?'". El pequeño niño cuya "inocencia y pureza" el papá buscaba proteger era en realidad el más interesado (¡y probablemente experimentado!) niño de la plática. El papá concluyó diciéndome: "Ahora me doy cuenta de que voy tarde en la educación sexual de mi hijo".

Pasado el susto y recuperado el pulso, me alegré de haber dado esa plática. Un papá más se había dado cuenta de que no hablar de sexo con los hijos será siempre peor que hablarlo, por muy incómodo que pueda serlo.

La ansiedad de este papá y de la mamá de la conversación que presenté al inicio es una experiencia común para muchos padres de familia. Claro que no todos reaccionan así, pero las creencias como "¿qué le voy a decir?", "yo no sé hablar de eso", "a mí nadie me habló del tema y no salí tan mal" son algunas de las afirmaciones que impiden o retrasan a muchos padres a hablar con sus hijos sobre la sexualidad. Sin embargo, la investigación científica sobre la conducta sexual de los adolescentes señala que la participación y la comunicación de los padres en este tema es crucial para que los hijos tomen decisiones adecuadas.

Muchos padres prefieren pensar que sus hijos no iniciarán vida sexual hasta una edad más avanzada, tal vez en la universidad o cuando tengan un trabajo estable o cuando se casen. Sin embargo, las cosas no siempre son como pensamos. Como lo dijimos en el capítulo I, la madurez sexual llega alrededor de los 13 años, pero la edad media de matrimonio de acuerdo al Inegi (2013) en México (y con ello la posibilidad de tener acceso a una pareja sexual de manera estable) es de 30 años para los hombres y 27 años para las mujeres. Esto representa un problema, pues los adolescentes tienen que pasar prácticamente 17 o 15 años para encontrar a la persona y el escenario ideales para disfrutar de la sexualidad sin complicaciones importantes. Son 15 o 17 años de impulsos sexuales, de deseo e interés de autoexploración y de la exploración del sexo opuesto, así como del interés por experimentar la intimidad sexual con alguien más.

La biología llama a los adolescentes a interesarse en la sexualidad, por lo que los padres necesitarán preguntarse: "¿Cómo podemos ayudar a que nuestros hijos respondan de forma responsable y segura a dicho llamado de la naturaleza?". Seguramente sus hijos no encontrarán la respuesta en otros adolescentes que se encuentren experimentando igual que ellos (aunque es con quienes se sienten más comprendidos por pasar por la misma etapa); difícilmente encontrarán las respuestas en una página web cualquiera o en la televisión. Incluso quienes descansan la responsabilidad en la escuela y en la educación sexual que se imparte ahí deberían preguntarse: "¿Qué contenido conlleva la clase de educación sexual en la escuela? ¿Le enseñarán solo aspectos fisiológicos y anatómicos, o también aspectos psicológicos y morales? ¿Qué tanto los profesores (por bien intencionados que sean) comparten los valores morales de todas las familias?".

La escuela, los talleres para adolescentes, el psicólogo, el pediatra, etc., somos instrumentos de apoyo en la formación de los hijos, mas no los responsables de ello. De ahí la importancia de que los padres superen lo que los detiene y se decidan a hablar de sexualidad con sus hijos; tal vez así puedan evitar que sus hijas sean parte de las 1252 mujeres mexicanas que tienen un parto a la edad de entre los 12 y los 19 años (Reyes,

2014) o del 55.7 % de las adolescentes mexicanas que iniciaron vida sexual y que han estado embarazadas (González et. al, 2005).

Comunicación entre padres e hijos sobre sexualidad

Con la intención de identificar cuál es la relación entre comunicación sobre sexualidad entre padres e hijos y la edad de inicio y prácticas de protección sexual, se llevó a cabo una investigación sobre este tema (Atienzo, Walker, Campero, Lamadrid-Figueroa, & Gutiérrez, 2009) en 23 escuelas secundarias de México. Los resultados indican que el 17 % del total de adolescentes (chicos y chicas) ha tenido relaciones sexuales y que la edad media de su primera relación sexual fue 14.4 años para los niños y 15 años para las niñas. El 36 % de los niños no usaron condón; el 45 % de las niñas tampoco lo utilizaron. El 8 % de las adolescentes sexualmente activas señalaron haber estado embarazadas y el 5 % de los adolescentes admitieron haber embarazado a alguien. Los autores señalan que el 31.9 % de las adolescentes y el 23.3 % de los adolescentes utilizaron medidas de contracepción de emergencia (no se especifica si es la píldora del día siguiente, aborto u otro tipo de método).

Otro dato interesante arrojado por esta investigación es que quienes habían iniciado vida sexual mostraban una tendencia mayor a fumar tabaco, tomar alcohol y utilizar drogas en comparación con quienes no habían iniciado vida sexual. Además, aquellos que habían comenzado vida sexual provenían con mayor frecuencia de hogares donde vivían con solo uno de los padres o con ninguno. Quienes que no habían iniciado vida sexual solían vivir en hogares con ambos padres.

Sobre cómo se comunican padres e hijos, los autores encontraron diferencias entre los temas que los adolescentes hablan con sus padres: 71.4 % de los hombres hablan con la mamá sobre riesgos de las relaciones sexuales, 92.7 % de las mujeres hablan con ella sobre aspectos de reproducción biológica. Con el papá, 61.7 % de los hombres hablan sobre prevención y 54.4 % de las mujeres hablan sobre el riesgo en las relaciones sexuales. En términos generales, tanto chicos como chicas hablan más con su mamá, y el 63.5 % dijo querer recibir más información sobre sexo por parte de sus padres.

Es interesante que el 83.1 % de todos los participantes dijo haber hablado sobre sexualidad al menos con uno de los padres. Sin embargo, aquellos que hablaron con sus padres sobre sexualidad y protección antes de su primer encuentro sexual tuvieron esta experiencia a una edad mayor que quienes que no lo hicieron, y además utilizaron condón. Aquellos que hablaron con sus papás después de su primer encuentro sexual tuvieron su primera relación a los 14 años o menos, y la utilización del condón fue menos frecuente.

Los resultados de este estudio señalan que la comunicación temprana sobre sexualidad no promueve la iniciación sexual en los hijos (contrario a las creencias que tenían los padres de familia en los ejemplos comentados anteriormente), pero sí fomenta la utilización del preservativo y en general conductas sexuales más seguras. Aunque los autores no lo señalan en sus conclusiones (pero sí en sus tablas de datos), los resultados también hablan de las diferencias entre chicos y chicas que viven con ambos padres frente a los que viven con un solo padre o con ninguno respecto a alcohol, drogas, tabaco e inicio de actividad sexual. Dichos hallazgos están en línea con los mencionados previamente sobre el beneficio de las familias nucleares.

Este estudio arrojó hallazgos muy semejantes a otros que se han hecho en distintas culturas y épocas (Looze, Constantine, Jerman, Vermeulent-Smit, & Bogt, 2015; Resnick et al., 1997; Karofsky, Zeng, & Kosorok, 2001; Steinberg, 2001; Guilamo-Ramos & Bouris, 2008). La investigación muestra con claridad que los adolescentes que experimentan una comunicación abierta y se sienten conectados a sus padres y a su familia retrasan la edad de inicio de su primer encuentro sexual, tienen sexo con menor frecuencia y tienen un menor número de parejas sexuales en la adolescencia. De igual forma indica que cuanto más clara, abierta e interactiva es la comunicación sobre sexualidad con los hijos, estos tienden a tener prácticas sexuales seguras con mucha mayor frecuencia que quienes no sostienen este tipo de comunicación, con lo cual se disminuyen los casos de contagio de enfermedades de transmisión sexual (ETS) y de embarazos no deseados.

Habrá padres que por motivos personales o religiosos encuentren difícil la idea de promover en los hijos la utilización de condones o preservativos y se sientan más identificados con la promoción de la abstinencia sexual por considerarla el mejor método para prevenir ETS, embarazos no deseados y encuentros sexuales que puedan no ser emocionalmente satisfactorios. Efectivamente, la abstinencia puede ser el mejor método para ello, pero incluso es conveniente que la abstinencia sea explicada abiertamente a los hijos además de hablar sobre la reproducción, el encuentro sexual y los métodos anticonceptivos. La investigación señala que quienes así lo hacen obtienen mejores resultados que quienes deciden no hablar de sexo con sus hijos.

Es necesario resaltar que la comunicación sobre sexualidad es un excelente medio para transmitir creencias, valores sexuales, expectativas y conocimiento. Al hacerlo, se ayuda a los hijos a comprenderse más, a la vez que se disminuye el riesgo de que obtengan información contraria a los valores familiares o inadecuada en su contenido y veracidad por fuentes que los papás no pueden controlar.

Comunicación entre padres y adolescentes sobre drogas y alcohol

Al igual que con la conducta sexual, la comunicación entre padres e hijos es una pieza clave para comprender el comportamiento de los adolescentes en cuanto a drogas y otros problemas psicológicos. La investigación señala que existe una correlación entre una buena comunicación (abierta, objetiva, variada e interactiva) y un estilo de crianza con reglas firmes.

Muchos adolescentes creen que el consumo de sustancias no tendrá un impacto negativo en su salud. Los cambios políticos y mediáticos en cuanto a la percepción de drogas como la marihuana han generado la idea de que estas son sustancias inocuas e incluso con beneficios a la salud, confundiendo la marihuana que se utiliza con propósitos médicos y la que se usa con fines de consumo recreativo.

El uso y abuso de tabaco, alcohol y sustancias psicotrópicas es especialmente dañino en la adolescencia debido al desarrollo cerebral del que hablamos en el capítulo I y que continúa hasta los 25 años. Incluso la marihuana puede llevar a desarrollar adicción a su consumo y tener serios efectos cognitivos y neurológicos a mediano y largo plazo (Lisdahl, Wright, Kirchner-Medina, Maple, & Shollenbarger, 2014). Dificultades en la capacidad de controlar los impulsos, en la toma de decisiones; alteraciones en la memoria verbal, en la capacidad de mantener el tipo de información en la mente y manipularlo; la capacidad atencional; aumento en los síntomas del estado de ánimo, como la depresión y la ansiedad; así como el aumento de problemas con el sueño son algunos de los efectos nocivos que se han identificado en los consumidores adolescentes de marihuana y que suelen no decirse abiertamente en los medios o en los amigos que influyen en la decisión de los hijos para consumirla. Incluso hay evidencia de que su inicio antes de los 18 años puede afectar el coeficiente intelectual en una caída de hasta 8 puntos (Lisdahl, Gilbart, Wright, & Shollenbarger, 2013; Lisdahl et al., 2014).

Sin una comunicación abierta y constante entre padres e hijos sobre la sexualidad, las drogas y el alcohol, se priva a los chicos de la oportunidad de conocer y reflexionar sobre cuáles son los beneficios y los perjuicios de iniciarse en estos temas. Cuanto más abiertos sean los padres con sus hijos más los dotarán de las herramientas necesarias para tomar las decisiones apropiadas.

Como lo comenté previamente, en el capítulo VIII hablaremos con detalle sobre las estrategias para llevar una comunicación asertiva sobre los temas de sexualidad y drogas.

Unas palabras más sobre la familia

Como podrán ver, el tema de la familia es inagotable. La importancia que tiene en el desarrollo perdura para toda la vida y modela la forma en que se dan las relaciones con los demás. En este capítulo hemos dejado temas en el tintero, pero por cuestiones de espacio no es posible que nos alarguemos más. Sin embargo, es conveniente que reflexionemos sobre los siguientes aspectos: los papás como primer encuentro con el otro sexo y los hermanos como el *laboratorio* donde se desarrollan las habilidades sociales necesarias en la vida adulta.

La mayoría de los padres se dedican a cubrir las necesidades fisiológicas y materiales de los hijos. Buscan un ambiente adecuado para su desarrollo y esperan que la escuela y las amistades les ayuden en ese proceso. Algunos consideran que la educación y el hogar son las responsabilidades mayores para con los hijos, de tal forma que si estos últimos culminan sus estudios y consiguen un buen trabajo, los padres habrán hecho bien su labor. Sin embargo, hay un efecto encubierto, silencioso, que se transmite a lo largo de los años: el ejemplo que se da sobre cómo ser hombres o mujeres y cómo relacionarse con el sexo propio y el opuesto.

La forma en que papá se relaciona con los hijos y con la madre tendrá un impacto significativo en cómo el hijo (varón) se comportará de adulto en cuanto a hombre y en cómo la hija aceptará el tipo de trato que los hombres le den de adulta. Lo mismo para la madre: la forma en cómo se relaciona con la hija y la manera en que se comporta se convierten en pautas de cómo ser mujer y cómo relacionarse con los hombres, a la vez que enseña al hijo (varón) cómo los hombres deben o no aceptar el trato que les den las mujeres. Los papás, conscientemente o no, son modelos conductuales y sociales para los hijos.

Dicha influencia se transmite a través de la convivencia, pero también de la ausencia. La ausencia del padre se ha relacionado con la conducta delictiva y antisocial. La gran mayoría de los jóvenes que forman filas en las pandillas o en grupos delictivos vivieron la ausencia del padre o convivieron con papás que no desarrollaron su rol de manera adecuada. La ausencia de la madre es un fenómeno que poco a poco empieza a crecer, pues la cultura actual promueve al padre y a la madre lejos de los hijos, cerca del trabajo e incluso nuevas formas de convivencia donde los hijos crecen con dos hombres, pero no con una madre. Los resultados de que el chico tenga una madre y un padre ausentes no serán positivos. Incluso se ha señalado que la ausencia de los padres dobla el riesgo de que los hijos cometan suicidio (Kirchheimer, 2003). La cercanía y la convivencia constante es la mejor forma de educar a los hijos.

Los papás que se dan tiempo para leer con ellos, jugar, preparar los alimentos juntos, sentarse a la mesa con sus hijos, platicar con los chicos sobre su día a día o temas cotidianos; que les hablan sobre cómo comportarse en las situaciones sociales, cómo afrontar la adversidad y que a la vez les muestran cómo ellos enfrentan los retos, los desafíos y las oportunidades en la vida son papás que hacen una función mayor que aquellos que solo proveen lo económico.

Cuando pensemos en la educación de los hijos, necesitamos tener en cuenta el efecto del aprendizaje vicario, el cual se entiende como la forma de aprendizaje y desarrollo de conductas a través de la observación. En inglés existe el dicho *monkey see, monkey do* (el mono ve, el mono hace); de la misma forma los hijos hacen lo que ven hacer en otros, especialmente en aquellos considerados importantes en sus vidas y particularmente en la infancia y la adolescencia. Los padres son las figuras más importantes; por lo tanto, lo que dicen y hacen así como lo que dejan de decir y hacer tienen un gran efecto en el desarrollo psicológico de los hijos.

En cuanto a los hermanos, es importante verlos como una extraordinaria oportunidad para desarrollar las habilidades sociales que los chicos necesitarán en su vida diaria. Los pleitos, los juegos, las alianzas, los rechazos, las inclusiones, las frustraciones, el compartir y las negociaciones que se hacen entre hermanos son un entrenamiento de lo que necesitarán para sostener relaciones exitosas de pareja, de amistad y de trabajo. Los hermanos son maestros a la vez que compañeros y alumnos del proceso de la vida. Sin embargo, algunos papás tienen dificultades al manejar la relación entre hermanos. Sobreprotección, favoritismo o negligencia son tres elementos que he observado en mi práctica con un gran número de padres.

La sobreprotección se manifiesta como una forma de excesiva atención, cuidado y autosacrificio por los hijos. La madre o el padre, o los dos, dan todo por sus hijos, pero también organizan todo por ellos. Desde la habitación hasta los juegos y la forma en cómo deben jugar pasa por la constante supervisión, control y protección de la madre o del padre; el objetivo es prevenir el sufrimiento a los hijos: "No quiero que a mis hijos les pase nada malo". Con esta actitud los padres inhiben el necesario proceso de ajuste entre hermanos. Impiden que aprendan a resolver sus diferencias por ellos mismos, a la vez que evitan el desarrollo de la creatividad y las habilidades sociales y verbales que se ponen a prueba con los hermanos.

El favoritismo se presenta como una forma consciente o inconsciente de mayor atracción a uno o varios de los hijos, lo que implica una diferencia en la forma de atención y de aplicación de las consecuencias con los otros hijos. Mamá o papá suelen hacer su favorito al hijo más débil, más necesitado o, por el contrario, al que llena más sus expectativas y cumple con lo que ellos piensan es "un buen hijo". Las familias con hijos con necesidades especiales son especialmente propensas a este favoritismo, donde al hijo con discapacidad más que apoyarlo, se lo ve como al que todo se le tiene que hacer y a quien más se debe atender.

El riesgo del favoritismo es que tarde o temprano los hijos que no son depositarios de dicha atención desarrollan un sentimiento de injusticia que los va alejando emocionalmente tanto de sus padres como de los hermanos. El resentimiento se hace presente y con él mayores conflictos familiares, que a veces se arrastran hasta la vida adulta (por ejemplo, los hermanos con conflictos legales o que terminan viviendo con violencia bajo el complejo psicológico de Caín y Abel o de Esaú y Jacob). En el caso de los hijos con discapacidades, al ser atendidos excesivamente puede inhibirse su capacidad de adaptación y de *plasticidad* para aprender a compensar sus limitaciones y para desarrollar las habilidades que necesitan, además de que se podría favorecer lo que se llama *ganancias secundarias*, una forma de obtener beneficios por sus problemas físicos o mentales.

Sin duda, cada hijo estimula diferente a los padres, y ello mediará la relación de manera importante. El problema no radica tanto en sentir mayor atracción por un hijo que por otro, sino en hacerlo evidente, pues ahí es cuando surge el sentimiento de injusticia.

La negligencia se da cuando los padres deciden no involucrarse en la dinámica y las relaciones entre hermanos. En una conferencia que daba a un grupo de madres, una de ellas me preguntó: "Mario, el pediatra de mis hijos me dijo que no interviniera cuando ellos están peleando, que los deje resolver sus problemas por ellos mismos, pues así afirman su posición jerárquica en la familia y en la vida. ¿Qué opinas?". Este tipo de consejo o de actuar en los padres es el negligente; está basado en que los hermanos no necesitan supervisión, guía y control conductual. Papás que dejan que entre sus hijos "se arreglen" en realidad podrían estar dejando que se resientan. Esta posición hace que los hijos puedan caer en situaciones de abuso y violencia que los pongan en peligro (vale recordar que el 90 % de los casos de abuso sexual infantil pasan entre familiares de primer grado y no pocos de ellos son entre hermanos). Los papás que piensan o actúan con base en recomendaciones como la del pediatra mencionado actúan como los profesores que justifican el acoso y maltrato escolar, o *bullying,* diciendo que es cosa de niños y que ellos lo tienen que resolver, que les sirve para fortalecerse. En realidad ni en la escuela ni en la casa funciona así; esta forma de pensar sirve para dar oportunidad a las relaciones de abuso (aprender a ser abusador o víctima) y a no integrar el principio de autoridad: saber que no puedo hacer todo lo que quiera, que mis actos tienen consecuencias y que hay quien se encargará de hacerlas valer.

Como ya lo mencionamos en el caso de los papás sobreprotectores, en la relación de hermanos no se trata de ejercer una constante supervisión que impida los procesos psicológicos naturales de la relación, pero tampoco se trata de la ausencia total o del vacío de autoridad. Es un balance entre dejarlos que aprendan a relacionarse, a la vez que supervisarlos para que lo hagan de una forma constructiva y no destructiva.

Finalmente, es necesario resaltar otro aspecto: la investigación en distintas sociedades ha señalado que la relación entre padres y adolescentes es satisfactoria y menos conflictiva de lo que solemos pensar: hasta tres cuartos de los padres e hijos reportan tener una relación cercana

(Aufsesser, Jekielek, & Brown, 2006). Por lo que es importante no dejarse llevar por el prejuicio social de que en la adolescencia todo es negativo. No es así; es una etapa de enormes oportunidades tanto para los hijos como para los padres y la relación entre ellos.

La investigación también ha mostrado que lo que los padres hacen (no solo en la relación con los hijos, sino con su vida en general) tiene un gran impacto en la vida del adolescente. Padres con mayores estudios y con estilos de vida saludables tienen hijos que quieren estudiar más y que se involucran menos en alcohol, tabaco y drogas. Padres que son activos físicamente suelen tener hijos que también son activos físicamente.

La influencia del padre y de la madre en la forma en que los hijos pensarán, sentirán y actuarán es fundamental y los acompaña, en mayor o menor intensidad, por el resto de sus vidas. Por lo que es aconsejable que los papás busquen ser el hombre o la mujer en el que quieren que sus hijos se conviertan, pues su ejemplo es decisivo.

Resumen

En este capítulo se vieron la configuración de las distintas familias y los efectos conductuales y en la salud mental del adolescente. Se explicó cómo el modelo de familia nuclear (padre, madre e hijos) es el que ha mostrado constantemente y a lo largo de los años ser el ideal para el desarrollo de los hijos. Sin embargo, se aclaró que no por ser el modelo ideal significa que está exento de conflictos y retos.

También se estudiaron los cuatro estilos parentales o de crianza: autoritario, permisivo, autoritativo y negligente. Se vio que el estilo autoritativo, o de autoridad democrática, se asocia con mejores resultados sociales, conductuales, emocionales y académicos en los hijos y que es el modelo ideal en la forma de llevar la crianza.

Otro tema que se analizó fue el efecto de la comunicación de los padres con los hijos acerca de la sexualidad y del uso de sustancias. La comunicación abierta, diversa y objetiva permite que los hijos tomen mejores decisiones tanto en la sexualidad como en las sustancias, lo que ayuda a prevenir embarazos no deseados, ETS, adicciones y otro tipo de problemas.

Se abordó el tema de la importancia del padre y de la madre como modelos sociales para los hijos en cuanto a su identificación sexual y su rol como hombres y mujeres, así como la forma en que se relacionan con el sexo opuesto.

Finalmente se habló de las tres formas conflictivas en que los papás se involucran en la relación entre hermanos: sobreprotección, favoritismo y negligencia. Se propuso que los papás permitan el desarrollo de la dinámica entre hermanos, a la vez que asuman su rol de autoridad y de supervisores no invasivos.

Cuestionario para padres y profesionales

1. ¿Cómo puedes fortalecer la dinámica intrafamiliar para que sea un ambiente propicio en el desarrollo de los hijos?
2. ¿Qué tipo de crianza se tiene en el hogar y qué cosas puedes hacer para favorecer el estilo autoritativo o de autoridad democrática?
3. ¿Cómo te sientes hablándole a tus hijos de educación sexual y qué puedes hacer para incrementarla y mejorarla?
4. ¿Cuáles son las áreas que como padres pueden mejorar en lo individual tanto en su vida familiar como personal para ser un modelo social para sus hijos?
5. ¿Cómo pueden fomentar una dinámica entre hermanos constructiva a la vez que los padres sean figuras de autoridad presentes?

Para saber más sobre el capítulo II

Sobre las distintas familias y la parentalidad en parejas heterosexuales y homosexuales:

http://www.pewsocialtrends.org/2015/12/17/1-the-american-family-today/

http://www.familystructurestudies.com/es/

91

http://www.apa.org/pi/lgbt/resources/parenting.aspx

http://www.narth.com/

Sobre la crianza de los hijos:

http://www.drmarioguzman.com/single-post/2016/10/17/Auto-ridad-y-Amor-1

https://www.drmarioguzman.com/single-post/2016/06/28/POR-QU%C3%89-TUS-HIJOS-NO-DEBEN-DE-SER-LO-M%C3%81S-IMPORTANTE-PARA-TI

Capítulo III: El desarrollo social del adolescente

Los seres humanos son intrínsecamente sociales. El desarrollo de competencias en este ámbito aumenta la capacidad de una persona para tener éxito en la escuela, así como influir positivamente en la salud mental, el éxito en el trabajo y la capacidad de ser ciudadano en una democracia.

William Huit y Courtney Dawson

En los capítulos anteriores estudiamos los aspectos biológicos, cognitivos y familiares que influyen en el desarrollo del adolescente; sin embargo, existe un tercer aspecto fundamental de esta etapa: el desarrollo social.

Desde una perspectiva biopsicosocial, se entiende que la conducta del ser humano no está determinada por un solo aspecto, sino por una interacción de variables. El cuerpo, la configuración psicológica y la interacción social van conformando las formas únicas de pensar, sentir y actuar. La individualidad es resultado de la interacción de estas tres áreas; su adecuado desarrollo se reflejará en la salud mental y la habilidad de adaptarse al mundo sin dejar de ser uno mismo.

Los padres de adolescentes confían en que dicha interacción les permitirá formar hijos lo suficientemente capaces para algún día hacerse cargo de sí mismos y aportar a la sociedad a través de su trabajo y su compromiso social. Sin embargo, este resultado no se da por generación espontánea, sino por la influencia que tanto la genética como la vida familiar y las experiencias sociales tienen en cada persona.

Por ello, en este capítulo analizaremos los aspectos que influyen en el desarrollo social: la inteligencia social y la aptitud social, la teoría del desarrollo social de Bowlby (teoría del apego) y el desarrollo moral según Kohlberg. También abordaremos las discrepancias que existen entre padres y adolescentes en torno a su autonomía e independencia, así como los desafíos sexuales, sociales y morales que afrontan los adolescentes en cada una de sus etapas. Por último, hablaremos de cómo los padres pueden apoyar el desarrollo social de sus hijos y sintetizaremos toda esta información.

Inteligencia social

Cuando inicié mi quinto año escolar, yo no sabía que mi vida estaría a punto de cambiar en forma radical. Hasta entonces había sido un niño criado en un ambiente donde no había carencias económicas ni problemas familiares de consideración. Mi vida transcurría entre los privilegios de un chico de clase media alta y la rutina escolar de un colegio de varones privado. Los primeros cuatro años fui un estudiante competente, con notas altas y sin conflictos ni con mis compañeros ni con los profesores, ni tampoco en mi casa. Pero también fui un niño (como cualquier otro) sin mucha comprensión de las interacciones sociales. Sin embargo, quinto año sería diferente, sucedería un cambio, un antes y un después.

Ese año mis compañeros y yo iniciamos (sin saberlo) nuestra pubertad y nuestra adolescencia. Los tranquilos niños de los años pasados poco a poco empezamos a convertirnos en chicos desafiantes, burlones, inquietos e incluso agresivos o violentos. Empezaron a conformarse distintos grupos de compañeros. Se hicieron presentes esporádicas peleas físicas. "¡Nos vemos en el árbol!", era la amenaza de que al salir de clases, en el árbol que se encontraba fuera de la escuela, habría que enfrentar a golpes a alguien que estaba molesto con uno. Incluso nuestros juegos a la hora del receso se hicieron cada vez más rudos; el futbol ya no era solo sobre pegarle al balón y tratar de meter gol, sino de demostrar quién podía ser más agresivo y aguantar más la rivalidad.

Los profesores experimentaron una tensión creciente entre sus indicaciones y la ejecución que nosotros hacíamos de ellas, así como en el control del grupo, que cada vez resultaba más difícil. La pubertad, el estilo tradicional de la escuela y la llegada de la testosterona a nuestros cuerpos nos hicieron pasar de niños obedientes y bien portados a adolescentes desafiantes y con poca consciencia de las consecuencias de nuestros actos.

Para mí, fue una época de estrés. Mis notas bajaron y la molestia de mis padres por mi desempeño aumentó. Mi insatisfacción con la escuela creció, al igual que el deseo de ausentarme de clases y de emprender aventuras con mis compañeros. Los profesores ya no me veían como un alumno competente que solía estar en el cuadro de honor, sino como un estudiante que a veces podía ser un dolor de cabeza.

Sin embargo, hubo un día que recuerdo hasta la fecha y que identifico como un momento decisivo. Pasado el mediodía, se desató una revolución dentro del salón. Al claro estilo de *El señor de las moscas*, un compañero, que hoy sería diagnosticado con TDAH (trastorno por déficit de atención e hiperactividad) o con trastorno negativista desafiante, encaró al profesor y lo retó diciendo que no seguiría sus instrucciones.

Pronto aquella situación pasó de una rebeldía individual a un levantamiento colectivo. Cantos de "¡huelga!, ¡huelga!" se hicieron presentes. Gritos, bolas de papeles lanzadas de una esquina a otra, insultos y rechiflas no pudieron ser contenidos por el joven profesor, quien después de intentar dominarse no pudo más que darse por vencido y expresarnos con lágrimas su profunda decepción por nuestro comportamiento.

La situación terminó con palabras que taladraron mis pensamientos y que agudizaron mi empatía de tal forma que hasta hoy las recuerdo: "Yo le había dicho a mi novia que ustedes eran el mejor grupo que me había tocado, pero ahora ya no sé ni qué pensar de ustedes. Me han decepcionado. ¡Ya váyanse todos! La clase está dada por vista". Mis compañeros salieron corriendo eufóricos; era una clara victoria lograda por la rebelión de los púberos de once años y una importante derrota para la imagen de autoridad y respeto del profesor.

Pero ese día también aprendí una profunda lección; la experiencia constituyó un catalizador de pensamientos, emociones y habilidades, que hasta hoy me acompañan. A partir de ese día tomé una clara consciencia del impacto de nuestras palabras y acciones en la vida emocional de los demás. Experimenté la bidireccionalidad de las relaciones. Al entrar a la Facultad de Psicología comprendí que lo que había experimentado es lo que llamamos *inteligencia social*, una capacidad fundamental en la vida de los adolescentes. Mi profesor, sin saberlo ni buscarlo, promovió un gran aprendizaje en mí. Pero veamos en qué consiste esa inteligencia social.

En 1983, el psicólogo y profesor de Harvard Howard Gardner desarrolló la teoría de las inteligencias múltiples. En ella sostiene que la inteligencia no es una sola habilidad configurada por distintas capacidades, sino un tejido de habilidades independientes y a la vez interconectadas y estimuladas por el medio cultural y social donde se desarrolla una persona y que sirven para aportar soluciones a los problemas que se manifiestan en dicho medio. A través de su investigación propuso que no existe la inteligencia, sino las inteligencias. Desde esta perspectiva, una visión binaria o dicotómica (ser inteligente o no ser inteligente) resulta exigua, pues las personas muestran destrezas en ciertos ámbitos de sus vidas y no en otros.

Gardner (1983, 2006) ha señalado que existen ocho inteligencias distintas: inteligencia lingüística, inteligencia lógico-matemática, inteligencia espacial, inteligencia musical, inteligencia cinestésica, inteligencia naturalista, inteligencia intrapersonal e inteligencia interpersonal, o social. La última es nuestro objeto de estudio en este capítulo.

Gardner define la inteligencia social, o interpersonal, como la aptitud de distinguir las diferencias entre los individuos y, en especial, entre sus emociones, deseos, temperamentos y motivaciones. Esta definición habla tanto de la capacidad empática para comprender los estados emocionales de los demás como de las habilidades sociales necesarias para entablar relaciones recíprocas. Es una capacidad para comprender nuestras relaciones con los demás y comprendernos a nosotros mismos en ellas.

La inteligencia social es una habilidad cuyo desarrollo dependerá en gran medida de la estimulación que el chico o la chica reciba de parte de sus padres, de la sociedad, de la escuela y de los amigos.

Este desarrollo no es el mismo si la persona crece con padres muy mayores y con poca interacción con niños, o si es depositada en una estancia infantil desde muy pequeña y recibe poca estimulación social; tampoco lo es si crece en una familia numerosa y extendida, o con la constante interacción de otros niños, o si pasa su infancia en un orfanatorio. Estas y otras variables (como los estilos de crianza) son fundamentales en el desarrollo de la inteligencia social.

Es necesario resaltar que este tipo de inteligencia no es suficiente para el adecuado desarrollo social del adolescente. Una eficaz aplicación de dicha inteligencia resulta fundamental para poder entablar relaciones sólidas con los demás. A eso se le conoce como *aptitud social*.

Aptitud social

La aptitud social, o competencia social (en inglés, *social competence*), es la aplicación de la inteligencia social. Es lo que permite obtener provecho de esa inteligencia en la vida diaria.

La aptitud o competencia social ha sido definida por Bierman (2004) como "la capacidad de coordinar las respuestas adaptativas de manera flexible con las diversas demandas interpersonales y de organizar el comportamiento social en diferentes contextos sociales de una manera benéfica para uno mismo y consistente con las convenciones y las costumbres sociales" (p. 141).

Esta definición resalta la versatilidad de la aptitud social para poder sacar lo mejor de las diversas situaciones que, como animales sociales, los humanos afrontan con los demás. El grupo, la interacción y la aceptación social son vitales para los miembros de nuestra especie, y la aptitud social es lo que favorece el éxito en ello.

Esta aplicación de la inteligencia social en la vida diaria ha sido dividida por Broderick y Blewitt (2010) en cuatro categorías fundamentales:

1. **Los procesos afectivos:** Incluyen la empatía, la valoración de las relaciones y el sentido de pertenencia. La empatía es esencial para poder comprender los procesos emocionales, cognitivos y sociales de las otras personas. Sirve para conectar a un nivel donde el otro se siente validado. La valoración de las relaciones es la capacidad de cuidar y atender las relaciones significativas desarrollando la intimidad necesaria para su duración. El sentido de pertenencia se refiere a la identificación del individuo con sus pares, al contar con un grupo social con el cual identificarse y del que se siente parte.

2. **Los procesos cognitivos:** Incluyen la capacidad cognitiva, la toma de perspectiva y los juicios morales. La capacidad cognitiva se entiende como la habilidad para desarrollar la interacción esperada con los pares; también es la competencia que favorece el pensamiento racional frente al irracional. La toma de perspectiva alude a la posibilidad de comprender que los seres humanos sostienen distintas formas de entender la realidad e interactuar con ella. Finalmente, los juicios morales se refieren a la convicción de lo que es correcto e incorrecto con base en los criterios y normas culturales, religiosas e históricas de la persona.

3. **Las habilidades sociales:** Son un conjunto de estrategias que permiten el contacto y el aumento de la intimidad con los demás. Dichas habilidades se desarrollan tanto por modelado de los padres, de los profesores y de los pares como por las instrucciones que los individuos reciben de estos sobre cómo comportarse. Algunas de estas habilidades son hacer contacto visual, usar el lenguaje apropiado, hacer preguntas apropiadas y seguir las normas de convivencia social propias de la cultura.

4. **Un alto concepto social de sí mismo:** Esto hace referencia a la convicción de que se cuenta con una dignidad independientemente del estatus social o de los logros académicos o económicos. Es la capacidad de verse a uno mismo como capaz de interactuar adecuadamente con los demás.

Es fundamental promover que estas cuatro categorías se fortalezcan en el desarrollo de los hijos. Para ello se pueden impulsar las habilidades que el Collaborative for Academic, Social and Emotional Learning (CASEL, 2003, 2007) identificó como básicas para un adecuado desarrollo social y emocional que permita a los chicos ser competentes en la aplicación de la inteligencia social. Dichas habilidades son las siguientes:

1. **Consciencia de sí mismo:** Comprender los pensamientos y las emociones propias; evaluar de manera realista las capacidades personales y confiar en uno mismo.

2. **Consciencia social:** Comprender las emociones y los pensamientos de los demás; apreciar distintos grupos sociales e interactuar positivamente con ellos.

3. **Autogestión:** Manejar positivamente las emociones propias para que no interfieran en los objetivos, sino que faciliten su logro; ser perseverante ante la adversidad y la frustración.

4. **Habilidades en las relaciones:** Establecer y mantener relaciones sanas y gratificantes basadas en una comunicación clara, en la coope-

ración, en la resistencia a la presión social inapropiada, en la negociación de soluciones a los conflictos y en la búsqueda de ayuda cuando sea necesario.

5. **Tomar decisiones responsables:** Tomar decisiones basadas en una consideración exacta de todos los factores relevantes y las probables consecuencias de cursos alternativos de acción, respetando a los demás y asumiendo la responsabilidad de las decisiones propias.

Consciencia de sí mismo, consciencia social, autogestión, habilidades en las relaciones y toma de decisiones responsables son atributos que la mayoría de los padres deseamos ver en los hijos (e incluso en nosotros mismos), pero estos no se dan de manera espontánea con el desarrollo físico, sino a través de la interacción con los demás, y especialmente con los papás. Y es ahí donde radica uno de los grandes retos de esta generación, pues, como ya lo señalamos, no son pocos los hogares divididos o los hijos que crecen sin la presencia de uno de los padres. También tenemos al *animal laborans*, del que habla Prado, que trabaja diez horas diarias sin convivir con los hijos (o lo hará de manera muy limitada), por lo que no puede apoyar a los chicos en la formación de estas cualidades. Por lo tanto, es conveniente preguntarnos cómo se espera que los hijos desarrollen las habilidades que vimos anteriormente si los padres no están presentes para enseñárselas y fomentárselas.

El complejo e intrincado cerebro humano (el más evolucionado de todos) es una estructura enfocada al aprendizaje. A diferencia de los demás animales, las personas necesitan una mayor transmisión de conocimientos, que los demás están dispuestos a dar. Es necesario aprender desde el andar hasta hablar y esto se logra gracias a la interacción con los otros. Cuando dicha interacción es limitada en tiempo y en calidad, el aprendizaje también lo será, especialmente en el desarrollo de la inteligencia social y la aptitud social.

Hace poco una paciente que solía identificarse como feminista me compartió su cambio filosófico y sus nuevas reflexiones sobre la maternidad, el trabajo y la crianza de los niños:

Durante muchos años sostuve que una mujer o incluso un hombre dedicado a las labores del hogar eran ejemplo de desperdicio de tiempo y de inteligencia. Me empeñé en hacer saber esa posición a todos mis amigos, familiares y colegas. Al mismo tiempo me empeñé en demostrarles que yo podría lograr todo lo que me propusiera. Cuando obtuve la dirección en la empresa de construcción en la que laboro, me mostré intransigente con las mujeres que pedían maternidad o que se ausentaban para atender a sus hijos. Ahora me siento fatal de haberlo hecho. Desde que soy mamá de mi hijo me doy cuenta de lo complejo que es ser mamá y además trabajar. No entiendo cómo pude, y pueden, desprestigiar la labor de las madres. No hay tarea más compleja e incluso trascendente que la de criar a un hijo. Estoy aprendiendo que antes construía edificios, pero que ahora estoy construyendo un ser humano, y no veo cómo podré lograrlo si no estoy cerca de él.

Mi paciente pasó por un profundo proceso de cuestionamiento de su esquema de metas inalcanzables ("Tengo que ser la mejor y demostrar a todos que yo puedo hacerlo sola") para transformarlo en metas más realistas y alcanzables. Después de meses de terapia, concluyó que su maternidad era más importante que su prestigio laboral e incluso que su ingreso económico. Junto con su marido, acordaron repartirse las tareas del hogar y las responsabilidades con el bebé. Ella renunció a su empleo para poner su propio despacho de arquitectura, trabajar solo medio tiempo y tomar la cantidad de proyectos que no le impidiera desarrollarse como mamá y esposa. Sin duda no todas las familias tienen esta oportunidad, pero justo por ello hemos de cuestionarnos el actual modelo socioeconómico donde los padres y los hijos son separados por el trabajo.

Pero la pura presencia física y el tiempo que se pasa con los hijos no son suficientes para poder enseñarles las habilidades que mencionamos. Para lograrlo es necesario construir un vínculo, un proceso afectivo entre los padres y los hijos que permita de manera explícita e implícita transmitir a estos últimos las cualidades fundamentales para su sano desarrollo social y emocional. A ese vínculo se le conoce como *apego*.

Quienes deseen conocer más sobre lo que hemos comentado hasta aquí pueden consultar el reporte de Huitt y Dawson (2011), que incluye tanto el desarrollo de la inteligencia y la aptitud social como distintas estrategias que se pueden aplicar en la casa y en la comunidad.

Sería deseable que tanto las familias como las escuelas y comunidades en general prestaran mayor atención al desarrollo y la promoción de las habilidades propuestas por el CASEL, que acompañan a las personas a lo largo de su vida y que les permiten no solo la adaptación al grupo, sino la mejora de este. Los humanos no somos entes pasivos en la sociedad; influimos en ella a través de nuestras acciones diarias.

Teoría del apego

Mamá era mi mejor maestra, maestra de compasión, amor y despreocupación. Si el amor es dulce como una flor, entonces mi madre es esa dulce flor del amor.

Stevie Wonder

John Bowlby fue un psicólogo, psiquiatra y psicoanalista que desarrolló la teoría del apego, la cual fue posteriormente enriquecida gracias a la colaboración de Mary Ainsworth. Esta teoría se sustenta en la etología, la psicología evolutiva, los sistemas computacionales y el psicoanálisis (Ainsworth & Bowlby, 1991). A través de la observación de niños y del análisis de sus conductas, así como del efecto de la interacción materna con ellos, concluyeron que los seres humanos (y otros animales) tenemos un instinto de apego que busca establecer una relación estable principalmente con la madre, o en su ausencia, con alguna otra figura cercana.

Sin embargo, vale resaltar una importante diferencia entre la madre y otras posibles figuras de apego. Desde la teoría del apego se habla de un *genetic blueprint*, o un mapa genético, el cual se entiende como un conjunto de respuestas o componentes instintivos con el que cuentan las madres y los hijos para unirse entre sí. Dichos componentes favorecen la atención y son conocidos como *liberadores sociales* (Bretherton, 1992).

Estos liberadores son conductas que observamos en los niños y cuya finalidad es obtener el interés de su cuidador; lo llamativo es que esas conductas no son aprendidas, sino innatas. Algunos ejemplos de los liberadores sociales son la succión tanto de los pechos como de los dedos, acurrucarse en la madre, observar a la madre, la sonrisa y el llanto asociado al dolor y al hambre. Además durante el parto y después de este, las madres sostienen altos niveles de la hormona oxitocina, que favorece el vínculo con el hijo –quien la ingiere a través de la leche materna–, y por ello se le conoce como la hormona del apego. Por esa razón, cabe esperar que el apego sea favorecido de especial manera por la madre y no por otras figuras.

La madre representa una fuente de seguridad y estabilidad que permite al niño explorar el mundo sabiendo que hay una sensibilidad de ella hacia él. Pero, claro, no todas las madres o las figuras de apego logran dicha representación en el niño. Para ello requieren poseer una cualidad especial que Bowlby (1988) llamó *monotropía*.

La monotropía es el vínculo cálido y amoroso que permite el apego entre el hijo y la madre. Este vínculo funciona como un promotor emocional, social e intelectual en el niño. Su importancia es tal que Bowlby aseguraba que una ruptura prematura causaría daños irreparables en el desarrollo psicosocial. Esta ruptura es la base de lo que llamó *hipótesis de la privación materna*. Es importante notar que en inglés él la llamó *maternal deprivation*, pero la traducción al español de esta expresión es un poco distinta en significado, pues en inglés la palabra *deprivation* se refiere a algo que se tuvo y que después se perdió. El término *privation,* en contraste, hace referencia a algo que nunca se tuvo. En español tenemos una sola palabra para ambos conceptos: *privación*, que estaría más cercana a *privation*. Sin embargo, no queda claro si en la hipótesis de la privación materna Bowlby y Ainsworth buscaban hacer referencia a ambas experiencias o solo a la primera.

Lo que es evidente a través de su teoría e investigaciones es que el vínculo conformado entre la madre y el hijo es de gran importancia, especialmente los primeros 24 meses de vida. La ausencia o la privación de este apego pueden provocar una personalidad psicopática sin afecto o un retraso en el desarrollo intelectual y psicosocial del niño.

El vínculo entre la madre y el hijo da pie a la conformación de lo que él llamó *modelos de trabajo interno*, que son las representaciones mentales que el niño desarrolló sobre su cuidador o sobre la madre y que proyectará a lo largo de la vida en sus relaciones interpersonales y a la vez serán la base para su propio vínculo con sus hijos. De aquí viene la idea de que toda futura relación estará basada en la representación mental fruto de la primera relación con la madre.

Los modelos de trabajo interno han servido como explicación para distintas propuestas teóricas sobre los efectos de la relación con los padres en los primeros años y el desarrollo futuro de la persona. Un ejemplo de esto es lo que Young et al. (2003) llamaron *esquemas maladaptativos tempranos*, que son los esquemas cognitivos que configuran los pensamientos, emociones y conductas a lo largo de la vida. Son las estructuras mentales que promueven los pensamientos sobre uno mismo, los demás y el mundo de una forma no adaptativa impulsando la reexperimentación de los patrones de aprendizaje emocional y conductual que se vivieron en la infancia.

Pero hay algo más en la teoría del apego que resulta de interés para comprender el desarrollo social del adolescente. Ainsworth, Blehar, Waters y Wall (1978) identificaron cuatro distintas categorías de la calidad de apego entre el hijo y la madre: apego seguro (se encontró en alrededor del 65 % de las relaciones), apego evasivo-inseguro (se encontró en alrededor del 20 %), apego ansioso-ambivalente (se encontró en alrededor del 10 %) y apego desorganizado y desorientado (se encontró en alrededor del 5 %). Los estudios han mostrado que los niños con el primer tipo de apego suelen tener más amigos, mejores habilidades sociales y mejores relaciones amorosas; en cambio los niños que experimentaron los demás tipos de apego mostraron menor competencia en las áreas mencionadas, e incluso el apego ansioso-ambivalente se asociaba con comportamientos violentos y problemas conductuales en general.

Con todo esto nuevamente se resalta la importancia de la presencia de los padres en la vida de los hijos y especialmente la presencia de la madre en los dos primeros años de vida. A través de la relación con los padres, los niños aprenden las habilidades sociales básicas que les aseguran mayor éxito en la adolescencia. Desde las reglas de convivencia ("Por favor", "Gracias", "Discúlpame") hasta cómo afrontar los problemas (negociación, diálogo, conciliación) son habilidades que se aprenden en la convivencia diaria con los padres. Pero también inciden en el tipo de pensamientos, emociones y comportamientos que se tienen a lo largo de la vida, así como en el tipo de amistades y parejas que se buscarán e incluso en la forma en que cada persona se relacionará con sus propios hijos.

Hasta ahora hemos explicado la importancia de la inteligencia social, la aptitud social y la teoría del apego para el desarrollo social del adolescente. Ha llegado el momento de estudiar el desarrollo moral y su función en el desarrollo social.

Desarrollo moral

El destino de la humanidad depende enteramente de su
desarrollo moral.

Albert Einstein

Imaginen que su pareja está enferma de un extraño cáncer y que su vida está en gran riesgo. Alguien les recomienda un doctor, y al visitarlo este les dice que tiene la medicina perfecta para su pareja. De hecho, él la desarrolló y es el único que la vende. Sin embargo, la medicina cuesta algo así como 100,000 pesos, pero al médico solo le costó hacerla 10,000 pesos. Ustedes no tienen esa cantidad y saben que sin la medicina su pareja morirá. Venden sus cosas, piden dinero a sus familiares y utilizan todos los ahorros que tienen, pero lo más que consiguen son 50,000 pesos. Le ofrecen al médico dicha cantidad, e incluso le proponen pagarle la diferencia en parcialidades, pero él les contesta: "Lo siento, pero no se la puedo vender por ese precio; el precio son 100,000 pesos. Yo desarrollé esa medicina y tengo el derecho de obtener ganancias por ello. Se la venderé a alguien más".

Su pareja morirá si no toma esa medicina, y ustedes saben que el médico dejará su oficina a las 8:00 p. m., como lo hace todos los días, y nadie estará vigilando, por lo que fácilmente podrían romper un vidrio y tomar la medicina que salvaría a su pareja. ¿Deberían hacerlo? ¿Por qué sí o por qué no?

El ejercicio que acaban de leer es lo que Kohlberg (1981) llamó el *dilema Heinz*. Este dilema lo utilizó en sus investigaciones para evaluar los razonamientos morales de las personas acordes a la teoría moral que desarrolló y que consta de seis etapas del desarrollo moral. En realidad no evaluaba si una respuesta era la adecuada o no, sino en qué etapa moral se encontraban los entrevistados.

Las seis etapas que Kohlberg formuló están distribuidas en tres niveles (dos etapas por nivel): preconvencional, convencional y posconvencional.

Nivel preconvencional: Suele ser propio del razonamiento infantil (aunque algunos adultos operan a ese nivel), por lo que es egocéntrico y basado en consecuencias externas, de tal forma que aún no hay una incorporación de los acuerdos sociales sobre lo que es correcto e incorrecto.

Las dos etapas en este nivel son: 1. Orientación a la obediencia y al castigo, y 2. Interés propio. Veamos en qué consisten.

Etapa 1. Orientación a la obediencia y al castigo: Los razonamientos morales consisten exclusivamente en las consecuencias (premios o castigos) que la persona pueda recibir por sus acciones: "La última vez que no obedecí mis papás me castigaron, por lo que no lo haré de nuevo". En esta etapa, la percepción de acción inapropiada o mala está basada en la severidad del castigo: cuanto mayor sea dicha severidad, mayor será el entendimiento sobre la gravedad de la conducta.

Etapa 2. Interés propio: Se caracteriza por razonamientos morales donde la persona no piensa en las necesidades de los demás, sino solo en su interés personal. La relación con los demás está basada en "si tú me aportas algo, yo te aportaré también", por lo que la empatía, la lealtad y la solidaridad nos son valores propios de esta etapa. En realidad es una forma de relativismo moral en donde lo correcto o incorrecto está basado en "si me es de utilidad o no".

En estas dos etapas, que suelen darse en la infancia, funcionan muy bien las tablas de conductas basadas en reforzadores positivos y en consecuencias negativas de las conductas. Estas herramientas permiten a los padres un control conductual y a los niños el desarrollo del autocontrol al supervisar ellos mismos su avance conductual o sus logros. El riesgo está en que algunos padres solo busquen premiar o castigar a sus hijos sin explicar las nociones morales basadas en la empatía y el bien común. Además hay quienes suelen basar las consecuencias solo en castigos, lo que lleva con el tiempo a un desgaste afectivo entre los padres y los hijos.

Nivel convencional: Consiste en la adopción de una moral y una conducta basada en las reglas, las leyes y los convencionalismos sociales, incluso en la ausencia de consecuencias o castigos directos. Lo que está bien o lo que está mal moralmente está definido con base en lo que la sociedad considera, no en un cuestionamiento moral interno que confronte los valores sociales. Adolescentes (y muchos adultos) suelen situarse en este nivel del desarrollo moral, por lo que cuestionan fuertemente las contradicciones que observan en los adultos: entre lo que dicen y hacen, entre la regla y la conducta.

Las dos etapas de este nivel son: 3. Acuerdos interpersonales y conformidad, y 4. Obediencia a la autoridad y al orden social.

Etapa 3. Acuerdos interpersonales y conformidad: Las expectativas sociales o los roles sociales esperados se convierten en el ideal moral que se debe alcanzar para ser un "buen muchacho" o una "buena muchacha", de tal forma que la aprobación o desaprobación de los otros cobra gran importancia para la persona. Por ello, la manera de relacionarse con los otros y la percepción del bien y del mal se basan en "hacer a los otros lo que espero que hagan conmigo" y en que "los otros aprueben lo que hago".

Etapa 4. Obediencia a la autoridad y al orden social: La mayoría de las personas vive en esta etapa. El razonamiento moral se apega a los ideales de funcionamiento social sobre lo que está bien y lo que está mal. Las leyes y las reglas son vividas como deberes morales que no se cuestionan, pues de hacerlo o no cumplirlas se daría pie a que los demás tampoco lo hagan y entonces reinaría el caos social. Desde esta perspectiva, la moralidad en esta etapa aún está motivada por factores externos, pero la culpa de incumplir con las leyes y las reglas cobra gran relevancia a la hora de decidir cómo actuar.

La mayoría de los adolescentes y adultos se encuentra en esta etapa, por lo que a los padres de familia les resultará de utilidad implementar reglas claras y concretas puestas por escrito donde el hijo sepa qué esperan de él. Además será conveniente aclararle cuáles son sus privilegios y los mecanismos por los que se puede hacer acreedor de ellos. De igual forma, es de gran ayuda que los padres reconozcan y refuercen verbalmente el actuar positivo y prosocial del hijo en esta etapa e incluso que le fomenten un rol con mayores responsabilidades familiares y sociales. Esa es la razón por la que muchos adolescentes se sienten atraídos a realizar voluntariado o participar en asociaciones civiles, pues para ellos es una forma de contribuir al orden social.

Nivel posconvencional: Es un nivel donde los razonamientos morales señalan una diferenciación entre el individuo y la sociedad, por lo que las ideas propias sobre lo correcto o incorrecto pueden ser distintas de aquellas que sostiene la sociedad. El individuo busca vivir acorde a principios como la justicia y los derechos humanos, por lo que ve las reglas de manera instrumental, de modo que si estas contradicen los principios señalados, el individuo puede ejercer la objeción de conciencia. Para las personas que no están en este nivel puede resultar contradictorio o incomprensible el razonar y actuar de estos sujetos, pues sus principios éticos están por encima de los principios éticos de la sociedad, lo que no sucede en los dos niveles previos.

Las dos etapas de este nivel son: 5. Orientación hacia los contratos sociales, y 6. Principios éticos universales.

Etapa 5. Orientación hacia los contratos sociales: Los razonamientos morales aceptan la diversidad de pensamientos, creencias, derechos y valores, y se espera una reciprocidad en dicha aceptación. Se tiene como objetivo el bien común, y las leyes y reglas se ven como contratos sociales que permiten acercarse a dicha meta. De este modo, aquella ley o regla que no encamine a los individuos a un estado de bienestar debe ser cambiada o anulada. De ahí que el consenso de la mayoría cobre especial importancia en esta etapa. La perspectiva democrática de la vida en común es típica de esta fase.

Etapa 6. Principios éticos universales: El razonamiento abstracto está guiado por principios éticos universales. La objeción de conciencia se superpone a cualquier ley, y si esta no está regida por el principio ético de la justicia, entonces debe desacatarse. En esta etapa la conducta deontológica está por encima de las leyes o los contratos sociales, por lo que las acciones del individuo no son vistas como medios o instrumentos para obtener beneficios, sino como el fin mismo, como lo que es correcto hacer.

La mayoría de los padres desearíamos que nuestros hijos lograran desarrollar un nivel moral posconvencional o incluso que pudieran guiarse por la etapa número 6, principios éticos universales. Por desgracia, Kohlberg reconocía que era raro o poco frecuente encontrar sujetos con este nivel de razonamiento moral. Sin embargo, eso no debería hacernos desistir de primeramente buscar nosotros desarrollar tal nivel de moralidad para después poder promoverlo con nuestros hijos.

Es necesario comprender que las etapas y los niveles de Kohlberg son vistos como eslabones que se unen como resultado de haber cursado las etapas y los niveles previos, por lo que es poco probable que alguien que no haya pasado por el nivel 2 pueda llegar al 3. De ahí la importancia de promover los tres niveles de acuerdo con la etapa de desarrollo de los hijos.

En un momento posterior de su trabajo, Kohlberg señaló una posible etapa más, **la número 7: moral trascendente.** Consideraba que un sujeto en una etapa así se manejaría basado en un razonamiento moral ligado a una amplia y profunda visión religiosa. En esta etapa el ser humano iría más allá de las leyes sociales y se regiría por dos cuestiones fundamentales: la ley natural y el ágape. La ley natural la entendió como una ley trascendente que abarca los procesos de la naturaleza y en la cual se encuentra un conocimiento mayor. Kohlberg mencionó (como se citó en D'Arcy-Garvey, 1988b) a Spinoza para una mejor comprensión:

> Nuestra mente también es parte de la naturaleza. Es decir, la naturaleza tiene un poder infinito de pensamiento que contiene subjetivamente toda la naturaleza. La mente humana contiene este poder, no como infinito y percibiendo toda la naturaleza, sino como finito y percibiendo solo el cuerpo humano (p. 11).

Ágape es una palabra griega común para las comunidades cristianas, que representa la mayor manifestación del amor; es el amor entre el Creador y su criatura, que se refleja en la virtud cristiana de la caridad hacia los demás, en la entrega desinteresada. Es el Cristo en la cruz, que decide entregarse voluntariamente a su muerte por el bien de los demás.

D'Arcy-Garvey (2001) explica que para Kohlberg el ágape no es un principio que compite con el de equidad; es una actitud que inspira actos que van más allá del deber, actos que no pueden ser exigidos o esperados por sus receptores, sino que son actos de gracia desde el punto de vista del destinatario.

Tal vez Kohlberg se refería (sin decirlo abiertamente) a lo que sería un concepto de moral cercano al de la santidad en el cristianismo y judaísmo o al concepto del hombre universal del islam, pues en dichos estados –digamos– de evolución moral/espiritual, se obtiene una comprensión de la interrelación y la trascendencia espiritual de la vida, donde se pasa de una visión finita de la existencia a una infinita. Donde se busca trascender al ego en beneficio de los demás.

Más de medio siglo antes que Kohlber, León Tolstói describió y sintetizó las siete etapas morales en un profundo párrafo que hasta hoy forma parte de la sabiduría perene de la humanidad: "Para que una persona conozca la ley que le hace libre, ha de remontarse desde una vida material a una vida espiritual".

Figura 1. Etapas del desarrollo moral según Kohlberg

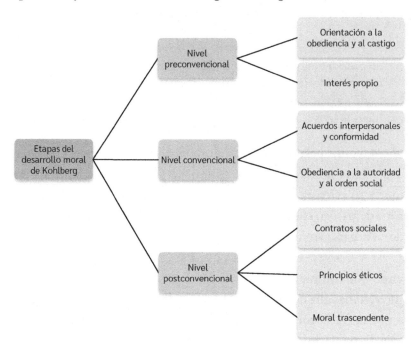

El desarrollo moral y la teoría que aquí revisamos nos ayudan a comprender la importancia de su promoción en nuestros hijos. Todos aspiramos a una sociedad más justa, equitativa y pacífica, pero eso no se dará por generación espontánea, sino por el trabajo moral que hagamos con nuestros hijos desde que ellos nacen hasta que nosotros morimos.

Discrepancias entre padres y adolescentes

Habiendo explicado la importancia de la inteligencia social y la aptitud social, el apego entre los padres y los hijos y el desarrollo moral (todos estos como parte fundamental del desarrollo social del hijo), ha llegado el momento de analizar cómo se perciben los padres y los hijos en cuanto a los retos sociales que tienen que afrontar. Lo visto hasta aquí tiene la finalidad de que los hijos sean capaces de tomar decisiones por sí mismos y de que desarrollen una sana independencia que les permita interactuar en la sociedad.

La independencia puede ser comprendida como la autonomía conductual, como la posibilidad de actuar con base en las propias expectativas y en los propios objetivos. Tomar decisiones por uno mismo, poder optar por lo que se desea hacer en el presente y en el futuro. Es la forma en como se elige actuar tanto en el ámbito personal como en el social.

Si bien hay quienes experimentan un profundo temor a dicha independencia (como las personas con el trastorno de la personalidad por dependencia, quienes buscan tener a alguien que tome el mayor número de decisiones por ellos), la gran mayoría de las personas busca tomar ellas mismas las decisiones sobre qué vestir, qué comer, con quién relacionarse, qué música escuchar, dónde tomar las vacaciones, con quién compartir la sexualidad, con quién desarrollar la amistad, etc.

Los adolescentes no son la excepción a dicha aspiración de autonomía conductual. Más que en la infancia, durante la adolescencia buscarán elegir gran parte de las situaciones que giran alrededor de sus vidas: amigos, música, horarios, pareja, alcohol, drogas, sexo, religión son algunas de las cosas en donde poco a poco irán tomando una posición que no siempre coincidirá con la de los padres o con la de la sociedad en donde se desenvuelven y que podrá constituir para algunos una fuente importante de conflicto.

Paradójicamente, es en la adolescencia donde los humanos buscamos esa independencia con mayor intensidad a la vez que los adultos buscan limitarla o al menos no promoverla como en las otras etapas del desarrollo.

Cuando los padres primerizos ven a sus hijos intentar sus primeros movimientos de gateo, sus primeros pasos o sus primeras palabras, suelen alentarlos y motivarlos a lograrlo. Incluso los animan a que no se dejen vencer por el fracaso, y ante cada caída o palabra dicha inapropiadamente, los impulsan a continuar intentándolo. Los padres buscarán reforzar estas señales de crecimiento en sus hijos de distintas formas: aplausos, abrazos, palabras tiernas e incluso alguna golosina como recompensa son las formas en que los progenitores suelen promover el crecimiento de sus hijos.

113

Sin embargo, cuando estos mismos hijos llegan a la adolescencia, tanto padres como otros agentes sociales (profesores, sacerdotes, tíos, abuelos, etc.) pueden sentirse incómodos ante el crecimiento de los chicos. Incluso este desarrollo puede ser una fuente de ansiedad si se anticipan resultados negativos, lo que puede llevar a algunos adultos a tratar de inhibir el crecimiento con las famosas frases como "¿tú qué vas a saber si aún eres un niño?", "yo sé lo que te conviene, pues yo soy el adulto" o "en esta casa el adulto soy yo, por lo que tú tienes que hacer lo que se te indica".

Es comprensible que los padres pasen de un estado de poco conflicto, donde la mayoría de los hijos suele seguir las instrucciones de los padres ("Sí, papi", o "Sí, mami"), a un estado donde la oposición y el desafío se hacen cada vez más presentes ("¿Por qué yo?", "¿Por qué no lo hacen mis hermanos?", o aun peor, "¿Por qué no lo haces tú en lugar de pedírmelo?"). Pero no son solo la oposición y el desafío lo que genera incomodidad en algunos padres, sino otras señales de crecimiento que pueden constituir un verdadero desafío: el novio o la novia, el alcohol, las drogas, los amigos, la vida sexual, las salidas en la noche, etc.

Si bien en la infancia los papás suelen promover el crecimiento de los hijos al dar sus primeros pasos o al tocar su primera pieza musical en el piano, puede resultar más difícil fomentar el crecimiento cuando encuentran a su hija besándose y tocándose con el novio en la sala de la casa, o cuando descubren en la cartera del hijo un paquete de condones o cuando los hijos llegan a casa oliendo por primera vez a alcohol y ellos niegan haberlo consumido.

Los tiernos niños que seguían las indicaciones de papá y mamá y de quienes se buscó fomentar el crecimiento son ahora un hombre o una mujer dispuestos a probar el mundo de los adultos: a experimentar la sexualidad, las sustancias y la vida nocturna. Los orgullosos y confiados papás pueden quedar atrás para dar paso a preocupados y desvelados seres deseosos de que sus hijos sigan aún todas sus indicaciones y de que no se tomen tantas libertades a la hora de decidir por sí mismos.

Pero no son solo los papás los que pueden tener problemas en aceptar, promover y encauzar la autonomía conductual y el crecimiento de los adolescentes. Profesores, tíos, abuelos y la sociedad en general pueden tener dificultades para identificar si los chicos son lo suficientemente mayores para tomar decisiones por sí mismos o no. Incluso la investigación señala que es común la disparidad y la falta de consenso entre los adolescentes y los adultos sobre cuándo y qué decisiones deben ser tomadas por los chicos.

En un estudio realizado por Casco y Oliva (2005) se midió cómo los padres, los profesores, los adultos mayores y los adolescentes tenían discrepancias al considerar cuáles son las características más importantes que deben mostrar los adolescentes y a qué edad tanto los adultos como los jóvenes consideran apropiado que los adolescentes lleven diversas conductas que reflejan autonomía conductual y que son parte de su desarrollo y vida social. Encontraron que los adultos y los adolescentes tienen importantes diferencias al momento de considerar qué valores o características son importantes, así como cuándo es apropiado desarrollar ciertas conductas sociales.

Casco y Olivia dividieron los valores en seis grupos: 1. Académicos-convencionales (interés por el estudio, éxito profesional, respeto por los adultos y las normas), 2. Salud (ausencia de consumo de alcohol, drogas y comportamientos violentos), 3. Artísticos (interés por la música, arte y cultura), 4. Autonomía personal (realizar actividades de forma independiente), 5. Apariencia (buen aspecto y autocuidado), y 6. Sociales (la calidad de las amistades y los compañeros).

El estudio encontró que entre los adolescentes y los adultos hay diferencias significativas en la mayoría de los valores. Solo en *autonomía* y *valores sociales* había cierta coincidencia entre los adolescentes y los adultos. *Valores académicos-convencionales, salud, artísticos* y *apariencia* son temas que se ven de manera muy diferente entre los chicos y los adultos. Los primeros no le asumen la importancia y gravedad que les dan los segundos.

En cuanto a la edad que se considera apropiada para que los adolescentes muestren mayor autonomía conductual y social, los investigadores evaluaron las siguientes conductas:

- Salir en pareja con un chico o una chica
- Ir con los amigos a un concierto por la noche
- Llegar a casa a la hora que quieran
- Besarse y abrazarse con un chico o una chica
- Tener relaciones sexuales completas
- Pasar un fin de semana fuera con los amigos
- Llevar a casa al novio o a la novia
- Decidir por sí mismo qué ropa comprarse
- Tomar decisiones propias sobre sus estudios y su futuro
- Salir de paseo con los amigos o las amigas
- Tener vehículo propio (coche o motocicleta)
- Dar una fiesta en casa con los amigos o las amigas sin que estén los padres
- Pasar las vacaciones de verano con los amigos
- Irse a vivir solo o con amigos
- Pasar unos días de campamento con amigos y amigas
- Ir de vacaciones al extranjero con amigos y amigas
- Ir a una discoteca con los amigos
- Quedarse solo en casa un fin de semana en el que los padres se van de viaje

De los 18 ítems evaluados, los investigadores encontraron diferencias significativas en 17, es decir, padres e hijos solo coinciden (levemente) en una, en la número 16: cuándo ir de vacaciones al extranjero con amigos y amigas. Pero en los otros 17 no coinciden. En general los chicos creen que deberían desarrollar esas conductas dos años antes de lo que los padres consideran apropiado.

Como podemos observar, y supongo que no es una gran sorpresa, los adolescentes y los adultos coinciden en muy pocas cosas en cuanto a qué es importante en la vida y cuándo desarrollar conductas sociales que demuestran autonomía e independencia. Teniendo esto en cuenta, es fácil comprender por qué tantos padres e hijos experimentan conflicto en el día a día y también en las decisiones importantes: simplemente no ven las cosas de la misma manera.

Muchos padres pensarán: "Justo por eso no debemos dejarlos tomar decisiones por sí mismos. No saben lo que les conviene". Puede ser que tengan razón en que aún los adolescentes no saben lo que realmente les conviene o no, pero seamos honestos: ¿cuántos de nosotros sabíamos lo que "realmente" nos convenía a la edad de 15 años? Además, ¿qué es eso de "lo que realmente les conviene"? ¿Cuántas veces se pasa por adversidad y por pobres decisiones que en su momento ponen a uno en un aprieto pero con el tiempo se convirtieron en la fuente de fortaleza personal? ¿Cuántas veces se aprende que el obstáculo fue la oportunidad para crecer, para cambiar, para comprender las cosas de mejor manera? Ryan Holiday (2014) lo explica claramente en su libro *El obstáculo es el camino*. Les recomiendo su lectura.

Con lo mencionado no se sugiere que se deje a los adolescentes libremente hacer lo que ellos exijan, pues ya vimos en el capítulo II que los estilos de parentalidad, así como las reglas y las consecuencias, son de gran importancia en esta etapa. Pero es necesario resaltar que los adolescentes, guste o no, se comprenda o no, tomarán decisiones por ellos mismos, y los papás no podrán estar detrás de ellos en todo momento buscando que sean las correctas. Parte fundamental de crecer es tomar decisiones y aprender a asumir las consecuencias de nuestros actos. Cuando alguien está manejando su automóvil no lleva un policía detrás diciéndole: "No te pases el semáforo, no excedas el límite de velocidad"; el conductor debe saber cuáles son las reglas y aun así tendrá que decidir si las respeta o no, pero lo que no podrá decidir es qué pasará si no las sigue. Lo mismo pasará con los adolescentes: tendrán que decidir si toman o no toman alcohol, si tienen o no tienen relaciones sexuales, si van o no van a la escuela; lo que no deberían decidir es qué consecuencias habrá por no seguir las reglas de la casa, pues eso será parte fundamental de su aprendizaje.

Pero como ya lo hemos dicho, no es suficiente buscar guiar a nuestros hijos con reglas y consecuencias; es necesario desarrollar empatía tomando en cuenta la etapa por la que ellos están pasando, así como las necesidades particulares de cada uno. Las reglas y la empatía permitirán al hijo saber que vive dentro de límites y en una estructura, pero también con amor y preocupación de los demás hacia él.

Las discrepancias entre padres e hijos sobre los valores, las conductas sociales y la edad representan un comprensible conflicto que a su vez es una extraordinaria oportunidad. Como ya lo hemos dicho, sin conflicto no hay crecimiento y sin crecimiento no hay independencia. Por ello es importante dar la bienvenida a la discrepancia, aceptar el conflicto y buscar que este sea una experiencia de aprendizaje y crecimiento para ambas partes. Los papás que lo vean así permitirán que su hijo crezca a partir de sus errores y de sus confrontaciones, pero también disminuirán la frecuencia, intensidad y duración de los conflictos. Cuanto más rígidas sean las posturas y más presionen los padres, más probable será que los hijos se rebelen o incluso que "revienten" y que lo que era pasajero o transitorio se convierta en permanente o constante.

Cuando pasen ustedes por el conflicto y las discrepancias, valdrá la pena que recuerden que esto, como muchos otros obstáculos que han afrontado, también es pasajero. Sus hijos crecerán y ustedes también lo harán, los conflictos disminuirán y la armonía poco a poco volverá. No dramaticen, no caigan en los pensamientos catastróficos: "Es terrible", "¿Cómo es posible que nos trate así?", "¿Qué hemos hecho para merecer esto?". Lo que se dicen a ustedes mismos los predispone para actuar, y si ven la situación de forma dramática y catastrófica, ¿cómo creen que van a actuar? ¡Exacto! De forma desesperada y errónea.

Conserven la calma. No se olviden de ustedes mismos y recuerden seguir con su estrategia de parentalidad y con una actitud de constante aprendizaje. Más pronto que tarde se darán cuenta de que si lo hacen así, las cosas no solo pasarán, sino que se habrán transformado positivamente.

La escuela como factor de socialización

Nuestra tarea es educar a nuestros estudiantes en todo su ser para que puedan enfrentar el futuro que nosotros no podremos ver.

Ken Robinson

Dr. Guzmán: ¿Podrías decirme por qué piensas que eres incapaz?
Karla: No lo sé. Siempre me he sentido así. Desde niña he pensado que no soy capaz de lograr nada.
Dr. Guzmán: ¿Qué imagen viene a tu mente cuando piensas: "Desde niña he pensado que no soy capaz de lograr nada"?
Karla: Se me viene la imagen de mi madre. Ella se molestaba mucho por mis notas y mi falta de tareas en la escuela. Me decía: "Así no lograrás nada en la vida, no serás nadie". Para ella mis notas eran lo más importante; si no eran sobresalientes, se molestaba por días y días conmigo.

La historia de Karla es la historia de muchos. Con frecuencia atiendo adolescentes que se sienten poco capaces y poco valiosos porque sus notas no son las que los padres desean. Con semejante frecuencia, atiendo a papás frustrados porque sus hijos "no aprovechan las oportunidades que tienen" o porque los primeros consideran que su rendimiento académico es inaceptable.

Para muchos de estos papás las buenas notas no solo reflejan el resultado del esfuerzo de su hijo, sino que les significan una oportunidad para sentirse tranquilos con el desempeño que ellos hacen como papás. Ven en la conducta de sus hijos y en los logros académicos el reconocimiento de su labor como padres, de tal forma que si los resultados son muy favorables, eso indicará (o al menos eso es lo que piensan) que ellos están haciendo "bien" su función, pero si los resultados no son favorables, algunos suelen concluir que ellos no están haciendo bien su función de padres o que sus hijos no saben agradecer los esfuerzos que los padres hacen para que tengan una buena educación.

Lo cierto es que esas expectativas pertenecen, en muchos casos, a los padres más que a los hijos. En la adolescencia es común ver una pérdida de interés por los aspectos académicos, e incluso para muchos chicos la escuela representa una tediosa obligación que preferirían evitar. Las expectativas de alto rendimiento que los padres tienen no son en sí mismas malas o inapropiadas; incluso pueden reflejar un verdadero ejemplo del amor e interés que los padres tienen por sus hijos. Sin embargo, también es cierto que a veces pueden ser inalcanzables o al menos no estar ajustadas a las características de cada hijo.

Pero hay algo sobre las expectativas académicas que es necesario resaltar: ¿por qué es tan importante que los hijos tengan excelentes notas? ¿Por qué es tan importante que su desempeño sea sobresaliente?

La escuela tiene una función educativa necesaria para que una persona destaque en el sistema social y laboral. Quienes no cuentan con estudios verán comprometido su desempeño en la vida adulta y es probable que sus oportunidades se vean reducidas. Sin embargo, ¿qué es lo más importante que tenemos que aprender en la escuela? ¿La tabla periódica? ¿Las ecuaciones exponenciales? ¿La fecha exacta de la Independencia? ¿La división celular? ¿Las reglas gramaticales? Piénsenlo bien: ¿cuándo fue la última vez que ustedes, en su vida adulta, utilizaron la tabla periódica o tuvieron que hacer ecuaciones exponenciales sin la ayuda de la calculadora? La mayoría de las personas no tiene que volver a utilizar mucho del conocimiento que, en su época de adolescentes, les causó dolores de cabeza y confrontaciones con sus padres. En realidad, el conocimiento académico es importante, pero no es el único que se obtiene en la escuela; también ahí se genera el conocimiento social.

Ahora les pregunto, ¿cuántos de ustedes recuerdan a sus compañeros de la escuela? ¿Cuántos de ustedes aún siguen viendo a sus compañeros o teniendo contacto con ellos, aunque sea por Facebook? ¿Cuántos de ustedes aprendieron a negociar, defenderse, opinar, relacionarse, hacer amigos e incluso a tener su primera pareja en la escuela? ¿Cuántos de ustedes han tenido que seguir utilizando esas habilidades en su vida adulta?

El conocimiento académico es fundamental, y es sabido que se pasa por una grave crisis en las escuelas que han favorecido la enseñanza técnica en lugar de la generación del conocimiento, que han preferido la estandarización en lugar de la creatividad. Hay un consenso en que la escuela es importante, pero cada vez más voces coinciden en que actualmente requiere una reforma en sus métodos y contenidos de enseñanza, así como en que es necesario verla como factor de socialización y no solo de información o conocimiento académico.

Los hijos pasan entre siete y ocho horas diarias en la escuela desde los tres hasta los veinticinco años, aproximadamente. Eso son veintidós años conviviendo, interactuando y desarrollando habilidades sociales con los pares. La escuela es una intensa y constante exposición a los otros y a la necesidad de desarrollar una vida social.

Especialmente para los adolescentes, la escuela se convierte en una gran oportunidad para encontrar lo que se conoce como *grupos de pertenencia* o, como los chicos dicen, bolitas. En la escuela tendrán la oportunidad de convivir con personas que pasan por la misma etapa, los mismos desafíos y los mismos conflictos que ellos. Es ahí donde pueden sentirse parte de algo diferente a la casa y a los padres, donde pueden explorar su identidad e independencia sin la supervisión estrecha ni los límites que mamá y papá han trazado.

Claro que no para todos es así. Para muchas personas, la escuela ha sido una fuente de estrés, e incluso de trauma, que en lugar de favorecer el desarrollo social lo ha dificultado. Acoso y maltrato escolar (*bullying*), aislamiento social, bajo rendimiento escolar, pocas habilidades o talentos, padres con expectativas inalcanzables y escuelas homogeneizadoras pueden ser algunas de las causas de por qué la escuela puede constituir un impedimento para el desarrollo social adecuado.

Con frecuencia atiendo a padres preocupados que quieren saber cuál es la mejor escuela para su hijo. Esa decisión no es fácil, especialmente con el incremento en la oferta educativa que existe. Sin embargo, dependerá en gran medida de qué consideran "mejor": que el chico salga hablando dos o tres idiomas, que a la vez tenga logros deportivos y culturales y sea capaz de manejar infinitos programas computacionales, o si por "mejor" estiman que se desarrolle integralmente tanto en lo académico como en lo social. La investigación señala que el tipo de escuela sí importa, especialmente en dos factores: cómo la escuela fomenta y resuelve la interacción social y cuál es la importancia que la escuela le da a la creatividad, a la autogestión y a la generación y transmisión del conocimiento.

Estos dos factores son fundamentales para el desarrollo del futuro adulto que se incorporará en la vida laboral, productiva y creativa del mañana. Sin el primer factor el individuo no será capaz de conformar equipos, solucionar conflictos y fomentar relaciones sanas. Pareciera que las escuelas competitivas y homogeneizadoras desdeñan estas habilidades sociales tan necesarias. El segundo factor es fundamental, pues nosotros no conocemos cómo será el futuro. El conocimiento y las tecnologías cambian de forma tan radical que lo que hoy se aprende puede ser obsoleto mañana; de ahí que la creatividad, la autogestión y la generación de conocimiento sean más importantes que la memorización y la repetición del conocimiento. Hoy Google ofrece en un segundo la información que se busca, pero no entrega el conocimiento que se desea generar o innovar; ese lo tiene que crear la persona, y para ello necesita la creatividad, la autogestión, la disciplina y el trabajo colaborativo.

Una mención especial merece un reciente fenómeno que está sucediendo en las escuelas de los países occidentales y que complica la vida social de los adolescentes, especialmente la de los varones. La autora Sarah Vine (2016) lo llamó *la feminización de la escuela*; otros académicos, como Christina Hoff Sommers (2014), lo han llamado *la guerra contra los niños*. El comportamiento de las niñas se ha convertido en el estándar que se busca en las escuelas, por lo que a los niños se les ve como "niñas defectuosas" por su inquietud, agresividad y desorden.

El fenómeno consiste en el cambio curricular y conductual que las escuelas han experimentado en las últimas décadas y que ha provocado consecuencias negativas para los niños varones, pero no así para las niñas. Las escuelas cada vez se vuelven más sedentarias: han perdido hasta el 50 % del tiempo no estructurado que tenían. Se espera que los alumnos pasen largas horas atendiendo contenido académico que es poco atractivo para los niños. Además se espera que se comporten tranquilamente y que sostengan la atención sin distraerse y sin distraer a los demás. Pero ¿en verdad esperan que un niño de 13 años tenga la capacidad de estar sentado y sosteniendo la atención durante una o dos horas mientras le enseñan álgebra? Todo él, su cuerpo, su biología, su mente están diseñados para brincar, pelear, explorar, conquistar, competir físicamente. La evolución no se dio para utilizar el cuerpo humano por siete u ocho horas diarias sentado haciendo ejercicios intelectuales; la evolución sucedió para que el humano sea activo, no pasivo, y los chicos con su dotación extra de testosterona y su musculatura necesitan ejercitarse, activarse, pues eso es lo que su cuerpo les está pidiendo.

Sin embargo, en la escuela desde que son muy pequeños se les dice lo contrario: "Siéntate bien", "No hables", "No juegues", "No te estés moviendo". No es una coincidencia el creciente número de niños varones que son diagnosticados con trastorno por déficit de atención e hiperactividad, pues cuanto más se les pide que repriman su naturaleza de niños, más trabajo les cuesta, y las escuelas cada vez los toleran menos. Es en parte por eso que los niños en Estados Unidos tienen cinco veces más probabilidades de ser expulsados de la escuela que las niñas y que el 70 % de los castigos se aplican a los hombres (Hoff, 2014).

Además, Hoff señala que las escuelas están promoviendo cada vez más y más el contenido académico que favorece más a las niñas y que esto se da desde los primeros años con la promoción de las manualidades, las historias románticas, la expresión de sentimientos, pero no fomentan que los niños tengan actividad física y competitiva. Otro ejemplo es que las historias de aventuras suelen ser vistas como violentas y no aceptables.

Esta investigadora también señala algo sumamente importante: la ausencia de profesores varones en la mayoría de las escuelas. Las profesoras pueden ser excelentes en su pedagogía y su manejo de grupo, pero no son un modelo de masculinidad para los niños, quienes necesitan identificarse con otros varones para comprender el manejo de su conducta y lo que se espera socialmente de ellos. Además, para las profesoras puede ser más difícil el manejo y la comprensión de la conducta masculina frente a la femenina, por lo que podrían mostrarse menos empáticas con los varones y así castigar más a los niños que a las niñas.

Vine (2016) se basa en el último estudio del Higher Education Policy Institute (HEPI): *Boys To Men: The Underachievement of Young Men in Higher Education and How to Start Tackling It*, para destacar los resultados que han arrojado los cambios en las escuelas y que son por demás preocupantes: los niños tienen menos probabilidad de ir a la universidad y, si lo hacen, tienen mayores probabilidades de abandonarla. Las niñas tienen 35 % más oportunidades de entrar a la educación superior. Cuanto más pobres son los varones, menos probabilidades tienen de lograr una educación superior, pues entre los chicos de pocos recursos las niñas tienen un 51 % más de probabilidad de continuar sus estudios. Incluso se calcula que las chicas nacidas en 2016 tienen 75 % más probabilidades de acudir a la universidad en comparación con los niños nacidos ese mismo año.

Como podemos observar, la situación sobre las oportunidades educativas entre los hombres y las mujeres ha cambiado de tal forma que hoy los hombres se encuentran en la misma situación en la que estaban las mujeres a principios del siglo XX. Y más que verlo como "una cucharada de su propio chocolate", lo anterior debería ser recibido con gran preocupación, pues como lo ha señalado Hoff, estos niños, que hoy tienen tantos problemas en la escuela, serán los hombres del mañana, por lo que si no entendemos y atendemos sus necesidades, no solo ellos se encontrarán en problemas, sino que todos lo estaremos.

El estudio citado se desarrolló en el Reino Unido, pero las cifras no son muy diferentes a las de la mayoría de los países occidentales e industrializados. Como lo señala Vine, este problema cruza desde las playas de California hasta Australia, pues el papel del hombre en la sociedad ya no está tan claro como antes.

Hillman y Robinson, coautores del reporte del HEPI, han concluido que casi todos saben que el sistema educativo actual está mal y que afecta especialmente a los niños varones, pero desafortunadamente no hay ni estudios ni políticas públicas que estén abordando este tema y propongan una nueva dirección donde los niños y sus necesidades sean tomados en cuenta.

La desventaja educativa que presentan los varones es una desventaja social, pues afectará su integración social, su autoconcepto y autoeficacia. Como un paciente lo expresó en la consulta:

> Mario, desde muy chico tuve problemas en la escuela; eso afectó para siempre la persona que soy. No pienso ser capaz, ni logro tener amistades duraderas. Mis parejas salen corriendo. En la escuela me hicieron sentir que yo era incapaz, además de problema; desafortunadamente así es como he terminado actuando a lo largo de mi vida.

Ante este escenario y la crisis generalizada que vive el sistema educativo en occidente, algunos padres están optando, cada vez más, por hacer lo que en inglés se llama *home schooling*. La insatisfacción con los sistemas tradicionales, la implantación ideológica que se está haciendo en muchas de las escuelas públicas y la crisis económica por la que muchas familias pasan influyen para pensar que la educación brindada en casa puede sustituir o incluso ser mejor que la impartida en las escuelas.

Sin duda, es una alternativa con muchos beneficios, sobre todo para aquellos que buscan evitar la ideologización de sus hijos o que buscan fomentar la creatividad, el deporte y otras áreas que usualmente no son atendidas en los sistemas tradicionales. Sin embargo, la desventaja que tiene esta alternativa es la privación social. Algunos padres buscan cubrir esa limitación metiendo a sus hijos en clases extraescolares como futbol, natación, música, etc. Sin duda eso puede ayudar, pero no equivale a estar siete horas diarias por cinco días a la semana teniendo que aprender a relacionarse, a negociar, a esperar su turno, a defenderse, a ser empático, a apoyar a quien lo necesita, a experimentar la envidia, la alegría, los celos, el gozo, la frustración y hasta el enojo que conlleva la vida social en las escuelas con veinte o treinta compañeros por salón de clase.

Por ello es importante saber que no hay sistema escolar perfecto; sin embargo, vale la pena reflexionar sobre qué es lo que consideramos importante en el desarrollo de los hijos, pues tanto para las niñas como para los niños la escuela es un referente no solo de lo académico, sino de lo social. De ahí la importancia de que cada vez más tanto las escuelas como los padres valoren dicho factor, que ejerce una importante influencia en los chicos y les ofrece las herramientas que usarán a lo largo de la vida en las relaciones con los demás.

Resumen

En este capítulo se revisaron los conceptos de inteligencia social y aptitud social. Se reflexionó sobre por qué la inteligencia y la aptitud son herramientas fundamentales para un sano desarrollo social y psicológico de los hijos, pues les permite no solo consolidar un grupo de referencia y amistades, sino también resolver distintos desafíos que se les presenten a lo largo de su vida. También se estudió la teoría del apego y la importancia de conformar un vínculo amoroso entre los padres y los hijos. Es especialmente relevante que dicho vínculo se establezca entre la madre y el hijo en los primeros dos años de vida; funciona como un protector psicológico para promover un sano desarrollo social y psicológico en los hijos.

El desarrollo moral se estudió mediante la teoría de Kohlberg, quien explica cómo a través de las etapas de la vida y la interacción social las personas pasan a estadios morales más avanzados. Dicho desarrollo es fundamental para un sano desenvolvimiento social y personal.

Se analizaron las discrepancias entre los padres y otros adultos frente a los adolescentes en términos de su desarrollo y de lo que es y no es apropiado en su conducta social. También se vio cómo dicha discrepancia representa una oportunidad para que los padres y los hijos vuelvan a negociar las reglas, conformen nuevos acuerdos y aprendan de las experiencias vividas. Se sugirió que los padres no eviten el conflicto ni lo vean como algo malo, sino que le den la bienvenida y lo vean como la oportunidad para encontrar soluciones y conformar nuevos acuerdos.

Además, se reflexionó sobre el factor social de la escuela. Se sugirió ver la vida social como uno de sus aspectos más importantes, y no solo lo académico. Finalmente, se vio la crisis por la que pasa el sistema educativo y especialmente cómo afecta a los niños varones en su desarrollo académico, económico y social.

Cuestionario para padres y profesionales

1. ¿Qué tipo de inteligencia tiene tu hijo o tu paciente y cómo puedes promoverla?
2. ¿Cómo consideras la inteligencia social de tu hijo o de tu paciente y qué puedes hacer para impulsarla?
3. ¿En cuál de las etapas morales de Kohlberg se encuentran tú y tu hijo o paciente?
4. ¿Cómo puedes impulsar un avance en las etapas morales tuyas y de tu hijo o paciente?

Para saber más sobre el capítulo III

Para saber más sobre las inteligencias múltiples, la inteligencia social, la aptitud social y las emociones:

https://soundcloud.com/bridging-the-gaps

http://www.edpsycinteractive.org/papers/socdev.pdf

http://casel.org/why-it-matters/what-is-sel/

Para saber más sobre la escuela:

https://www.youtube.com/watch?v=Z78aaeJR8no&t=196s

http://sirkenrobinson.com/

https://www.ted.com/speakers/sir_ken_robinson

https://www.youtube.com/watch?v=OFpYj0E-yb4

Capítulo IV: El adolescente, las redes sociales y las tecnologías de la información y la comunicación

Nuestra capacidad tecnológica aumentó, pero los efectos secundarios y los peligros potenciales también han aumentado.

Alvin Toffler

La omnipresencia de las redes sociales y la tecnología

En mayo del 2018 el Pew Research Center publicó los resultados de la encuesta *Teens, Social Media & Technology 2018* (Anderson & Jiang, 2018), aplicada a adolescentes entre 13 y 17 años sobre el uso de las redes sociales y la tecnología. Los resultados de dicho estudio representan una oportunidad para que los papás y los profesionales que trabajan con adolescentes comprendan más el uso que los chicos dan a estas plataformas y así puedan ayudarlos a promover una utilización positiva de estas, a la vez que reducir los riesgos de un posible uso inapropiado. Además, dicha investigación revela algo interesante: la preferencia por las redes sociales y las tecnologías es dinámica. Los usuarios cambian de redes sociales y del tipo de dispositivos para acceder a ellas. Por ejemplo, Facebook, la red social que había dominado las pantallas de adolescentes y adultos, ha dejado su primacía entre los chicos para dar paso a nuevas plataformas con nuevas posibilidades, pero también con nuevos riesgos y desafíos.

La encuesta señala que entre los chicos de 13 a 17 años las redes sociales más populares en la actualidad son YouTube (85 %), Instagram (72 %), Snapchat (69 %) y Facebook (51 %). Sin embargo, tan solo tres años atrás, la encuesta aplicada por el mismo centro entre el 2014 y 2015 presentaba otros datos: Facebook constituía el 71 %; Instagram, el 52 %, y Snapchat, el 41 % de la preferencia de los usuarios adolescentes. Como lo mencionamos anteriormente, la predilección por las redes sociales no es estática, sino cambiante; incluso en el estudio del 2014 ni siquiera figuraba YouTube dentro de la lista de redes sociales; en cambio hoy ocupa el lugar número uno en ellas.

A pesar de que YouTube es la plataforma más popular, no es la más frecuentada. Los adolescentes aseguran que Snapchat es la red más visitada, con un 35 % de las veces en comparación con YouTube, que lo es un 32 % de las veces, mientras que Instagram un 15 % de las veces y Facebook tan solo un 10 %. Los adolescentes no solo han cambiado su preferencia por las redes, sino la frecuencia con que las utilizan.

El estudio también reveló que chicas y chicos tienen distintas inclinaciones. En el caso de las mujeres, Snapchat es utilizado el 42 % de las veces; en cambio, los hombres tan solo lo usan un 29 %. Por otro lado, los varones utilizan YouTube 39 % de las veces y las jovencitas solamente un 25 %.

El estudio del Pew Research Center también exploró la percepción del impacto que las redes sociales tiene en la vida de los adolescentes. Los resultados son muy diversos. Por ejemplo, el 45 % de los chicos considera que las redes sociales no impactan de manera positiva o negativa en su vida. El 31 % de ellos considera que tiene un impacto positivo (sobre todo en cuanto a la posibilidad de conectar con otras personas). El 24 % describe el efecto de las redes como mayormente negativo. Estos resultados nos permiten inferir que los adolescentes no perciben posibles riesgos y afectaciones en su interacción cibernética. Sin embargo, en este capítulo veremos que en realidad las redes sociales y las tecnologías de la información pueden representar un daño potencial si no son utilizadas de manera apropiada.

En cuanto a las dos redes más visitadas por los chicos, Snapchat y YouTube, es importante que los padres de adolescentes se familiaricen con ellas y puedan comprender sus beneficios y riesgos. En el caso de Snapchat, los chicos se sienten atraídos a esta red por la posibilidad de enviar videos, textos e imágenes que suelen borrarse después de diez segundos, lo que les permite cierta privacidad y despreocuparse de la permanencia del contenido en las redes. Sin embargo, esta aparente privacidad conlleva ciertos peligros: por un lado, algunos adolescentes piensan que como su contenido desaparecerá en diez segundos, pueden enviar fotografías, videos y textos eróticos o *sexting* de manera segura. Por otro lado, esa misma privacidad puede ser la plataforma ideal para el acoso cibernético o *cyberbullying*, donde otras personas pueden atacar o molestar al adolescente sin dejar pruebas incriminatorias. Finalmente, la aplicación tiene una sección llamada "Discover", que permite al usuario explorar brevemente contenido *trending* o de tendencia que puede incluir material inapropiado o contenido para adultos promovido por tabloides.

También es importante considerar que la supuesta privacidad que ofrece la aplicación y la eliminación del contenido después de diez segundos puede ser fácilmente hackeada o alterada para que la otra parte tenga acceso permanente al contenido o información compartida sin que sea del conocimiento de quien la envió. Por lo tanto, el riesgo de la huella digital para los chicos que se involucran en *sexting* o contenido potencialmente ofensivo puede ser permanente.

Quienes deseen saber más sobre riesgos y estrategias de seguridad para los chicos en el uso de Snapchat pueden visitar el siguiente portal, donde encontraran más información y recomendación:

https://www.webwise.ie/parents/parents-a-guide-to-snapchat/.

Con respecto a YouTube, es importante tener una opinión objetiva y balanceada de dicha plataforma. Su función es ofrecer un medio donde la gente pueda crear sus propios videos y hacerlos públicos, así como tener acceso a miles de millones de videos de cualquier parte del mundo. YouTube ha permitido que cualquiera y en donde quiera se convierta en productor, editor y anfitrión de un canal de videos. Esto ha generado una multiplicidad de oportunidades que generaciones previas jamás imaginaron. Uno puede contactar con canales de cultura, de noticias, de espectáculos, de ciencia, de cocina, de educación o de cualquier otro tema de manera directa y gratuita. Sin duda, esta red social ha permitido un acceso a la información y un contacto con el resto del mundo como ningún otro medio lo había logrado. Pero dentro de todas las ventajas que representa esta plataforma, también hay graves riesgos para tener en cuenta.

El primero de ellos es el contenido inapropiado. Con millones y millones de videos subidos diariamente a la aplicación, es imposible llevar control de todos ellos e impedir el material dañino. Videos de contenido sexual, violento, ofensivo e ideológico están disponibles y al alcance de un clic en el teléfono, computadora o tableta.

Otro potencial riesgo de esta red es el acoso cibernético o *cyberbullying*, que se presenta de dos formas: la primera es con la creación y publicación de videos que pueden contener imágenes o descripciones ofensivas de una persona en particular. La segunda es la opción de comentarios, donde los usuarios pueden expresar libremente sus opiniones, que muchas veces no son en nada amables y sí muy ofensivas.

Por otro lado, YouTube contiene videos donde los chicos pueden tener acceso a información sobre cómo infligir daño en otros o en ellos mismos: cómo desarrollar armas, cometer crímenes, consumir y generar drogas, tener un aborto o cómo suicidarse.

YouTube es una extraordinaria plataforma con potenciales beneficios, pero también con potenciales riesgos. Por ello en países como Irlanda está prohibido su uso, incluso con consentimiento de los padres, antes de los 16 años. Sin embargo, cualquiera puede acceder a la aplicación sin necesidad de demostrar su edad. Por eso los padres necesitan poner cartas en el asunto y generar estrategias de seguridad para su uso apropiado. En las siguientes páginas de este libro se ofrece una variedad de estrategias para mantener a los hijos seguros en el uso de las redes sociales y las tecnologías. Además de dichas recomendaciones, los papás de adolescentes y los profesionales que trabajan con chicos pueden encontrar ideas específicas para YouTube en el siguiente enlace: https://www.webwise.ie/parents/what-is-youtube/.

La tecnología pareciera ser omnipresente en nuestra época, y en el caso de los adolescentes aún más, pues el 95 % de ellos tiene acceso a teléfonos inteligentes, y el 88 %, a computadoras (Anderson & Jiang, 2018). Por ello, los adultos necesitamos involucrarnos y conocer los beneficios y peligros potenciales que estas herramientas ofrecen para poder guiar a los adolescentes en su uso adecuado y constructivo.

Rodrigo, el chico que no podía desconectarse

Dr. Guzmán: Buenos días, Rodrigo, ¿cómo estás?
Rodrigo: Bien, estoy bien.
Dr. Guzmán: Pues no pareces.
Rodrigo: ¿Por qué dices eso?

Dr. Guzmán: Pues traes mala pinta: ojos rojos, cuerpo débil, tez amarilla... ¿estás crudo o fumaste marihuana?

Rodrigo: No, pasé veinticuatro horas seguidas en una competencia *online* en el Xbox.

Dr. Guzmán: ¿Veinticuatro horas? ¿Sin parar?

Rodrigo: Sí, veinticuatro horas seguidas. Solo podía parar para hacer del baño, e incluso el tiempo para eso estaba restringido.

Rodrigo fue un paciente que atendí en distintas ocasiones. Provenía de una familia convencional de un estatus socioeconómico medio alto. Sus padres lo habían proveído de buenas escuelas y de todas las necesidades materiales que requería. Sin embargo, en el plano afectivo su padre estuvo ausente durante el desarrollo de su hijo debido a largas horas de trabajo y a la idea de que la mamá se ocuparía de la educación de los hijos. Todo eso le hacía estar distante de las necesidades emocionales de Rodrigo.

La mamá de Rodrigo vio esto como una grave carencia, como una desventaja que podría acarrear consecuencias negativas a su hijo. Para cubrir ese vacío, desarrolló una relación especial con él: fue amorosa, presente, consentidora. No se daba cuenta de que su preocupación se convertía, poco a poco, en sobrecompensación: no límites, no horarios, no exigencias, no consecuencias, pero sí consentimiento, sí permisividad y sí solapamiento de las conductas inapropiadas.

Mientras Rodrigo era un niño, su conducta pasaba por la de un chico berrinchudo o malcriado, pero nada más. Ni la madre ni el padre sabían lo que realmente estaba sucediendo con su hijo. Progresivamente Rodrigo fue perdiendo o no alcanzando las habilidades sociales que requería para entablar amistades y una interacción social apropiada. Se refugiaba cada vez más en su casa, en su habitación, con su televisión, su Xbox, su iPad y su celular. Fue desarrollando esquemas de aislamiento social, de fracaso e insuficiente autocontrol. Pensaba que no era competente, que nadie querría convivir con él y que era muy difícil controlar sus impulsos y hacer lo que hacía la mayoría de los chicos de su edad.

Pronto empezaron los problemas escolares: incumplimiento de tareas, bajas notas, conductas agresivas con los profesores y los compañeros y, finalmente, expulsiones. Cada vez se sentía más aislado de los demás, pero también encontraba más y más satisfacción en las pantallas. El Xbox se convirtió en la oportunidad para destacar y ser mejor que los demás en los concursos en línea en que solía tomar parte. El internet se convirtió en la posibilidad de participar en grupos de chats donde se desinhibía, donde podía ser agresivo y competitivo con los demás. Pero las pantallas también fueron el medio para satisfacer sus impulsos sexuales. La pornografía, las videoconferencias eróticas por las que pagaba altas cantidades y el *sexting* se convirtieron en su alternativa para satisfacer esos impulsos.

Rodrigo no lo sabía, pero estaba envuelto en una espiral descendente, en una adicción que lo alejaba cada vez más del mundo real y lo tenía inmerso en un mundo virtual donde sus problemas de interacción y competencia encontraban un alivio momentáneo a la vez que una perpetuación crónica. Su alivio pasajero reforzaba su problema permanente.

Los papás de Rodrigo me buscaron cuando su situación era imposible de ignorar. Sus compañeros habían crecido y se habían desarrollado. Ahora estaban en la universidad, trabajaban y tenían novia. En cambio, él estaba solo, aislado, sin una vida propia, solo con una vida ficticia: un refugio, una guarida contra sus temores, contra sus propias interpretaciones de la realidad.

A Rodrigo y a mí nos llevó mucho tiempo transformar su situación. Como con cualquier otro adicto, el problema fue que aceptara su adicción y tuviera el deseo de superarla. Se defendía, decía que todo estaba bajo control, que él no tenía una adicción: "Tú no entiendes, Mario; puedo dejar las pantallas cuando quiera. Es más, ahorita estoy aquí contigo y no en mi cuarto con las pantallas", como si eso fuera ejemplo de su supuesto control. Él estaba en autoengaño, protegiéndose del miedo de afrontar la realidad, de reconocer que después de muchos años, él no contaba con las suficientes habilidades sociales para salir adelante por sí mismo.

Después de muchos meses de trabajar en su terapia, Rodrigo fue bajando la guardia, aceptando su problema y poniendo empeño para cambiar su adicción, su forma de vida y sus esquemas cognitivos. Aun hoy, después de varios años de terminada la terapia, me sigue buscando y me deja saber cómo se le dificulta mantener a raya las pantallas y darles un uso racional. A pesar de ello, él ha logrado hacer cambios muy significativos y tener una vida propia. Se mudó a un departamento y dejó la casa de los padres, consiguió un trabajo y sostiene una relación de pareja estable. Sin duda su situación es mucho más favorable ahora.

Rodrigo, como muchos otros adolescentes y adultos, tendrá que aprender a controlar sus impulsos y su tendencia a refugiarse en las pantallas. Su caso es uno de muchos, pues aunque no tenemos cifras claras, sabemos que cada vez son más quienes presentan dificultades para hacer un uso adecuado, contenido y constructivo de las tecnologías de la información y de la comunicación (TIC). Por eso, en este capítulo hablaremos de ellas, veremos la respuesta del cerebro frente a las TIC, reflexionaremos sobre las redes sociales, conoceremos las adicciones a las TIC, hablaremos de la pornografía en internet y abordaremos estrategias para un manejo seguro y positivo de las TIC.

El cerebro frente a los dispositivos digitales

El doctor Larry Rosen, profesor de psicología en la California State University y autor del libro *I-Disorder: Understanding our Obsession with Technology and Overcoming its Hold on Us* (2012), señala que nuestro cerebro experimenta una interesante respuesta cuando está frente a las TIC. Por ejemplo, se puede corroborar a través de los estudios de imagen cerebral que cuando uno navega por la web hay más áreas cerebrales activadas que cuando uno está leyendo un libro. Además, se ha observado que mientras se está en la red, el circuito mesolímbico, o de gratificación emocional, recibe una descarga del neurotransmisor llamado *dopamina*, el cual está asociado a las respuestas de placer que experimentamos ante situaciones agradables. La dopamina se puede experimentar al tener relaciones sexuales, al comer, al hacer ejercicio, al recibir un masaje, etc. Pero también es activada por el alcohol, las drogas, el juego de apuestas, la pornografía, etc. Es decir, la dopamina está detrás de aquellas cosas o actividades a las que nos podemos hacer adictos.

Las TIC representan una fuente de liberación de dopamina en el cerebro debido a que se activan en nosotros situaciones que consideramos deseables y placenteras. Como cuando alguien da *like* a una publicación en Facebook, cuando la persona que nos resulta atractiva nos envía una solicitud de amistad, cuando se observan videos de contenido sexual, cuando vemos videos agradables, cuando recibimos mensajes de texto en WhatsApp, cuando logramos avanzar en un videojuego, etc. Todas esas son experiencias placenteras y de liberación de la dopamina que nos hacen buscar una y otra vez a las TIC como una fuente para experimentar satisfacción.

Pero cualquiera que haya sido atacado a través de comentarios desagradables o haya sido víctima de *cyberbullying* en las redes sociales sabrá que estas experiencias tienen un factor magnético mayor que cuando uno recibe un comentario positivo, un *like* o una solicitud de amistad. Las redes sociales hoy forman parte de nuestra vida y les hemos dado el poder de afectar nuestra reputación o la imagen que los demás tienen de nosotros mismos. De tal forma que un comentario negativo o un ataque activa el mecanismo cerebral llamado *respuesta de lucha, huida o paralización*.

Este mecanismo cobra un gran sentido en términos de la supervivencia del individuo y de la perpetuación de la especie. Se activa ante amenazas en el ambiente que representan un peligro para la existencia, pues su finalidad es prepararnos para la lucha, la huida o la paralización. Las tres respuestas tienen valor evolutivo, ya que ante un depredador o un enemigo los humanos tenemos que identificar si podemos luchar y salir victoriosos o si es mejor huir y salvar el pellejo o si es mejor paralizarnos y mimetizarnos en el ambiente para no ser vistos por el atacante.

Esta respuesta suele ser automática ante el peligro, y algunos autores consideran que la tendencia a utilizar una u otra pudiera estar mediada tanto por factores genéticos como por factores aprendidos. Normalmente sentimos la activación de este mecanismo a través de síntomas como taquicardia, sudoración, falta de aliento, dilatación de las pupilas y tensión muscular. Todos estos síntomas son normales, e incluso necesarios, en el momento de afrontar un peligro, pues preparan a todo el cuerpo para emprender la lucha, la huida o la paralización y así salvar el pellejo.

Las personas que padecen trastornos de ansiedad experimentan estos síntomas con mayor frecuencia y con mayor grado, de tal forma que les llamamos *ataques de pánico*. Como resultado de condicionamientos y experiencias potencialmente traumáticas, el mecanismo de lucha, huida o paralización se activa en estos individuos en ausencia de situaciones reales que pongan en riesgo su integridad.

Pero ustedes se preguntarán qué tiene que ver todo esto con las TIC. La pregunta es válida y la respuesta es muy interesante. Los seres humanos somos animales dotados de desventajas físicas en comparación con muchos depredadores en cuanto a defensa y ataque se refiere. Nuestros músculos son débiles y pequeños en comparación con los de un león o un tigre. Nuestras garras son inofensivas, especialmente si las comparamos con las de los osos. Nuestra velocidad, en distancias cortas, es mínima en comparación con cualquier cuadrúpedo carnívoro hambriento. De tal forma que nuestra especie ha tenido que desarrollar una estrategia evolutiva extraordinaria: la pertenencia social o grupal.

Los primeros humanos fueron capaces de sobrevivir no por sus capacidades físicas individuales, sino por la colectividad. Gracias a ella fueron más eficaces en la cacería y en la defensa; sin la colectividad no hubieran logrado subsistir. La pertenencia grupal ha sido cuestión de vida o muerte en gran parte de la historia humana.

Ustedes dirán: "¿No te has dado cuenta de que ya no vivimos en la sabana o en la selva amazónica?". Cierto. Desafortunadamente hemos acabado con la mayoría de las especies que representaban un peligro para los primeros humanos. La deforestación, la caza indiscriminada, la industrialización y la agricultura han contribuido a que la mayoría de los seres humanos ya no tengamos que preocuparnos por dichos animales. Sin embargo, nuestro cerebro sigue siendo el mismo.

Los cambios evolutivos no se dan de un siglo a otro; son resultado de millones de años. Nuestro cerebro sigue respondiendo de la misma forma que el cerebro de nuestros antepasados cuando eran expulsados de su aldea o comunidad, o cuando enfrentaban a un feroz depredador: lo hace a través del mecanismo de lucha, huida o paralización.

Por eso tanto la aceptación como el rechazo social son tan importantes para nosotros. Si no somos aceptados o si somos rechazados, el cerebro detecta que estamos en peligro. Y aunque ya no tengamos que temer de los depredadores, aún hay peligros reales si experimentamos tal rechazo: menos oportunidades de tener una pareja, de tener un trabajo adecuadamente remunerado, de consolidar lazos sociales, etc.

El cerebro reacciona activando el eje hipotálamo-hipófiso-corticosuprarrenal, elevando la secreción de cortisol y del eje simpático-médulosuprarrenal, de modo que la persona activa el mecanismo de lucha, huida o paralización. En el caso de las redes sociales, ante un comentario negativo o un ataque de alguien, suele ser más la opción de lucha: "No puedo quedarme así", "Todos mis contactos verán que me están desacreditando", "No puedo permitir que esto pase". Estos pensamientos dan pie a caer en la provocación que se sufre en las redes sociales, contestando y supervisando constantemente lo que los otros comentan.

Las TIC, tanto por recompensa como por amenaza, tienen una importante respuesta en el cerebro que hace que cualquiera se enganche en ellas. Los adolescentes son especialmente vulnerables a esto, pues el mecanismo que ayuda a autorregular la respuesta de gratificación y de amenaza es el circuito prefrontal, o cognitivo, y –como lo hemos hablado– a pesar de que esta es la región cerebral involucrada en la planificación de comportamientos cognitivamente complejos, en la expresión de la personalidad, en los procesos de toma de decisiones y en la adecuación del comportamiento social apropiado en cada momento, aún está en desarrollo a lo largo de la adolescencia. Por tanto, si para los adultos es difícil manejar adecuadamente las TIC, para los adolescentes representa un desafío mucho mayor.

¿Adicción u obsesión al internet y a las TIC?

Son las 6:00 a. m. del lunes. La alarma programada una noche anterior en el teléfono celular se activa. El siguiente paso es el escusado para liberar el producto de la digestión nocturna. El teléfono está ahí y la curiosidad se hace presente. "¿Qué estará pasando en Facebook? ¿Le habrán dado más *likes* a mi publicación de ayer? Una rápida checada no me hará daño". Veinte minutos después, aún está en el escusado. Se da cuenta de lo tarde que se ha hecho y de cómo el tiempo pasó en un parpadear mientras navegaba en la red social.

Se levanta, abre la regadera y mientras se desviste enciende la aplicación de Spotify para escuchar su música favorita durante la ducha. Al salir, se cambia y comienza a peinarse. Entretanto, suena WhatsApp. "¿Quién será a esta hora?". Los amigos en el chat envían un corto video de mujeres en bikini en la playa. La respuesta: "¡Uf! Gracias, amigos. Así sí da gusto empezar el día". Ha tomado cinco minutos más en mirar el video y saludar a los amigos. El tiempo sigue pasando y cada vez va aumentando más el estrés de no salir de casa a tiempo.

Baja a la cocina, se prepara algo de desayunar mientras una notificación en Instagram lo distrae y le hace ver que la persona que le gusta le ha dado *like* a su foto. "¿Por qué lo hizo? ¿Acaso también le gusto? ¿Debería de decirle algo? ¿Será muy obvio si yo también le doy *like* a su foto?". Diez minutos más han pasado pensando en la notificación... ya no hay tiempo de sentarse a desayunar.

Sale corriendo, lleva la comida en la mano, se sube al carro y nuevamente conecta Spotify al *bluetooth* del automóvil. La aplicación de Google Maps le dice la ruta más rápida y le indica cómo seguirla. Llega a la escuela, sale corriendo del coche y llega diez minutos tarde a su primera clase: la de las 8:00 a. m.

El profesor lo deja pasar pero no se salva de la llamada de atención pública y del retardo en la lista. Sentado, busca en una bolsa, busca en la otra, busca en el interior de la mochila. El celular no está. "¿Lo habré dejado en el coche? ¿Se me habrá caído en el pasillo? ¿Y si alguien se lo roba? ¡No puede ser, soy un imbécil! ¡¿Cómo lo olvidé?! ¿Qué le diré al profesor para que me deje salir? ¿Y si solamente me salgo sin decir nada? ¡Ya sé! ¡Le diré que tengo diarrea y que necesito ir al baño!".

La situación que presenté es típica para muchos adolescentes; pero, si somos honestos, también lo es para gran cantidad de adultos. En tan solo dos horas del día el celular ha dominado todas las actividades de este joven, o al menos ha estado presente en ellas. Pero no solo eso; en dos horas ha originado interacción con otros, ha promovido videos eróticos, ha emitido música agradable y ha guiado el conducir a la escuela. También ha generado estrés, promovido una mentira y desarrollado conductas desesperadas.

Nuestro apego a los celulares es sorprendente. En tan solo veinte años se han posicionado de manera totalitaria en nuestra vida. Hoy quien no tiene un celular es visto como alguien extraño o fuera de contexto. Nos cuesta trabajo pasar un día sin interactuar en nuestros dispositivos personales, sin revisar qué sucede en las redes sociales o sin contestar los mensajes de texto que nos envían. Los celulares están presentes en todas las actividades de nuestra vida, desde despertarnos hasta ayudarnos a dormir con aplicaciones que "controlan" el sueño.

Esta omnipresencia de los dispositivos personales ha sido estudiada por diversos autores. Algunos consideran que esta forma de relacionarse con la tecnología es una nueva adicción (Echeburúa & Corral, 2010; Castellana, Sánchez, Graner, & Beranuy, 2007). Otros estudiosos en la psicología de la tecnología, como Rosen (2014), prefieren verla no como una adicción, sino como una obsesión y compulsión. Aunque para alguien novel en la psicología puede parecer lo mismo, en realidad tiene una distinción muy importante.

Las adicciones a las drogas, al alcohol, al sexo, a las compras, etc., conllevan una liberación de dopamina, que promueve una experiencia placentera en la persona. Es decir, los adictos ejecutan su conducta adictiva porque hay una recompensa: el placer. En cambio, las obsesiones son ideas o imágenes recurrentes que provocan un aumento en los niveles de cortisol y una sensación de estrés y ansiedad. Luego entonces, la persona desarrolla conductas (compulsiones) para mitigar dicha respuesta y sentirse aliviada. Es decir, en una obsesión y en una compulsión el objetivo no es la búsqueda del placer, sino la liberación del estrés y la ansiedad. En casos graves, llamamos a esta actividad entre la obsesión y la compulsión *trastorno obsesivo-compulsivo*, y puede ser uno de los trastornos más incapacitantes.

Piensen en el ejemplo que vimos al inicio de esta sección, o incluso piensen en ustedes mismos y su apego al celular: ¿cuántas veces lo revisamos para liberar dopamina y experimentar placer y cuántas para saber qué está pasando, qué están diciendo? "¿Me habrán buscado?". "¿Me habrá llegado el *email*?". "¿Estarán comentando algo?".

No es fácil distinguir cuándo revisamos el celular por placer, cuándo por estrés y cuándo por una verdadera necesidad. Lo que sí es claro es que nuestro apego a los dispositivos personales está *in crescendo* a tal grado que se han descrito dos síndromes: el síndrome de la vibración fantasma, o *phantom pocket vibration syndrome,* y el síndrome de miedo a quedarse fuera, o *fear of missing out syndrome,* o FOMO (Rosen, 2014).

El primero consiste en la percepción subjetiva de que el teléfono está vibrando o emitiendo un sonido que notifica una actividad, como la recepción de un *email,* un mensaje de texto o una interacción en redes sociales, sin que realmente esté sucediendo. El segundo consiste en no querer perderse lo que está pasando en las redes sociales a costa de lo que sucede en la vida real. Algunos ejemplos de estos dos fenómenos se dan cuando las personas ponen el celular boca arriba en medio de una reunión o una cena con amigos para ver si alguien publica algo en las redes sociales. O cuando realizan constantes revisiones para ver qué está pasando o qué es *trending topic,* etc.

Rosen (2014) ha señalado que es muy difícil poder concluir si este comportamiento es una adicción o una obsesión, pero que parece más la segunda que la primera. Además señala que es muy poco probable que algún día esté considerado como un trastorno en el *Manual diagnóstico estadístico de los trastornos mentales* (DSM) por la dificultad de saber cuándo el uso de los dispositivos es necesario para el trabajo y la vida diaria y en qué momento se convierte en un exceso.

Sin embargo, la gran mayoría de los autores coincide en que si el uso del celular, del iPad o de la computadora interfiere con el número de horas de sueño, con la interacción social y con la capacidad para desconectarse del dispositivo y realizar otras actividades, entonces es muy probable que se tenga un problema.

Una interesante crítica a la relación entre el hombre y las TIC o a la psicología de las tecnologías es la serie *Black Mirror*, especialmente el capítulo 1 de la tercera temporada: "Caída en picada". Esta serie británica de ciencia ficción invita a cuestionarnos y reflexionar sobre los límites que deberíamos tener con las TIC. Si les gusta la obra de Aldous Huxley o de George Orwell y tienen alta tolerancia a la incomodidad, esta puede ser una buena opción para reflexionar sobre dichos límites.

¿Qué son los *i-disorders*?

Cualquiera que haya navegado a través de las redes sociales se habrá dado cuenta de cuán diferentes pueden ser las publicaciones entre un usuario y otro. Hay quienes las utilizan como plataformas para mostrar al mundo cómo es su vida, los lugares que visitan y las personas con quienes se relacionan. Hay quienes las utilizan como un megáfono para expresar sus ideas políticas, filosóficas o religiosas. Hay quienes lo hacen a forma de escaparate, donde constantemente sus publicaciones tienen que ver con ellos mismos y su imagen física: *selfies* en la playa, en el coche, en el gimnasio, en el bar, en donde les sea posible. Otros usan las redes no para publicar, sino para observar lo que publican los demás; discretamente gustan de conocer cómo es la vida y las ideas de los otros sin revelar las propias. Algunos más utilizan las redes como una plataforma de información; entre sus contactos dan preferencia a sitios o perfiles de carácter informativo de diversos temas, como política, religión, noticias, filosofía, deportes, comedia, ciencia, sexo, etc.

Las redes sociales son utilizadas de formas tan diversas como diversos somos los humanos. La misma red, la misma tecnología, pero usos y resultados distintos. Esto es porque las redes sociales se han convertido en una extraordinaria fuente de interacción que potencializa nuestra percepción de conexión con otros. Hace apenas un par de décadas, la interacción se limitaba a aquellas personas que estaban en tiempo y espacio frente a nosotros; momentáneamente conectábamos con otros a través del teléfono o de correspondencia postal, pero con limitaciones que hacían imposible conocer algo distinto de lo que transmitía la llamada telefónica o la carta. En la actualidad podemos estar conectados con personas de otros continentes; incluso personas que jamás hemos conocido en una interacción no digital pueden tener acceso a cómo es nuestra vida, y nosotros, a la suya. Mensajes instantáneos, videoconferencias, fotografías, ubicaciones y más hacen posible que nos enteremos de cómo va la vida de cualquiera de nuestros contactos.

Pero las redes también permiten ver algo más, el mensaje velado detrás de las publicaciones que hacemos. ¿Qué dicen nuestras publicaciones sobre nosotros mismos, sobre nuestra personalidad? ¿Es posible que las redes sociales sean no solo una plataforma de conexión, sino también de manifestación sintomatológica de nuestras psicopatologías?

Rosen propone el concepto de *i-disorders*, o los trastornos psicológicos manifestados a través del uso del internet. En una entrevista otorgada a Lynne Malcolm en el *podcast All in the Mind* de la ABC de Australia (2012), Rosen sostuvo que cada trastorno psiquiátrico se puede predecir a través del uso de la tecnología, especialmente de las redes sociales. Y lo explicaba desde la idea de que las tecnologías han ocupado un lugar primordial en nuestra vida diaria con la omnipresencia que anteriormente comentamos. Pero además, debido a que la tecnología hace que nos enganchemos fácilmente a ella por la alta definición de las pantallas, los contenidos, las múltiples opciones para personalizar desde la forma en cómo luce nuestro teléfono hasta las fotografías editadas en Instagram hacen que las tecnologías sean una extensión de la expresión de nuestra personalidad y de nuestro estado psicológico.

Por ejemplo, una persona con trastorno narcisista de la personalidad utilizará las redes como una plataforma para hablar de lo "grandiosa" que es, mostrando constantemente los múltiples logros y reconocimientos que recibe o mostrando fotos de ella en posiciones *sexys* o provocadoras. Todo se trata de "yo, mí y mío".

Una persona con un trastorno depresivo puede utilizar las redes como un instrumento para encontrar empatía en los demás y puede expresar lo miserable que se siente o que piensa que la vida ha sido con ella constantemente los infortunios que vive, o bien, sentirse deprimida por ver lo "magnífica" que es la vida de todos menos la suya a través de las publicaciones que hay en Facebook. Para las personas depresivas puede ser difícil comprender que la mayoría de la gente publica en las redes sociales solo una porción de su vida: la que desea mostrar. Viajes, premios, fotografías en lugares exóticos, etc., son solo una parte de la vida de los usuarios, pero el depresivo puede utilizarlo como una confirmación de sus sesgos cognitivos para reafirmar que él es más desafortunado que los demás o, como me dijo un paciente: "¿Quieres que te enseñe cómo todos lucen tan felices en Facebook menos yo? ¡Mi vida apesta!".

Una persona en estado de manía puede utilizar las redes para publicar obscenidades, fotografías comprometedoras o para incitar a otros a unirse a ella.

Alguien con un trastorno dependiente de la personalidad puede utilizar las redes para halagar constantemente a otro que considere admirable y por quien desee ser guiado.

¿Cuántas veces no hemos visto en Facebook publicaciones de mujeres reunidas en grupo tomándose una *selfie* en posición provocadora y con la boca en forma de beso acompañada de una frase como "aquí con mis amigas, las más guapas del mundo"? ¿Cuántas frases de "no entiendo por qué siempre me tienen que pasar estas cosas solo a mí" no nos hemos encontrado? ¿O cuántas veces hemos leído a alguien que publica expresiones como "malditos todos los que se oponen a (escojan la ley o idea que quieran); por su culpa no avanzamos en este país"?

La gente utiliza las redes no solo para contactar, sino para expresar sus necesidades emocionales y hasta sus psicopatologías. Los adolescentes son especialmente susceptibles a esto, pues los adultos, con el tiempo, hemos aprendido que nuestros comentarios y acciones (incluso las virtuales) tienen consecuencias que no controlamos y que por ello la prudencia es recomendable. Pero para los adolescentes esto puede no ser tan claro; pueden actuar impulsivamente en un momento de mucha intensidad emocional publicando cosas de las que después pueden lamentarse; pero, sobre todo, les es difícil comprender que es imposible controlar cómo serán las reacciones de los demás o las consecuencias que eso les pueda traer. Un ejemplo de dichas publicaciones son las de *sexting*, donde los chicos se pueden ver envueltos en conversaciones, fotografías o videos de ellos mismos con contenido erótico y deciden compartirlos con alguien en quien confían. El problema está en que una vez que se ha dado clic al botón de enviar, uno ya no tiene control de quién y dónde verá dicho contenido. Según la National Campaign to Prevent Teen and Unplanned Pregnancy (2008), en Estados Unidos el 22 % de las adolescentes y el 18 % de los adolescentes se ven involucrados en el *sexting*, y hasta un 36 % de las mujeres jóvenes y 31 % de los hombres jóvenes lo practican.

Las redes sociales pueden ser potencialmente riesgosas para los adolescentes, pues en la búsqueda de aceptación social y de integración con sus pares pueden caer en conductas desesperadas –e incluso peligrosas– para ellos o para otros, como ha sido el caso de los chicos que publican su ideación suicida antes de intentarlo o los chicos que han publicado en Facebook las masacres o atentados que cometerán en sus escuelas. Las redes se han convertido en una alternativa para comunicar a los demás, de forma implícita o explícita, lo que está pasando en su vida psicológica pero sin la contención, la guía y el apoyo que necesitan para enfrentar y superar sus problemas emocionales.

A veces como catarsis, otras como conductas reforzadas por los *likes* y los comentarios, las publicaciones de los adolescentes son una extraordinaria fuente para que los padres de familia conozcan más sobre cómo están sus hijos. Además, los padres necesitan establecer acuerdos con sus hijos sobre cómo utilizar las redes y sobre la necesidad de que los chicos incluyan a los padres entre sus contactos. Los padres, por su parte, deben respetar el espacio público que representan las redes y no publicar imágenes o comentarios que pueden ser vergonzosos para los hijos. Con acuerdos como estos los padres de familia pueden saber un poco más de cómo están sus hijos y qué uso dan a las redes sociales, y a la vez comentar cualquier preocupación o inquietud de manera privada con los hijos y no de forma pública.

En la entrevista para *All in the Mind*, Rosen señala otro elemento importante que se debe analizar: la atención y la hiperactividad. Tan solo en los Estados Unidos, el 20 % de los niños son diagnosticados con trastorno por déficit de atención con hiperactividad antes de los 18 años. Ese país cuenta con el mayor número de niños bajo medicamento psiquiátrico para este trastorno, que consiste en un déficit en la capacidad atencional y en la habilidad para controlar la actividad y los impulsos. Sin embargo, autores como Schwartz (2016) han señalado que esto responde a un sobrediagnóstico del trastorno, e incluso investigadores como García, González y Pérez (2014) han afirmado que el trastorno no existe, que en realidad la incapacidad de sostener la atención y de controlar los impulsos responde a múltiples variables.

Dentro de esas variables es necesario considerar la posible correlación entre la capacidad atencional de los niños y adolescentes (e incluso adultos) y la utilización de las TIC. Piensen en el caso de Rodrigo, el chico del que hablamos al principio. Él pasaba horas enteras frente a un televisor jugando videojuegos de alta definición y alta resolución de imágenes. La estimulación producida por extraordinarios gráficos, desafíos, logros, música, situaciones peligrosas, etc., suele promover una hiperfocalización que, al compararse con la estimulación que ofrece un profesor de matemáticas al enseñar ecuaciones de tercer grado o el profesor de historia que habla de las civilizaciones mesoamericanas, hace que estas últimas actividades resulten exponencialmente diferentes y sumamente tediosas.

En la mayoría de las personas la capacidad de atención ha disminuido de manera considerable: en una media de tres minutos antes de que tengan que cambiar a alguna actividad diferente. Por eso los adolescentes presentan tantas dificultades para sostener la atención y comportarse adecuadamente en situaciones que no son estimulantes o que pueden ser incluso aburridas; se han acostumbrado tanto a estar constantemente estimulados por las TIC, que sin ellas les resulta difícil (o para algunos hasta imposible) dar resultados apropiados.

Las redes sociales como sustitutas de la interacción social cara a cara

Además de los *i-disorders* que hemos comentado, es necesario que hagamos énfasis en otra situación que pareciera generalizarse cada vez más: las redes sociales como sustitutas de la interacción cara a cara de los adolescentes con otros chicos de la edad.

Muchos papás se quejan en mi consulta de que sus hijos están pegados al celular o a la computadora y de que se niegan a tener convivencia real con otros chicos. Cuanto más se digitaliza nuestra sociedad y se crean más redes sociales, más y más cubrimos la "cuota" de socialización que todos tenemos, por lo que la interacción personal resulta menos interesante.

El riesgo, socialmente hablando, está en que dichas redes no permiten el enriquecimiento que se tiene en la convivencia física. Negociación, juego, creatividad, tolerancia a la frustración, posposición de la recompensa, tomar turnos, hacer actividad física a través del juego, el contacto físico y visual, entre muchas otras, son características que las redes sociales no pueden ofrecer. Con el tiempo, y si no se controlan adecuadamente, las redes sociales podrán generar una carencia para los adolescentes limitando las habilidades que estos necesitarán para ser exitosos socialmente en un mundo cada vez más complejo y diverso.

Las redes sociales no deberían sustituir la vida e interacción social cara a cara. Los papás, las escuelas y todos los profesionistas que trabajamos con los chicos debemos promover y fomentar la interacción real. Una escuela que digitaliza todo su contenido y la interacción entre alumnos, así como entre profesores y alumnos, y que además les permite tener los dispositivos dentro de ella no les hace un favor a los chicos; en realidad les hace un mal. Escuelas así quitan a los adolescentes la oportunidad de desarrollar las habilidades que solo se consiguen en la interacción real, no en la virtual o digital.

Pero lo mismo se aplica para los padres. Promover la utilización de los dispositivos sin restricciones o desde corta edad no es hacer un bien a los hijos, sino un daño. Los chicos estarán mejor sin un celular hasta antes de los 12 años y sin un *smartphone* o conexión libre a internet hasta que cumplan los 16 años. Antes de eso es exponerlos a riesgos que difícilmente los padres e incluso los hijos mismos pueden controlar.

Esos riesgos son parte de las razones de por qué el científico computacional Cal Newport (2016) invitó a su audiencia en una reciente TED *talk* a renunciar a las redes sociales. Su argumento es muy contundente: 1. Son adictivas, 2. No promueven la creatividad, 3. Se asocian con problemas psicológicos y de interacción social, 4. Impiden a la persona trabajar en su pleno potencial, pues esta no logra prestar atención a su trabajo de manera apropiada.

A pesar de esto, no todo es negativo en las redes sociales. Por el contrario: son una fascinante herramienta para mantener contacto con personas lejanas, para ampliar nuestra visión sobre los otros y sobre el mundo. Incluso pueden constituir una extraordinaria oportunidad para que los adolescentes busquen ayuda y conocimiento sobre su salud física y mental. Pero como todo, depende de qué tanto la persona controla las redes o de qué tanto las redes la controlan, y, seamos honestos, la mayoría de los adultos tenemos problemas controlándolas. Procrastinamos en ellas, revisamos material que en nada enriquece nuestra vida –o que incluso la empobrece–, discutimos o nos envolvemos en conversaciones sin sentido, nos obsesionamos con los *likes* y comentarios que nos hacen, etc. Por eso es que tanto los adolescentes como los adultos debemos comprender que con moderación las redes sociales pueden ser algo positivo; con exceso, todo lo contrario.

Para muchos padres y escuelas resulta difícil saber cómo manejar estos temas con los hijos. Poner límites a los dispositivos y a las redes sociales puede ser todo un desafío, pero no hacerlo resultará más difícil aún. Las consecuencias pueden ir desde la sustitución de la vida social, que aquí señalamos, hasta peligros sexuales y de violencia que fácilmente se encuentran en las redes, pasando por falsa información sobre su salud física, mental y social, que puede confundir más a los adolescentes.

Antes de concluir este capítulo veremos una variedad de estrategias para los padres y las escuelas que les permitan asegurarse de que los chicos hagan un uso adecuado del internet y de los dispositivos digitales. Pero antes, es necesario que hablemos de otro fenómeno creciente entre los adolescentes y el internet: la pornografía electrónica.

Adolescentes, pornografía e internet

La pornografía no es nueva; en realidad es una práctica sumamente antigua. Hay incluso vestigios de pinturas eróticas en ruinas romanas y griegas en lo que se cree son los restos de burdeles de la época. El objetivo de dichas pinturas no era solo de decoración, sino de incitar o promover el deseo y la creatividad sexual.

El uso de material pornográfico en adolescentes tampoco es nuevo; de hecho, es algo que la mayoría de las generaciones ha experimentado de una forma o de otra. Incluso, podríamos comprender que la pornografía sustituye, hasta cierto punto, una función biológica que al adolescente se le ha limitado socialmente: el ejercicio de su sexualidad con una pareja.

Como lo hablamos en capítulos anteriores, la madurez sexual llega alrededor de los 13 años, pero hoy la mayoría de las personas se casan pasando los treinta. Eso son casi 20 años de madurez y disposición sexual sin contar con una pareja estable con quien poder experimentar la sexualidad. ¡Veinte años! ¿Cuántos adultos podrían comprometerse a que en los próximos 20 años de sus vidas no tendrán relaciones sexuales con su pareja? ¿Verdad que suena imposible? Pues así de difícil, si no es que más, resulta para un adolescente vivir en abstinencia por tantos años.

Sin embargo, el párrafo anterior no es una justificación para un ejercicio desmedido de la sexualidad. Como ya lo hablamos, los lineamientos sociales y morales sobre la sexualidad (tanto para adolescentes como para adultos) tienen una función social de gran importancia, pues permiten que vivamos la sexualidad de manera constructiva y saludable, disminuyendo riesgos de enfermedades de transmisión sexual y conflictos emocionales derivados de relaciones poco estables. Pero lo dicho en el párrafo previo sí nos ayuda a entender por qué la pornografía es de tanto interés en los adolescentes: les permite liberar los impulsos sexuales que muchos de ellos no pueden experimentar con una pareja.

El problema mayor radica en que la pornografía actual genera una intensa estimulación que puede llegar a provocar conflictos en la interacción real con las personas del sexo opuesto o incluso inhibir la búsqueda de una pareja real por encontrar una sustitución en el mundo digital. Analicemos el proceso que ha vivido la industria pornográfica desde la primera revista de *Playboy*, publicada por Hugh Hefner en 1953 con Marilyn Monroe y la ingenua frase *"entertainment for men"* en su portada, hasta los *sex chat* o *adult webcam* de hoy.

Los adolescentes de los años cincuenta tenían un material fotográfico de mujeres semidesnudas. Los jóvenes de hoy pueden sostener interacciones digitales con hombres o con mujeres en actos heterosexuales, homosexuales, bisexuales, zoofílicos, etc. Además, dichos encuentros pueden ser en tiempo real desde un lugar recóndito del mundo y por una cantidad económica acordada por ambas partes, lo que les permite pedir que realicen las conductas que ellos deseen.

La pornografía por internet puede ser analizada desde distintos ángulos. Uno de ellos es la perspectiva sexológica que, como ya comentamos, sirve como una oportunidad para que los adolescentes desahoguen su sexualidad, que es difícil de vivir de manera adecuada en la vida real. Otro es la perspectiva moral, donde hay graves elementos que se deben considerar, como la trata y explotación de personas (incluyendo niños) y la corresponsabilidad que el consumidor de esta pornografía pudiera llevar por sostener económicamente dichos delitos con el pago que hace, además de la degradación del sexo a un acto virtual carente de afecto y compromiso. Otro tema en el ámbito moral sería la utilización egocéntrica de otro ser humano (objetivación) y de la sexualidad para la satisfacción pasajera. Un área más de análisis es el plano social, que promueve una perspectiva banal de la sexualidad al reducirla a una mera transacción monetaria de la cual ciertos grupos se benefician económicamente por el tráfico de personas y por la promoción de la pornografía por internet, pero por la que al mismo tiempo se perjudican en su cohesión social, en su moral comunitaria y debido a su complicidad de los delitos de tráfico y abuso. Otros análisis necesarios serían los de las psicopatologías y las disfunciones sexuales que se pueden asociar a dicha práctica.

Cada una de estas áreas de análisis puede ser materia para una tesis doctoral. En este capítulo no abordaremos todas ellas por las limitaciones tanto del espacio como las mías como autor, pues muchas de ellas competen a otras disciplinas del saber. Sin embargo, es importante que nos enfoquemos en dos aspectos: los trastornos sexuales y las disfunciones sexuales asociadas a esta práctica. Para ello comparto el diálogo que sostuve con un pedófilo pasivo, es decir, que no tenía contacto real con niños pero que se estimulaba y se automanipulaba sexualmente con pornografía infantil:

Dr. Guzmán: ¿Podrías decirme qué pasó? ¿En qué momento empezaste a sentir atracción sexual por niños?
Paciente: Es difícil decirlo; yo no tuve esa atracción antes de iniciar la pornografía por internet. Recuerdo que me cortó mi novia y me sentí muy mal. Estaba muy enojado con ella por haberme dejado, pero lo que más me molestaba era que ya no podría acceder al sexo cuando yo quisiera. Empecé a ver pornografía; al principio solo era heterosexual, pero en las páginas te ponen anuncios de otras páginas pornográficas: de gais, personas mayores, mujeres obesas, mujeres asiáticas, niños e incluso animales. Poco a poco empecé a sentir más y más curiosidad sobre el contenido de esas páginas, las empecé a explorar y desarrollé una adicción a

ellas; ya no podía más que pensar en la hora en que llegaría a mi casa para ver un nuevo video, una nueva fotografía o para hacer una videoconferencia con alguien en algún país de Europa del Este.

Recuerdo la primera vez que accedí a una página de niños. No sabía qué pensar. Por un lado, me decía que eso no estaba bien y, por otro lado, me decía que era emocionante. Desde entonces ya no me interesan las otras páginas; creo que me harté de ver tantas páginas durante tanto tiempo. Ahora esto es la novedad, es lo que me llama la atención. Me doy cuenta de que conforme más y más pornografía he visto, más y más cosas nuevas quiero explorar.

El relato que acaban de leer responde a algo que suelo ver en la consulta: el nivel de saciado por la exposición pornográfica empieza a ser insuficiente, y como con cualquier otro adicto, cada vez se busca más cantidad, más variedad y un efecto mayor. La gran mayoría de los chicos que utilizan pornografía no llegará tan lejos como el joven que entrevisté; sin embargo, mostrará síntomas de adicción pornográfica y una mayor necesidad de consumo y estimulación con dicho material.

El consumo de la pornografía no es inocuo. Cada vez más investigaciones muestran que la exposición recurrente a la pornografía podría afectar el circuito cerebral de recompensa en el que operan el sexo y otras conductas placenteras. Diversos estudios han señalado posibles alteraciones en el funcionamiento de la dopamina y de los estímulos que la inducen como consecuencia de dicha práctica.

La investigación sobre cómo la pornografía afecta el cerebro aún es inconclusa y, en ocasiones, contradictoria. Sin embargo, la doctora Simone Kühn y el doctor Jürgen Gallinat (2014), del Max Planck Institute, señalan que en su estudio encontraron diferencias en el cuerpo estriado (la zona del cerebro que se asocia con la recompensa y la motivación conductual) entre aquellos que ven pornografía constantemente y aquellos que no, lo que podría explicar por qué esta conducta funciona como una adicción. Sin embargo, aún no queda claro si estas diferencias son resultado de la exposición constante a la pornografía o si es que las personas nacen con estas diferencias y eso causa que vean más pornografía.

Otro estudio, realizado por Voon, Mole, Banca, Porter, Morris et al. (2014), de la Universidad de Cambridge, señaló que las alteraciones observadas en el cerebro de aquellos que se estimulan constantemente con la pornografía son semejantes a las encontradas en los adictos al alcohol y a las drogas. Como consecuencia de la constante exposición a la pornografía en internet, los jóvenes se acostumbran a buscar contenido novedoso que eleva los niveles de dopamina y logra la excitación deseada; es ahí donde se puede dar el riesgo de desarrollar trastornos o disfunciones sexuales.

Además de la pedofilia, otros trastornos como el sadomasoquismo, el voyerismo, el exhibicionismo, la zoofilia e incluso la necrofilia son promovidos en la pornografía por internet. Cada paciente que he atendido con un trastorno así me ha relatado su constante estimulación a través de la pornografía digital.

Otra situación que se puede asociar al consumo de ese material es la de la insatisfacción sexual y hasta la disfunción orgásmica masculina y femenina. Estimulados por producciones cinematográficas que no corresponden a la realidad y por situaciones poco probables de que sucedan en la vida real, algunos adolescentes pueden idealizar tanto su desempeño como el de su pareja y sentirse decepcionados de no alcanzar los estándares que se presentan en dichas producciones. De tal forma que pueden confundir lo que no es común con lo común y tener una creciente insatisfacción con el sexo real.

Dentro de las disfunciones que algunos pacientes jóvenes adictos a la pornografía suelen presentar se encuentra la disfunción eréctil inducida por pornografía, o DEIP. Esta es la condición en donde los hombres no pueden sostener la erección para tener relaciones sexuales satisfactorias debido a la utilización de la pornografía. Como ya lo mencionamos, la constante exposición en internet a dicho material lleva a los jóvenes a buscar contenido novedoso que eleve la excitación deseada. Por desgracia, cuando se relacionan con una pareja verdadera la expectativa de placer no es igual, por lo que no obtienen la misma excitación, y viene la falta de erección. En otros casos, la habituación a la estimulación en la pantalla y el orgasmo provocado por la masturbación podrían elevar los

155

niveles de ansiedad al estar con una persona real e interferir en la respuesta eréctil.

Lo mismo puede suceder con la eyaculación precoz, donde el consumidor habitual de pornografía puede generar un condicionamiento del tipo excitación igual a eyaculación, generado por la masturbación que practica cuando ve el material pornográfico, de tal forma que al estar con una persona real, la excitación lo lleve a la eyaculación precoz. Los jóvenes adictos a la pornografía digital pueden reducir la sexualidad solo a la eyaculación, a un proceso fisiológico, y no a una expresión de amor, a un acto de profunda intimidad y compromiso.

Es importante que al inicio de la adolescencia los padres puedan hablar de manera clara y abierta con sus hijos sobre la sexualidad, la pornografía y el sexo en la vida real para que los chicos puedan tomar mejores decisiones al estar frente a una pantalla en busca de estimulación. Es conveniente que los jóvenes sepan que la pornografía es una industria cinematográfica con enormes ganancias económicas y que lo que ven en ella no es sexo real, sino coreografía llena de efectos de cámara y manipulación del contenido. Pero también es importante que sepan que cuanto más y más se estimulen con la pornografía, más y más difícil les será llevar una vida sexual real y placentera. Nuestro cerebro aprende y refuerza el aprendizaje con la repetición, incluso cuando este es equivocado o nocivo.

Cambiar los trastornos sexuales y las disfunciones sexuales es difícil, mas no imposible. Quienes presentan alguna de estas patologías pueden buscar ayuda con un psicólogo o sexólogo para aprender cómo cambiarlas. Es importante sobrepasar la vergüenza que esta situación pudiera provocar y empezar a hablar de manera clara con un especialista. La solución empieza buscando la ayuda adecuada.

Estrategias para un manejo seguro y constructivo de las TIC

Hasta aquí podría parecer que el panorama de las TIC es exclusivamente negativo; sin embargo, no es así. Las nuevas tecnologías, los dispositivos, las redes sociales y el internet son magníficas herramientas que pueden enriquecer nuestras vidas de maneras antes inimaginables. Videoconferencias instantáneas; acceso al contenido periodístico de todo el mundo; interacción con amistades y familiares que viven lejos de nosotros; sistemas de aprendizaje; entretenimiento; música; televisión; *journals* científicos; portales de salud, de deportes, de cultura y un largo etcétera son algunos de los beneficios que las TIC han traído a nuestras vidas.

Yo soy un constante usuario de estas herramientas, y hasta han constituido extraordinarias opciones para mantener contacto con mis pacientes y poder apoyarlos en tiempo real en sus dificultades. Por ejemplo, suelo videograbar las sesiones de exposición a objetos fóbicos que algunos pacientes tienen, como insectos, perros, elevadores, etc., de tal manera que una de las actividades que los pacientes tienen que realizar en casa, después de la consulta, es ver el video todos los días, lo que permite la exposición constante y segura a dicho objeto. Cuando algún paciente se encuentra en una crisis emocional y no estamos en la misma ciudad, podemos acordar videoconferencias por Skype, lo que me permite asistirlo en el momento en que más lo necesita.

Las TIC nos gustan y nos son útiles, y como dice el cantante Jorge Drexler: "La máquina la hace el hombre y es lo que el hombre hace con ella" lo que debe ser cuestionado. Pues son nuestras acciones (y no las TIC por sí mismas) lo que produce resultados negativos o constructivos.

Si los hijos son privados de estar en contacto con las TIC, estarán fuera del desarrollo tecnológico de la sociedad y disminuirán sus capacidades productivas y de adaptación a una sociedad cada vez más inmersa en ellas. Pero si los hijos no las manejan medidamente, estas podrían terminar por absorberlos. El objetivo es que los adolescentes sean quienes controlen las TIC y no que estas los controlen a ellos. De tal manera que para darles un uso racional y constructivo es necesario implementar ciertos lineamientos y supervisar su cumplimiento.

A continuación veremos algunas estrategias que pueden ayudar a los padres de familia.

Manejo del tiempo y las TIC

La primera estrategia tiene que ver con cuánto tiempo es el apropiado para que un adolescente esté usando las TIC. Rosen (2013) propone que cuando los hijos son pequeños, las TIC se usen en una proporción de 1 a 5, es decir, por cada minuto de tecnología han de pasar 5 minutos haciendo algo distinto, como hablar con gente, jugar con juguetes, hacer actividades creativas o actividades que calmen el cerebro. Es decir, por 30 minutos de usar la televisión o el iPad, los niños pequeños deberían pasar 150 minutos haciendo algo distinto. Conforme los niños crecen y se acercan a la pubertad, Rosen sugiere una proporción de 2.5 minutos por 2.5 minutos, y al llegar a la adolescencia recomienda invertir la proporción a 5 minutos de tecnología por 1 minuto de otras actividades, esto debido al aumento de las tareas relacionadas con las TIC.

Sin embargo, la proporción en la adolescencia parece no ser la más apropiada o al menos resulta cuestionable, pues un adolescente necesita desarrollar habilidades sociales, físicas, académicas, culturales, artísticas y espirituales. Para lograr todo ello requiere tiempo. Las TIC pobremente podrán ayudar al desarrollo de dichas habilidades. Uno no puede saber cuál es la reacción corporal que está generando en la otra persona cuando está mandando mensajes de texto, ni necesita negociar o lidiar con las emociones de los demás mientras se escuda detrás de un cristal que proyecta videojuegos; eso se adquiere en la interacción real con otros jóvenes. Los músculos y la capacidad física no se ejercitan cuando la persona está en Facebook o en Instagram; se entrenan a través de la ejecución de algún deporte o actividad física. Uno puede ver videos de música o de pintura en YouTube, pero ello no lo llevará a dominar el instrumento o a aprender a pintar si no va acompañado de ejecución.

El desarrollo integral del adolescente requiere tiempo de práctica, y con una relación de 5 a 1, como la que propone Rosen, es simplemente imposible lograrlo.

Los padres de familia podrían pedir a sus hijos que practicaran ciertas actividades deportivas, académicas o culturales antes del uso de las TIC. Pensando en que los adolescentes tienen en promedio 6 horas del día fuera de la escuela para ejercitar las habilidades antes mencionadas, suelo sugerir a mis pacientes que manejen el tiempo en una proporción de 4 horas por 2 horas. Esto es, 4 horas de actividades sin TIC y 2 horas de actividades con TIC. Pueden distribuirlas como más les convenga: 2 por 1, 4 por 2, 1 por ½. Como sea más conveniente para ellos y para la familia, pero incrementar la proporción no permite que los hijos desarrollen todas estas actividades de forma balanceada.

Además de la administración y proporción del tiempo dedicado a las TIC y al resto de actividades, hay algo que es útil tanto para los adolescentes como para los adultos: lo que el doctor Natthaniel Kleitman (1982) llamó *basic rest and activity cycle* (BRAC). Este concepto hace referencia a los ciclos de actividad y descanso que el cerebro necesita para un funcionamiento apropiado. El BRAC se da en ciclos de 90 minutos, por lo que pasados 90 minutos de actividad es necesario un descanso. Ese descanso permite cambiar el foco de atención y recuperar energía para seguir trabajando. Esto mismo es algo que se suele hacer con los dispositivos: cuando empiezan a funcionar mal, a ser lentos o a detenerse en medio de una aplicación, presionamos la opción de *reset*, o restablecer, para que vuelvan a funcionar correctamente. De la misma forma, es necesario presionar el "botón" en el sistema cerebral, y para ello un descanso de 10 o 15 minutos después de 90 minutos de actividad, especialmente frente a las TIC, es esencial.

En ese descanso se puede entablar una conversación real, hacer meditación, salir a caminar, hacer ejercicio, practicar un instrumento o dibujar. Lo que sea, menos usar los dispositivos. La idea es que el cerebro se aleje de la hiperfocalización que promueven estos aparatos.

De igual forma es necesario resaltar el valor del ocio. Cuando era chico mis padres solían decirme: "Hijo, la madre de todos los vicios es

159

el ocio", pero estaban equivocados; el ocio es, en todo caso, el padre de la creatividad. Vivimos en una sociedad productiva y consumista con altas expectativas de lo que debemos hacer. Desde niños se nos dice que no perdamos el tiempo, que es importante ser ordenados y cumplir metas. Vamos a la escuela 7 horas diarias, nos dejan tareas de 2 o 3 horas de duración y además los padres nos ponen en clases extraescolares para mejorar o desarrollar nuevas habilidades. Hay niños que tienen hasta 12 horas diarias de actividades. ¡Doce horas! Pareciera que algunos papás no se han enterado de que la esclavitud fue abolida largo tiempo atrás y que un adulto no debería trabajar más de 8 horas, menos aún un niño o adolescente.

Con tanta actividad queda poco tiempo para la ensoñación, para la imaginación, para la creatividad. Sin embargo, esas son cualidades fundamentales en el adecuado desarrollo de la mente. Se necesitan esos espacios de distensión para que el cerebro pueda facilitar el proceso creativo. Establecer un momento del día para hacer nada es, en realidad, una gran idea. Hacer nada productivo, nada necesario, nada impuesto. Alcanzar un estado de estar y no de hacer. En el budismo zen le llaman *zasen*: "estar sentado sin hacer nada". Se puede pedir a los jóvenes que tengan un espacio para la meditación, la ensoñación, escuchar música, tomar una siesta, colorear o simplemente descansar con lo que ellos prefieran, pero sin el uso de las TIC; esa es la única condición. Es un tiempo para la mente, no para la tecnología digital. Es una oportunidad creativa, no productiva.

El uso de los teléfonos inteligentes

"Todo el día está pegado a su teléfono. No hace nada más que chatear y mirar su teléfono durante todo el día. Estoy harta de esto. He pensado desaparecerle el maldito iPhone".

Ustedes estarán pensando que estas palabras de desesperanza han sido expresadas por la mamá de un adolescente de 17 años quien de manera oposicionista y desafiante se resiste a hacerle caso en sus indicaciones de guardar y controlar el teléfono. Pues se equivocan. La señora se expresaba desesperadamente no de su hijo, sino de su marido, quien día y noche tenía su celular consigo y no podía dejar de mirar si un nuevo *email* había llegado, si el chat le avisaba algo o si las publicaciones en redes sociales tenían comentarios o *likes*. Este señor padecía de lo que anteriormente se explicó como FOMO, o *fear of missing out syndrome*.

Ahora bien, si un señor de 40 años casado, con hijos y con un trabajo estable tiene dificultades para controlar el uso de su celular, o *smartphone*, cuánto más lo tendrá un adolescente de 15 o 16 años.

Con anterioridad comentamos la edad apropiada para permitir el uso de estos dispositivos; ahora hablaremos del tiempo adecuado para su uso.

Previamente señalamos una proporción de 4 horas de actividades por 2 horas de uso de las TIC. Eso debería incluir el uso del celular. Sin embargo, este dispositivo, al ser portátil, va a todas partes, por lo que es necesario establecer estrategias de contención.

La primera sugerencia sería no utilizar los celulares en la mesa, esto es, ni en el desayuno ni en la comida ni en la cena. Los alimentos son una gran oportunidad para convivir en familia y promover el diálogo entre todos. Además, es el tiempo en que es posible conocer más a los hijos y así buscar incidir en áreas que se consideran importantes. El uso del celular en la mesa distrae e impide dicha interacción.

Una segunda sugerencia es la de no utilizar el celular en el automóvil en el trayecto a la escuela. Nuevamente, esa es una gran oportunidad para que los padres puedan conocer mejor a sus hijos y hablen de temas que en otro momento sería difícil tocar. Además, se manda el mensaje de que cuando estamos frente a otras personas es importante respetar ese momento dándole la atención a la persona y no al celular.

La tercera sugerencia es hacer un tiempo fuera de celulares en casa. Se puede hacer en dos momentos: 1. En el tiempo asignado a la realización de las tareas escolares, y 2. Una hora antes de irse a dormir. Diversos estudios señalan la relación entre el uso del celular, la estimulación que recibe el cerebro, la luz azul que emite el aparato y el creciente número de trastornos del sueño entre adolescentes y adultos. La luz azul se encuentra naturalmente en la luz solar y funciona para promover el ciclo

161

circadiano, de tal forma que al recibirla (a través del celular) va implícito el mensaje de activarnos. Si el celular no se deja de utilizar una hora antes de dormir, será más difícil conciliar el sueño y además que este sea reparador, pues el ciclo circadiano ha recibido estímulos que indican que es de día y no de noche, lo cual altera la producción hormonal que favorece el dormir.

Además, hay investigación que señala una relación entre el uso del celular y su luz azul con episodios de manía en pacientes bipolares, por lo que especialmente los pacientes con dicho trastorno deberían ser cuidadosos con su uso. Sugiero la lectura de Main (2016) para una síntesis del efecto de la luz azul en los patrones de sueño, depresión y trastornos bipolares.

Otra recomendación es trabajar en esperar sobre revisar. Muchos adolescentes tienen dificultades para dejar de revisar si han recibido o no un nuevo *inbox*, un nuevo *like*, un nuevo comentario o una respuesta en la conversación de WhatsApp. La tecnología nos ha traído a un estado de inmediatez constante; lo inmediato resulta más importante que lo programado. De tal forma que es deseable aumentar la tolerancia a la frustración y disminuir la necesidad de checar constantemente el teléfono. La recomendación es silenciar todas las aplicaciones para que no lleguen notificaciones que indiquen actividad en ellas; si no se tiene el globo en la pantalla o el sonido que alerta la llegada de un nuevo *like* o un nuevo chat, no se estará distraído constantemente con ello. Luego se aplica una alarma en el teléfono cada quince minutos, donde la persona se detendrá de lo que hace y podrá revisar las aplicaciones que guste por el lapso de un minuto. Progresivamente, puede ir subiendo el número de minutos de la alarma de tal forma que pase de quince a veinte, después a veinticinco, luego a treinta, y sería magnífico llegar hasta una hora o más.

Finalmente, es importante hacer ver a los adolescentes que no es una obligación, ni siquiera una necesidad, contestar los mensajes o comentarios en cuanto estos llegan al teléfono. Algunos de nosotros tuvimos la fortuna de crecer en una época en la que la correspondencia podía tardar meses en llegar, donde teníamos que esperar a estar frente a los amigos para comunicarnos con ellos o donde le expresábamos los sentimientos a la pareja al estar enfrente de ella o por medio de una carta o postal. Y digo que fuimos afortunados porque ello nos permitía no estar en un estado constante de reacción o respuesta; no teníamos la ansiedad de estar esperando una comunicación ni sentir la obligación de contestarla de inmediato. Además, era una gran lección para aumentar la tolerancia a la frustración y tener mayor control de impulsos. Si estábamos enojados con el compañero de la escuela, simplemente esperábamos hasta el próximo día, una vez que los ánimos se hubieran calmado, y decidíamos qué hacer con ese compañero: ¿hablar con él, ignorarlo, confrontarlo? Pero, en cambio, hoy los adolescentes van a Facebook o WhatsApp e impulsivamente publican o comunican algo con tal de liberar el enojo o la frustración sin medir realmente las posibles consecuencias de ese acto.

Cuanto más se retarda la respuesta, se desarrolla mayor tolerancia a la frustración y se generan mejores réplicas. Por ello es importante recordar a los hijos las siguientes palabras: "No tienes que estar todo el tiempo revisando tu teléfono ni contestando todo lo que publican o te dicen. Tú puedes elegir cuándo, dónde y cómo quieres hacerlo".

Controlando el escenario y el uso de las TIC

Para tener control de una determinada conducta es necesario considerar el lugar donde esta se realiza e identificar si ahí se tiene o no la posibilidad de controlar las variables que la conforman o incidir en ellas. A eso llamamos *escenario*.

Con frecuencia atiendo adolescentes que, literalmente, están inmersos en la tecnología. Desde que despiertan y hasta que se duermen, las TIC están a cada paso que dan. Xbox, computadora, televisión, DVD, iPad, celular: todo al alcance de la mano. Muchos padres piensan que es apropiado que el hijo tenga todos estos dispositivos dentro de su habitación; sin embargo, esta disponibilidad representa un enorme estímulo para el joven y hace casi imposible que vaya a controlar el uso moderado y racional de los aparatos. Adicionalmente, dificulta mucho a los padres tener control de lo que los hijos ven o hacen con dichos dispositivos. El escenario (la habitación) está en contra del resultado u objetivo deseado.

Un chico con adicción a la pornografía puede agravar más su situación teniendo la televisión o el acceso a internet en la habitación en medio de la noche. Un chico con poco autocontrol del tiempo que pasa en los videojuegos puede no darse cuenta de que han transcurrido cuatro horas desde que empezó a jugar, y si la consola está en su habitación, tal vez los padres tampoco se den cuenta de ello.

Por eso es recomendable establecer un lugar central o visible para la televisión y un lugar para la computadora. Tener una sola televisión en casa puede parecer una limitante, pero en realidad es una oportunidad para que los hijos tengan que reunirse y aprendan a negociar y tomar turnos. Además, para los padres es una forma de saber cuánto tiempo los chicos han estado frente a la pantalla y poder controlar su consumo.

Lo mismo se aplica para la computadora: tenerla en un lugar central, donde el chico sepa que en cualquier momento puede ser sorprendido por los padres y quede al descubierto lo que hace en la computadora puede favorecer un uso más contenido y propositivo de ella.

Algunos padres cambian la contraseña del internet cada día y les dicen a los hijos cuál es una vez que estos han cumplido con todas sus actividades y responsabilidades. Puede parecer extremista, pero el internet no es un derecho, sino un privilegio, y como tal debe ser conseguido por méritos; de otra forma no se valorará adecuadamente.

Con frecuencia escucho a padres de familia desesperados porque sus hijos utilizan el teléfono prácticamente en todo lugar: iglesia, escuela, restaurantes, fiestas, reuniones familiares, etc. Este uso puede ser una señal de la dificultad del hijo para lograr lo que previamente comentamos: esperar en lugar de revisar. Es necesario que establezcamos acuerdos que incluyan el esperar en lugares donde deseamos la atención de nuestro hijo, ya sea con nosotros, con otros o en alguna situación específica. La mejor forma es hablar de ello con el chico y recordárselo anticipadamente cuando acudamos a uno de estos lugares.

La estrategia esencial

Existe una estrategia esencial para el uso apropiado de las TIC, y esa es la comunicación honesta, abierta y clara con nuestros hijos acerca de los beneficios y posibles riesgos del uso de estas herramientas.

Muchos padres compran a sus hijos un teléfono celular, una tableta o una computadora y no toman el tiempo de explicarles cuál es su uso correcto. Confían en el chico, pues creen que por su buen actuar en la vida diaria, él hará un uso correcto de estos dispositivos. No tienen en cuenta que el comportamiento de los hijos en el mundo real no predice su conducta en el mundo digital. La forma de proceder en la vida diaria en el mundo real puede ser muy distinta del actuar en el mundo digital.

Los hijos pueden tener intenciones positivas y constructivas al momento de desear una TIC, pero a la vez estarán expuestos a estímulos que no controlan, como las publicaciones en las redes sociales o las páginas de contenido inapropiado, que fácilmente pueden llegar a sus pantallas. A un chico al que se le da un dispositivo y al que no se le explican los beneficios y perjuicios, ni las reglas, limitaciones y consecuencias de su uso inapropiado no se le hace un favor, sino lo contrario.

Por ello es deseable que abordemos estos temas con los hijos antes de darles el dispositivo y recordárselos con frecuencia. Es especialmente importante hacer hincapié en que la vida digital jamás debería ser sustituta de la vida real, la que se da cara a cara, y que un uso excesivo o inapropiado de los dispositivos puede conllevar el retiro de estos de manera temporal o incluso permanente en caso de que sea recurrente o altamente nocivo.

Últimas palabras sobre las TIC

Con frecuencia los padres me preguntan si está bien que revisen las cuentas de redes sociales de sus hijos y las conversaciones que tienen en sus chats. Es interesante que la mayoría de los padres que me pregunta eso tenga hijos con conductas disruptivas o inapropiadas en áreas como la escuela, las amistades o el seguimiento de reglas en casa. Suelo pensar que el temor de que sus hijos hagan un uso inapropiado de las TIC es reflejo de lo que ven en la vida diaria de sus hijos. Suelo contestarles lo que ya dijimos: las TIC no son un derecho, sino un privilegio, y como tal están limitadas a los acuerdos y las condiciones de quien otorga dichos privilegios, es decir los papás. De esta forma pueden dejar claro a los hijos que si en algún momento ustedes tienen alguna preocupación o sospecha de uso inapropiado de los dispositivos, tendrán que recurrir a revisar su uso y contenido, esto con la intención de asegurar que el chico está usando el aparato de forma segura.

Claro que a los hijos no les gustará eso (¿a quién le gustaría!), pero no se trata de si les gusta o no, sino de si es necesario o no. Sugeriría a los papás que revisen los dispositivos en caso de que su hijo esté teniendo importantes problemas escolares, sociales o de estado de ánimo, o si ven un cambio en su conducta o en sus emociones que no es común en él.

Algunos papás bajan aplicaciones de monitoreo y rastreo de los dispositivos y de los contenidos que sus hijos revisan en ellos. Esta práctica es deseable, especialmente cuando hay indicadores de uso inapropiado. Además, así como el dicho dice "la ocasión hace al ladrón", de la misma forma podríamos decir que "la ocasión hace a la tentación", y los hijos tendrán muchas ocasiones donde pueden exponerse a la tentación de material inapropiado, y no solo ellos: los papás y los adultos pueden verse expuestos a dicho contenido. Estas aplicaciones funcionan restringiendo el contenido adulto y violento, las páginas no deseadas, el horario de uso de los dispositivos e incluso enviando reportes de los sitios visitados y su contenido. Habrá quienes puedan pensar que esta práctica constituye una intromisión, pero en realidad es una extraordinaria forma de poder identificar si nuestros hijos, o incluso nuestra pareja, están teniendo problemas con el uso de internet y su contenido, para así ofrecerles apoyo y buscar resolver la situación.

Existe una aplicación que recomiendo considerar, pues me parece la mejor herramienta no solo para evitar contenidos inapropiados, sino también para comprender mejor qué sitios están visitando nuestros hijos y poder entablar un diálogo con ellos sobre lo apropiado o inapropiado de estos, y, en caso de ser necesario, ejercer un plan de acción para ayudarles. La aplicación se encuentra en el sitio www.covenanteyes.com, y si ingresan mi nombre, MarioGuzman (junto y sin acento), en el código de promoción, obtendrán 30 días de acceso gratis para que puedan probarla antes de adquirirla.

Covenant Eyes ha mostrado ser de gran ayuda para cientos de miles de personas. En su sitio web, los lectores también encontrarán un blog y recursos descargables sobre cómo hacer frente a la pornografía en internet. La mayoría de nosotros no dejaríamos la puerta de nuestra casa abierta para que un desconocido entrara en ella y pusiera en riesgo a nuestros hijos. ¿Por qué entonces le dejaríamos la puerta abierta al internet y pondríamos a nuestra familia en peligro de exponerse a material inapropiado? Por lo tanto, necesitamos poner un filtro de contenido que nos permita incrementar la seguridad de uso de la red y así proteger a todos en casa.

Finalmente, recomiendo tanto a los papás como a las escuelas y profesionales que trabajan con los adolescentes que revisen la página www.civismodigital.org. En ella se ofrece una amplia variedad de estrategias para los padres y las escuelas que les permiten asegurarse de que sus hijos hagan un uso adecuado del internet y de los dispositivos digitales: desde contratos y estrategias para padres sobre cómo mantener seguro el uso de estas herramientas hasta servicios de capacitación para las escuelas sobre cómo lograr un manejo seguro de los dispositivos dentro de sus instalaciones.

Cuanto más se conozca y comprenda el cómo utilizar adecuadamente las TIC, más y mejores resultados obtendrán tanto los hijos como los padres.

Resumen

En este capítulo se estudió qué son las tecnologías de la información y la comunicación, o TIC. También cuál es el efecto que generan en el cerebro y si es posible convertirse en adicto u obsesivo a estas tecnologías.

Se estudió qué son los *i-disorders*, o los trastornos en el internet, y cómo la gente utiliza las redes sociales para proyectar sus necesidades intelectuales y sociales pero también patológicas y emocionales. También se analizó el riesgo de convertir a las redes sociales en sustitutas de la interacción cara a cara con la gente en el mundo real.

Se conoció más sobre la pornografía contemporánea y sobre sus efectos en el cerebro, así como de sus riesgos a nivel moral, social, de funcionamiento sexual y psicopatológico.

Finalmente, se vieron estrategias para el empleo seguro y constructivo de las TIC, lo que incluye el manejo del tiempo, del escenario, de la implementación de aplicaciones para aumentar el control parental, así como la estrategia esencial, que es la comunicación entre los padres y los hijos sobre el uso apropiado de las TIC, las reglas, las limitaciones, las consecuencias de su uso irresponsable y la aclaración de que los dispositivos no son un derecho, sino un privilegio que debe ganarse.

Cuestionario para padres y profesionales

1. ¿Cómo manejas tú los dispositivos para que no sean un problema en tu vida diaria?
2. ¿Cómo has afrontado etapas o momentos en donde tu teléfono o computadora interferían demasiado en tu vida?
3. ¿Alguna vez te has sentido abrumado por el contenido observado en internet o te has visto enganchado en la pornografía digital?
4. ¿Cómo podrías ayudar al adolescente que no tiene control sobre los dispositivos, las redes sociales y la pornografía digital?

Para saber más sobre el capítulo IV

Sobre las redes sociales y los *i-disorders*:
http://www.abc.net.au/radionational/programs/allinthe-mind/growing-up-digitally/8331844

http://www.abc.net.au/radionational/programs/allinthe-mind/hooked-on-social-media/7885492

http://www.abc.net.au/radionational/programs/allinthemind/i-disorder---the-psychology-of-technology/4071112

https://www.youtube.com/watch?v=3E7hkPZ-HTk

Acerca del sobrediagnóstico de trastorno por déficit de atención:
http://www.abc.net.au/radionational/programs/allinthe-mind/adhd-and-overdiagnosis/8027804

Sobre el cerebro frente a la pornografía:
http://archpsyc.jamanetwork.com/article.aspx?articleid=1874574

http://journals.plos.org/plosone/article?id=10.1371/journal.pone.0102419

Capítulo V: Conductas de riesgo en la adolescencia

Paciente: Tú no entiendes, Mario. Estás como mis papás; son parte de una generación a los que adoctrinaron y manipularon. La marihuana es natural y no hace daño. El alcohol es mucho peor que la mota y todo el mundo lo consume. Es el Gobierno que les creó esos miedos.

Dr. Guzmán: ¿También toda la investigación científica sobre los efectos cerebrales a largo plazo está adoctrinada?

Paciente: ¡Claro! De eso se trata. Además hay otros estudios que dicen lo contrario. Es buena para la epilepsia, la artritis, el dolor crónico y mucho más.

Dr. Guzmán: ¿La marihuana que compras en la calle hace todo eso? ¿O acaso es la marihuana medicinal modificada para aumentar sus funciones terapéuticas?

Paciente: Bueno, no, no sé. Tal vez es diferente la medicinal y la recreacional, pero sigue siendo marihuana, ¿qué no?

Dr. Guzmán: ¿Entonces no hace daño?

Paciente: No, Mario, no hace.

Dr. Guzmán: Y cuando te accidentaste en tu motocicleta mientras ibas estimulado por la marihuana, ¿no te hizo daño? O cuando chocaste tu automóvil después de la larga fiesta que tuviste donde fumaste marihuana, ¿tampoco te hizo daño? O cuando tu novia te terminó porque todos los días fumabas marihuana y te olvidabas de visitarla o de cumplir con lo acordado, ¿tampoco te hizo daño? O cuando te expulsaron de la universidad por fumar en el estacionamiento, ¿tampoco te hizo daño? O cuando tus padres te echaron de la casa porque ya no sabían cómo hacerte ver que no estaban de acuerdo con que fumaras, ¿tampoco te hizo daño?

Paciente: Bueno, Mario, eso es diferente. Eso se explica no por la marihuana, sino por los prejuicios de la gente que no comprende que no hay nada de malo en ella y que deberían legalizarla y verla como algo normal.

Debates como el de arriba los he tenido varias veces con mis pacientes adictos a la marihuana e incluso con adultos de más de 40 años de edad que se sienten ofendidos en las redes sociales porque comparto mi opinión y la evidencia científica negativa sobre esta droga. Es comprensible que los jóvenes tengan un sesgo de invulnerabilidad que los lleva a creer que la droga, el alcohol y otras situaciones no les provocarán mayores consecuencias, pero no por pensarlo están exentos de riesgos.

En los capítulos anteriores de este libro hablamos de cómo la salud mental de los adolescentes es (en términos de trastornos) más o menos como la de los adultos; es decir, no tienen más trastornos psicológicos solo por ser adolescentes. Sin embargo, los chicos están iniciando una nueva etapa de la vida que se sitúa entre la infancia y la adultez, lo que les da acceso a nuevas experiencias, nuevas oportunidades y nuevos riesgos también. Por ello en este capítulo analizaremos qué son las conductas de riesgo, cuáles son las más comunes y exploraremos algunas respuestas de por qué se dan con mayor frecuencia en esta etapa y cómo los padres pueden prevenirlas y manejarlas.

La teoría del riesgo (Corona & Peralta, 2011) se utiliza para explicar por qué los adolescentes se ven envueltos en conductas que ponen en peligro su integridad y por qué lo hacen con mayor frecuencia que cualquier otro grupo generacional. Dicha teoría sostiene que en los jóvenes existe un sesgo cognitivo de invulnerabilidad o mortalidad negada, por lo que piensan que ellos pueden exponerse al peligro en situaciones de riesgo para su integridad física o mental y que saldrán intactos. Además, tienen una necesidad de experimentar sensaciones novedosas y de sentir la adrenalina activarse en su organismo.

Esta teoría también sostiene que son susceptibles a la influencia y a la presión de otros chicos y que los adolescentes acceden a involucrarse en conductas que les ayudan a sentirse parte del grupo, pero que representan un peligro. El proceso de autonomía e independencia de los chicos los hace alejarse de los valores e ideales de los padres de forma que la transgresión de la norma, de la costumbre y de lo seguro les permite reafirmar su identidad, a la vez que su diferenciación con el núcleo familiar.

La teoría del riesgo sostiene que la corteza cerebral prefrontal de los adolescentes continúa en desarrollo, por lo que se observan deficiencias en las funciones de planificación, medición de riesgos y consecuencias, así como en la habilidad de postergar el placer o el impulso. Aunado a ello, los procesos hormonales (especialmente en los varones con la activación de la testosterona) y la pubertad precoz tanto en niñas como en niños ayudan a explicar por qué las conductas de riesgo se presentan con mayor frecuencia e intensidad en la adolescencia en comparación con cualquier otra época de la vida.

Pero ¿qué son y cuáles son las conductas de riesgo? Son aquellas acciones voluntarias o involuntarias, realizadas de manera individual o colectiva, que pueden llevar a consecuencias nocivas. Son diversas, y pueden ser biopsicosociales. Si bien pueden ser observadas en cualquier etapa de la vida, son particularmente intensas y frecuentes en la adolescencia.

Conductas que contribuyen a la violencia; el consumo de tabaco, alcohol y otras drogas; conductas sexuales relacionadas a embarazos no deseados, abortos, infecciones de transmisión sexual; nocivos hábitos dietéticos; *sexting* y deportes extremos son algunas de las conductas de riesgo más comunes que se ven en los adolescentes. De las mencionadas, en el capítulo anterior analizamos brevemente el fenómeno del *sexting*, y comentaremos los nocivos hábitos dietéticos en el siguiente capítulo cuando hablemos de los trastornos de la conducta alimentaria. En este capítulo analizaremos las demás conductas de riesgo.

Muchos papás se quedan perplejos o no pueden creer que su hijo o su hija se vean involucrados en conductas de esta naturaleza. La imagen mental del niño o de la niña alegre, inocente y obediente que formaron en la infancia de su hijo aún causa disonancia cognitiva con la imagen del adolescente que se aleja más y más de los padres y que en compañía de sus amistades (muchas veces nuevas o inapropiadas) empieza a cambiar su conducta al grado de ponerse en riesgo.

Pero la perplejidad, la negación o la evasión no evitarán que los hijos pasen por dichas conductas. Los padres, junto con las escuelas, necesitan aceptar que estas conductas son parte de la adolescencia y que cuanto más las comprendan y más las hablen con los chicos, mayor será la probabilidad de que sean transitorias y de que sus efectos sean menores. No afrontar asertivamente esta realidad puede ocasionar una perpetuación de las conductas y aumentar sus efectos nocivos.

175

Pero ¿qué pasa en el adolescente que lo lleva actuar así? Como ya lo vimos anteriormente, hay procesos biológicos, psicológicos y sociales que impulsan a los chicos a actuar de dicha forma. Previamente hablamos de que la corteza prefrontal aún está en desarrollo y que eso podría ser parte de la explicación. Hay dos circuitos cerebrales implicados en este proceso: el circuito cognitivo y el circuito mesolímbico.

El circuito cognitivo es otra forma de llamar a la corteza prefrontal, la cual es la región cerebral involucrada en la planificación de comportamientos cognitivamente complejos, en la expresión de la personalidad, en los procesos de toma de decisiones y en la adecuación del comportamiento social apropiado en cada momento. Gracias a esta función del cerebro podemos cuestionarnos si nuestra conducta es apropiada o si es riesgosa y si lo que hacemos es socialmente aceptado. También nos ayuda a identificar cómo lograr nuestros objetivos, e incluso a cuestionarnos si lo que hacemos está bien o mal y no solo en forma pragmática, sino en términos morales.

Por su parte, el circuito mesolímbico está asociado con la modulación de las respuestas de la conducta frente a estímulos de gratificación emocional y motivacional. Este circuito es el mecanismo cerebral que media la recompensa. Es el mismo del que hablamos en el capítulo anterior en cuanto a la respuesta de adicción en la pornografía, sexo, sustancias, etc.

Desafortunadamente durante los primeros años de la adolescencia se produce un cierto desequilibrio entre ambos circuitos cerebrales, lo que puede generar vulnerabilidad y justificar el aumento de la impulsividad y de las conductas de asunción de riesgos durante la adolescencia (Oliva, 2012). Es decir, entre el freno y el acelerador no hay buena comunicación. Mucha motivación, pero una pobre planeación y prevención de riesgos; esta es la combinación perfecta para comprender el incremento de las conductas de riesgo en esta etapa.

Conductas que contribuyen a la violencia

Cuando estudiaba en la Facultad de Psicología era necesario realizar prácticas profesionales supervisadas como parte de nuestra preparación. En ese entonces yo tenía gran interés por la psicología criminal, de forma que solicité realizar mis prácticas en el centro tutelar para menores infractores en la ciudad de Guadalajara.

A los pocos días de haber iniciado mis prácticas, me solicitaron empezar a entrevistar a los chicos que estaban detenidos ahí y a aplicarles algunas pruebas psicométricas como parte de su evaluación. Me sorprendí de las conductas violentas en las que habían participado: robos, asaltos, peleas físicas, agresiones con armas punzocortantes e incluso la utilización de armas de fuego. Muchos de esos adolescentes crecieron en ambientes hostiles, en medio de la pobreza y donde la violencia era parte del día a día. Crecieron viendo, recibiendo y ejecutando violencia. Una infancia así configura la personalidad de maneras inadecuadas y la predispone para vivir a través del ciclo de la violencia a lo largo de la vida.

Sin embargo, la violencia en la adolescencia no es exclusiva de aquellos que crecen en situaciones extremas; en realidad está latente en todos los niveles sociales. Recuerdo que cuando era adolescente me tocó haber visto situaciones de violencia e incluso haber participado en ellas (algunas veces recibiéndola, otras generándola), y sin duda era un ambiente mucho menos hostil y desafortunado que el de los chicos del centro tutelar. En mi memoria sigue presente lo común que era el acoso y maltrato escolar en las escuelas privadas a las que acudí. Las peleas en los recesos o al terminar las clases eran cosa del día a día. Conforme fuimos creciendo y llegando a la adolescencia, más y más conductas asociadas a la violencia se hacían frecuentes en nuestras vidas.

Como lo señalamos antes, los adolescentes de todos los niveles socioeconómicos se ven envueltos en conductas que contribuyen a la violencia. A veces lo hacen como agresores; otras, como víctimas, y otras, como sujetos que no miden sus conductas irresponsables y que pueden ocasionar violencia y consecuencias desafortunadas.

177

Conducir alcoholizado, manejar y mandar textos, portación de armas, *bullying* y *cyberbullying*, violencia sexual y comportamientos asociados al suicidio son algunas de las conductas relacionadas a la violencia que se observan con mayor frecuencia entre los adolescentes.

La tabla 3 muestra un comparativo de las conductas de riesgo y su presencia en Estados Unidos y México. (Algunos rubros no están cubiertos en ambos países por la falta de investigación en el tema).

Tabla 3. Conductas que contribuyen a la violencia: comparativo entre Estados Unidos de América y México

Conducta/País	Estados Unidos	México
Manejar alcoholizado	7.8 %	12,500 jóvenes de 15 a 24 años mueren cada año por manejar alcoholizados
Manejar y mandar textos a la vez	41.5 %	
Portar armas	16.2 %	4.2 %
Portar pistolas	5.3 %	
Peleas físicas	22.6 %	22 %
Ciberbullying	15.5 %	
Bullying	20.2 %	32.2 %
Violencia en citas románticas	9.6 %	
Violaciones	6.7 %	
Violencia sexual	10.6 %	3.5 %
Ideación suicida	17.7 %	47 %
Intentos suicidas	8.6 %	9 %
Suicidios consumados	12.5 por cada 100,000	7.5 por cada 100,000

Nota: Basado en Center for Disease Control and Prevention (2016), Inegi (2014), Olivera (2011) y Pérez, Rivera, Atienzo, De Castro, Leyva y Chávez (2010)

Cada una de las áreas valoradas en la tabla anterior está mediada por variables diversas. Es decir, la adolescencia no es la causa, sino que lo es una variedad de situaciones.

Por ejemplo, el acoso y maltrato escolar, o *bullying*, es más frecuente en sociedades permisivas y con poco respeto a las leyes. También se da más en escuelas homogeneizadoras y que justifican la agresión escolar como algo normal, e incluso necesario, y es más frecuente en las escuelas que no cuentan con programas diseñados ex profeso para atender este fenómeno (Guzmán, 2010).

El suicidio está asociado a la depresión, a los problemas familiares, a las experiencias de abuso sexual y a la pobre adaptación social. Por desgracia, es un factor en crecimiento en la mayoría de los países occidentales. En los Estados Unidos el número de niños de edades entre 5 y 17 años con pensamientos suicidas y autolesiones se dobló del 2008 al 2015, con una cifra total de 118,363. El 87 % de dichos diagnósticos fueron de adolescentes de entre 12 y 17 años (American Academy of Pediatrics, 2017).

Verse involucrado en peleas físicas, la portación de armas y la asociación en pandillas se han relacionado a la ausencia de la figura paterna y a la exposición temprana a la violencia (Zoja, 2001).

La violencia sexual responde a factores muy diversos, que pueden ir desde cuestiones culturales hasta características particulares del agresor. Incluso características en las víctimas (como el esquema cognitivo de abuso resultado de vivencias traumáticas en el hogar) pueden llevar a los individuos a perpetuar el ciclo de violencia entablando relaciones con personas agresivas.

Todas estas conductas relacionadas con la violencia son posibles en el transcurso de la adolescencia de cualquier joven. Algunos tendrán una tendencia mayor a unas conductas; otros, a otras, y habrá quienes sepan manejarlas apropiadamente.

El estudio de la violencia y de los factores que llevan a una persona a verse involucrada en una vida con violencia se realiza desde lo que se ha llamado *marco ecológico de la violencia*, que a continuación revisaremos.

El estudio de la violencia es complejo y envuelve distintas áreas de la naturaleza y comportamiento del ser humano, por ello es importante utilizar un marco conceptual ecológico que permita entender la relación de factores entre lo personal, situacional, socioeconómico, político, psicocultural e histórico, pues ellos son los causantes de la violencia (Tifft & Markham 1991, p. 132).

El marco ecológico define la violencia interpersonal como el resultado de interacciones entre factores que concurren en cuatro niveles: individual, relacional, comunitario y social (Butchart & Mikton, 2012).

En el nivel individual, la historia personal y los factores biológicos influyen en la manera en que se comportan los individuos y en las probabilidades que tienen de convertirse en víctimas o perpetradores de actos violentos. Son ejemplos de estos factores el haber experimentado maltrato en la infancia, el abuso de sustancias y los trastornos mentales.

Las relaciones sociales cercanas, como las mantenidas con la familia, los amigos, la pareja y los compañeros también pueden influir en el riesgo de convertirse en víctima o perpetrador de actos violentos. Entre estos factores se incluyen la crianza deficiente de los hijos, los problemas conyugales y las amistades violentas.

Los contextos de la comunidad en los que se desarrollan las relaciones sociales (por ejemplo la escuela, el vecindario y el lugar de trabajo) constituyen un entorno favorable o desfavorable a la violencia. En este nivel los factores de riesgo incluyen la pobreza, la tasa de desempleo y la densidad de población, entre otros.

Los factores sociales influyen en el fomento o la inhibición de la violencia, e incluyen algunas variables como los niveles de desigualdad por razones sociales, económicas y de sexo, las insuficientes redes de seguridad económica, la deficiente aplicación de la legislación y las normas culturales sobre la violencia.

Las conductas que contribuyen a la violencia en la adolescencia deberían ser analizadas no solo desde las causas individuales, sino desde los cuatro factores que propone el marco ecológico. Desde esta perspectiva, los padres, las escuelas, los políticos y la sociedad en general tienen la responsabilidad de preguntarse cómo influyen dichos factores en los adolescentes y qué se puede hacer para mejorarlos. Pasar de una posición pasiva a una activa en la construcción de la paz y la disminución de la violencia es responsabilidad de todos, a la vez que una inversión para que los hijos no vivan bajo su influencia.

México es un claro ejemplo de lo que no funciona en cuanto a violencia, pues ni la guerra contra las drogas ni los cambios de Gobierno han traído paz. Por el contrario: han agravado la situación de tal manera que en 2016 México se convirtió en el segundo país con más asesinatos en el mundo, solo un lugar debajo de Siria, que encabeza la lista (Roberts, 2017). Este terrible y lamentable segundo lugar representa el sufrimiento de toda una generación que ha crecido en medio de la violencia. El cambiar o sanar la descomposición social que esto ha suscitado tomará generaciones enteras; mientras tanto, millones y millones de adolescentes vivirán en el ciclo de la violencia, a veces como perpetradores, otras como víctimas. En México no se podrá respirar nuevamente un ambiente de paz y prosperidad hasta que se dé un cambio de consciencia colectiva promovido por la aplicación de las leyes, el fin de la corrupción y las oportunidades para todos.

Dentro de los factores que hemos señalado vale la pena resaltar un fenómeno creciente y francamente alarmante: el rol del internet en la promoción de conductas violentas.

Muchos padres de familia ignoran que en su casa hay una ventana que permite el acceso a un inmenso mundo de grandes riesgos y que a la vez facilita la intromisión en la intimidad familiar de formas francamente oscuras y peligrosas. Muy pocos conocen la llamada *deepweb*, o la red profunda, la cual consiste en todos los sitios no indexados en los buscadores de internet y que son utilizados con múltiples propósitos, entre ellos los del mundo de las subculturas y las acciones delictivas. El tamaño de la *deepweb* ha sido considerado quinientas veces mayor al de la *surfweb*, que es a la que se accede desde los buscadores como Google y Safari. ¡Quinientas veces mayor! Dentro de la *deepweb* existe la llamada *darknet*, que es una red a la que solo se puede acceder a través de ciertos *softwares* pero que oculta una inmensidad de sitios destinados a la prostitución, tráfico de personas, pornografía infantil, grupos violentos, asesinos a sueldo, contrabando, drogas, etc.

Afortunadamente la mayoría de los chicos no accederá nunca a la *darknet* o a la *deepweb*, pero quienes lo hacen suelen ser muy cautelosos, de tal forma que sus padres ignoran que sus hijos están siendo expuestos a material que los pone en grave riesgo. A veces se enteran cuando es demasiado tarde.

Sin embargo, no es necesario navegar por dichas redes para poder ser parte de comunidades que promueven las conductas violentas. Facebook, Twitter e Instagram son plataformas que albergan a los llamados *grupos de la muerte*, que promueven subculturas envueltas en la violencia y cuyo principal objetivo son los adolescentes. Esto queda de manifiesto cada vez que hay una masacre escolar, pues los adolescentes atacantes suelen dejar claros rastros en las redes sociales de sus acciones y de la perpetuación de sus crímenes.

Tal fue el caso que sorprendió a todos a principios de 2017 en la ciudad de Monterrey, México. Con una enorme crudeza y habilidad un chico sacó de su mochila una pistola, disparó y mató a algunos de sus compañeros y a su maestra, para después dispararse a sí mismo en la cabeza. Todo quedó videograbado por las cámaras de la escuela en donde esto sucedió. Pronto las redes reaccionaron a la tragedia; muchos expresaron su dolor, tristeza y solidaridad, pero otros celebraron el acto, lo festejaron descarada y cobardemente.

En Twitter y Facebook se formaron los *hashtags* #MásMasacresEn-México, #MasMasacreMexico, #HailLegionHolk, #Holkeano y #legionholk. En ellas los usuarios expresaron su enferma e incomprensible alegría por lo sucedido: "Gracias a Fede por hacer esto posible. ¿Quién será el siguiente valiente? Esta noche se hará el sorteo. Qué emoción" o "Ya que se la rifó nuestro holkeano erue [sic] mañana haré una masacre en la CD de Mx. Dejen su Ward" o "Apoyemos al holkeano Federico por su valentía hoy en Monterrey". Cientos de *likes* y retuiteos recibieron estas publicaciones.

Federico, el chico que perpetró la masacre, era un adolescente de 15 años quien al parecer era miembro de una página en Facebook y Twitter llamada Legión Holk. Este es un grupo o varios grupos cerrados que constantemente cambian de páginas, ya que sus contenidos son reportados y bloqueados. Aparentemente, un día antes de la masacre Federico había escrito en dicha página el siguiente mensaje: "No pido naiks (en lugar de *likes*) solamente que dejen su ward (en lugar de *word*, o palabra) porque mañana haré una masacre en mi colegio". Su publicación fue celebrada de inmediato, compartida y comentada. El desenlace es una de las peores masacres escolares en México.

Otro ejemplo es el llamado juego de la ballena azul, que ha cobrado la vida de varios adolescentes en distintos países del mundo. La BBC señala (Blasco, 2017) que en Rusia se reportaron hasta 130 niños y adolescentes que se suicidaron del 2015 al 2016 y que participaban en este supuesto juego. En Latinoamérica ha sido reportado en México, Brasil y Colombia.

El 2 de mayo de 2017 una pequeña niña de 12 años saltó del segundo piso de su escuela secundaria en la ciudad de Guadalajara, México. Sus compañeros trataban de persuadirla de no hacerlo; mientras tanto, una profesora corrió para intentar detenerla. A pesar de los esfuerzos, la niña saltó. Todo quedó grabado en un video, el cual fue compartido y viralizado en la redes de manera inmediata. Hasta el momento en que escribo este libro no se han dado conclusiones oficiales de este terrible evento, pero los usuarios aseguran que es una víctima más del seudojuego de la ballena azul.

La ballena azul aparentemente empezó en Rusia como un grupo cerrado en una red social donde el joven Filip Budeykin (conocido en internet como Filip Liss), de 21 años, administraba varios grupos cerrados donde promovía el suicidio de los adolescentes. Hoy, este joven enfrenta cargos por la muerte de 15 chicos.

El supuesto juego consiste en un desafío de cincuenta días en los que siniestramente se invita a niños y a adolescentes a superar cincuenta retos; el último de estos culmina con el suicidio. Los retos van desde levantarse en la madrugada a ver películas de terror, autolesionarse, privarse del sueño, etc. A cada niño se le asigna un líder, quien le da los retos, a la vez que lo manipula e incluso lo amenaza con hacerle daño a él o a sus familiares en caso de que no cumpla con los desafíos o denuncie la situación.

Esta secta cibernética, o grupo de la muerte, opera a través del teléfono celular, donde el niño recibe las instrucciones de lo que ha de hacer y a la vez manda la evidencia de haberlo hecho. En los grupos los usuarios animan a los participantes y celebran los retos superados, mientras que condenan los no cumplidos o a quienes tratan de escapar.

En estas páginas o grupos de las redes sociales, los chicos encuentran un ambiente para experimentar la sensación de invulnerabilidad y satisfacer la necesidad de experimentación emergente. Además favorecen la susceptibilidad a la influencia y presión de los pares de cuyo grupo quieren sentirse parte, así como la identificación con ideas que podrían ser opuestas a las promovidas por los padres y la necesidad de trasgresión en el proceso de autonomía y reafirmación de la identidad, que vimos en la teoría del riesgo explicada por Corona y Peralta (2011).

Hay quienes han desacreditado la existencia de estos grupos, señalando que es una exageración y que fenómenos como el suicidio infantil o las masacres responden a otro tipo de variables. Es verdad que hay múltiples factores involucrados en los anteriores fenómenos y también que en ocasiones se han exagerado los alcances de estos grupos, pero también es verdad que esos grupos están ahí. Negarlos no hará que dejen de existir.

Algunos pacientes míos han formado parte de esos grupos y ellos son quienes me han dado información de cómo operan y cómo lo hace la *darknet*. En varias ocasiones he reportado a Twitter y Facebook grupos y contenidos en las redes sociales que incitan a los adolescentes a actuar desde la violencia. A veces la respuesta es favorable y los quitan, mientras que otras, inexplicablemente, los dejan.

En el capítulo anterior comentamos la importancia de que los padres hablen con sus hijos del correcto uso de las redes sociales. Es indispensable la conformación de acuerdos que permitan un uso apropiado y constructivo del internet y que los padres vigilen o monitoreen el uso que sus hijos hacen de las redes. Espacios que parecen inofensivos ocultan un peligro latente que puede conducir a terribles consecuencias. Los adolescentes fácilmente pueden caer en la tentación de involucrarse en redes inapropiadas o pueden ser manipulados para hacer cosas que nunca hubieran pensado por ellos mismos. La pobre medición del peligro y de las consecuencias los hace especialmente vulnerables.

Tabaquismo, alcohol y drogas

Tabaco

Durante años el consumo del tabaco se vio como algo socialmente aceptable, incluso saludable. Las tabacaleras pagaban enormes cantidades para la publicidad de sus productos. Vaqueros, deportistas, artistas e incluso médicos aparecían en la televisión promoviendo el uso del cigarro como un método apropiado para relajarse y liberar el estrés.

Fue en los años noventa que las cosas empezaron a cambiar. El abogado Don Barrett entabló una pelea legal contra las tabacaleras que les costó 240,000 millones de dólares en indemnizaciones (sugiero que vean la película *El dilema*, de Michael Mann, donde se representa la lucha legal). A partir de ese momento, la sociedad empezó a tomar consciencia de que los cigarrillos de tabaco no eran benévolos, sino algo verdaderamente dañino.

La Organización Mundial de la Salud (OMS, 2016) asegura que el tabaco mata hasta a la mitad de sus consumidores. Cerca de seis millones de personas mueren cada año a causa del tabaco. De dichas muertes, más de cinco millones corresponden a consumidores del producto y más de seiscientas mil son de no fumadores expuestos al humo de tabaco ajeno. Casi el 80 % de los mil millones de fumadores que hay en el mundo vive en países de ingresos bajos o medios.

Los Gobiernos de varios países han implementado estrategias como alza en los impuestos para afectar la venta de los cigarros, imágenes aversivas en las cajetillas para incidir en el consumo individual, programas de incentivos económicos, información de los graves daños a la salud, entre

185

muchas otras. A pesar de ello, cada año millones de nuevos consumidores iniciarán con pequeñas dosis de tabaco, hasta que poco a poco las incrementen para convertirse en adictos.

La mayoría de los nuevos consumidores serán adolescentes que afecten su organismo por desconocer o minimizar los efectos negativos del tabaco. La adicción ganará terreno y el sesgo "positivo" de invulnerabilidad les hará pensar que a ellos no les pasará nada. Como las consecuencias del tabaco se observan solamente tras varios años de fumar, los consumidores no miden el peligro y continúan con ese hábito.

Alcohol

Además del tabaco, el alcohol es una sustancia socialmente aceptada y promovida que se puede encontrar en todas partes, incluso en las farmacias. La misma OMS sostiene que:

> Cada año se producen 3.3 millones de muertes en el mundo debido al consumo nocivo de alcohol, lo que representa un 5.9 % de todas las defunciones. El uso nocivo de alcohol es un factor causal en más de 200 enfermedades y trastornos. En general, el 5.1 % de la carga mundial de morbilidad y lesiones es atribuible al consumo de alcohol, calculado en términos de la esperanza de vida ajustada en función de la discapacidad (EVAD). El consumo de alcohol provoca defunción y discapacidad a una edad relativamente temprana. En el grupo etario de 20 a 39 años, un 25 % de las defunciones son atribuibles al consumo de alcohol. Existe una relación causal entre el consumo nocivo de alcohol y una serie de trastornos mentales y comportamentales, además de las enfermedades no transmisibles y los traumatismos. Recientemente se han determinado relaciones causales entre el consumo nocivo y la incidencia de enfermedades infecciosas tales como la tuberculosis y el VIH/sida. Más allá de las consecuencias sanitarias, el consumo nocivo de alcohol provoca pérdidas sociales y económicas importantes, tanto para las personas como para la sociedad en su conjunto (OMS, 2015, sección de Hechos clave, párr. 7).

A pesar de esta información y de las consecuencias que se suelen ver en la vida de las personas con alcoholismo, muchos padres fomentan el consumo de alcohol en sus hijos adolescentes. En mi consulta los escucho decir: "Prefiero que aprenda a tomar conmigo que con sus amigos",

"En mi casa yo pongo las reglas y yo puedo decidir si toman o no alcohol", "No tiene nada de malo que a los 15 años de edad tomen una cerveza o una copa conmigo", "Yo le doy permiso a mi hijo de tomar alcohol. Yo lo hice de joven y no me pasó nada".

Muchos de estos papás no comprenden que su permisividad sí afecta a su hijo. Primero lo perjudica fisiológicamente, pues el consumo de alcohol daña aún más en una época de desarrollo, como la adolescencia. Un ejemplo de ello son los hallazgos de Trantham-Davidson et al. (2016) sobre la exposición intermitente de alcohol en la adolescencia y su contribución a alteraciones en la edad adulta de la dopamina y del funcionamiento de la corteza asociada al sistema límbico. Los autores concluyen que estos hallazgos podrían implicar déficits del control conductual y de la toma de decisiones en los adultos expuestos al alcohol en su adolescencia. Esto permitiría explicar por qué muchos de los alcohólicos adultos son aquellos que iniciaron en la adolescencia.

Pero otra afectación está en el doble mensaje que los chicos reciben de sus padres. Por un lado, estos piden que sus hijos respeten su autoridad y sus reglas, pero por otro lado son ellos mismos quienes no respetan la autoridad ni las reglas de la sociedad al conceder a sus hijos permiso para beber alcohol. Esta contradicción es fácil de interpretar como un estado de excepción basado en el criterio personal. Si el papá no respeta la autoridad civil ni sus reglas, ¿por qué el hijo tendrá que respetar las del papá?

Además los papás que actúan así están generando un condicionamiento que para el adolescente será difícil de manejar: "Mi papá me autorizó a tomar y la pasé bien; por lo tanto, tengo permiso a tomar para pasarla bien". Este condicionamiento, por simple que parezca, opera en la mente de muchos de los pacientes jóvenes con problemas de alcohol que he atendido.

Resulta sorprendente ver cómo los padres pueden autoengañarse con este tema y reforzar en sus hijos la conducta de beber alcohol. Chicos con alcoholismo franco y con evidentes consecuencias suelen ser protegidos por algunos padres (que probablemente actúan a través de sesgos para no afrontar el problema real), quienes los autorizan a beber y les dan dinero, permiso para salir y embriagarse. Incluso, muchos padres lo ven como necesario para el crecimiento y maduración de sus hijos: "Todos tenemos que pasar por una etapa así. Ya aprenderá".

Desafortunadamente muchos de estos padres de familia no ven que su hijo podría requerir atención profesional. Taparse los ojos o normalizar el alcoholismo de los hijos no hará que el problema mágicamente desaparezca; por el contrario: lo agravará. El alcohol, a diferencia del tabaquismo, puede tener consecuencias fatales inmediatas. En México el Inegi (2013) reportó, a propósito del Día Internacional de la Juventud, que 12 de cada 100 jóvenes que tuvieron un accidente de tránsito en 2012 estaban bajo los efectos del alcohol. En 2011, de cada 100 conductores jóvenes involucrados en accidentes de tránsito, 10 presentaban aliento alcohólico. De acuerdo con las estadísticas de mortalidad, en 2011 fallecieron aproximadamente 38,000 jóvenes, lo que en términos porcentuales representa 6.4 % de las defunciones totales. Durante 2012, el 11.6 % de jóvenes mexicanos reportaron haber tenido un accidente de tránsito bajo los efectos del alcohol; en los hombres, 15.6 % participó en accidentes en estas circunstancia; en cuanto a las mujeres, solo un 1.8 % se involucró en estos sucesos. Durante el mismo año los principales traumatismos (contusiones y esquinces) causados por accidentes de tránsito estuvieron relacionados con el consumo de alcohol (80.2 % en mujeres y 66.0 % en hombres).

Por lo tanto, es necesario resaltar que un chico no debería tener autorización de sus padres para tomar alcohol hasta alcanzar la mayoría de edad estipulada en el país en donde radica. Y una vez alcanzada, los padres deberían hablar con él sobre cuál es la forma en la que se espera que sea su conducta con el alcohol y cómo los papás pondrán medidas en caso de que el joven haga un uso nocivo de este.

Los papás con un hijo con problemas de alcohol necesitan buscar ayuda profesional. Además, es importante acudir a los grupos de autoayuda tipo Al-Anon, donde conocerán a otros padres en situaciones semejantes y podrán aprender estrategias de cómo manejar el alcoholismo de su hijo. No hacerlo complicará más la situación del hijo e incluso de la pareja, pues es común que surjan discrepancias que se convierten en reclamos y que muchas veces terminan en discusiones y conflictos que a la larga pueden llevar al distanciamiento de los padres. Una pareja distanciada no es de beneficio para nadie, especialmente para un chico con problemas de alcohol.

El adolescente con problemas de alcohol necesita ser atendido. Habrá primero que diferenciar si es alguien que se intoxica, que abusa o que es adicto. Cualquiera puede intoxicarse de vez en cuando, y eso no es necesariamente un trastorno o un problema mayor. Sin embargo, hay quienes abusan con cierta frecuencia del alcohol, lo que ya es reflejo de un problema más importante, pero que puede ser solo una fase ocasionada por deseabilidad social, conflictos familiares, conflictos amorosos o novedad; las consecuencias suelen ser temporales mientras se da la fase de abuso. Por otro lado, hay quienes han generado una adicción; es decir, no pueden utilizar el alcohol de manera apropiada en la mayoría de las circunstancias, lo cual ocasiona riesgos a su salud y afecta su vida social, académica o laboral. Los últimos dos son los que necesitan apoyo, pero es especialmente importante para el adicto (el alcohólico) acudir no solo a una terapia, sino además buscar los grupos de autoayuda, como Alcohólicos Anónimos (AA), para contar con la contención y guía de otras personas que, como él, tienen un problema con el alcohol, pero que han decidido afrontarlo y cambiarlo.

Es necesario terminar con el romanticismo que como sociedad se tiene con el alcohol y verlo de manera objetiva y racional. Sí, su consumo es agradable, y quienes lo beben con moderación pueden disfrutar de sus beneficios (sabor, relajación, disposición a la interacción social y a la diversión, etc.), pero también es importante ser consciente de que está relacionado con muchísimos de los problemas contemporáneos de nuestra sociedad y que los hijos están aprendiendo de sus padres y de los adultos en general. Si se idealiza el alcohol o si los padres tienen problemas con su consumo, los hijos aprenderán de eso, por lo que no es de sorprender que después presenten problemas con su ingesta.

Menos alcohol es más salud, más seguridad, más y mejores relaciones con los demás y más cumplimiento de las metas personales. El que los padres le den su lugar, su momento y su contención es esencial para que los hijos aprendan a hacerlo también.

Marihuana y otras drogas

Al igual que pasó con el tabaco en el siglo XX, hoy la marihuana recibe una idealización y una promoción romántica en los medios de comunicación y en los Gobiernos de izquierda, que han hecho de la legalización, la distribución y la comercialización de esta droga uno de sus objetivos políticos.

La marihuana ha pasado de ser considerada como una droga reprobable y asociada a comportamientos inadecuados a una droga casi mágica con extraordinarias propiedades medicinales. Un movimiento pendular así suele ser resultado de intereses que buscan manipular la opinión pública.

Medios noticiosos, artistas, políticos, científicos y demás personalidades se han mostrado a favor de la legalización y la comercialización de esta droga. Gobiernos progresistas de izquierda han cambiado sus leyes para autorizarla; tal es el caso de Uruguay y de diversos estados de los Estados Unidos y de países europeos. Dichos Gobiernos aseguraron que su legalización desencadenaría la erradicación o la disminución de los problemas de violencia y narcotráfico asociados a la marihuana. Lamentablemente no ha sido así, y miles de personas se han visto envueltas en la adicción y en conductas que las ponen en peligro.

La marihuana no es una droga inocua (como se ha estado diciendo en los últimos años) y su legalización no disminuye los problemas de violencia y narcotráfico. En realidad genera daño y aumenta los problemas mencionados; al menos eso es lo que está mostrando la evidencia. Veamos.

Según el reporte de investigación de la marihuana realizado por el National Institute on Drugs Abuse (NIDA, 2016), de los Estados Unidos, hasta el 35 % de los estudiantes de duodécimo grado usan marihuana y el 21 % lo hace de manera constante. De entre los consumidores, un

17 % se volverá dependiente de esta droga, especialmente si iniciaron su uso en la adolescencia.

El mismo reporte señala que entre los posibles efectos adversos de los consumidores de la marihuana se encuentran:

- psicosis
- problemas de memoria
- dificultades en el pensamiento
- problemas de aprendizaje y de ejecución de tareas complicadas
- incremento de tres a siete veces de las posibilidades de ser responsable de accidentes automovilísticos
- cambios permanentes en el cerebro
- pérdida de hasta ocho puntos en el coeficiente intelectual, o IQ
- mayores probabilidades de desarrollar alcoholismo
- vulnerabilidad para desarrollar adicciones a otras sustancias
- menor remuneración laboral
- mayor dependencia económica
- desempleo
- conducta criminal
- menor satisfacción con la vida
- menores logros académicos
- incremento en el riesgo de trastornos mentales (esquizofrenia, depresión, ansiedad y trastornos de sustancias)
- síndrome amotivacional
- problemas respiratorios
- cáncer testicular

No todos los consumidores de la droga presentarán estos efectos adversos, pues los riesgos se incrementan si existen antecedentes psicológico/psiquiátricos, predisposición genética, y especialmente si se inició su consumo antes de los 18 años. Además, es necesario que –al igual que con el alcohol– se distinga entre quien se intoxica, quien abusa y quien se ha convertido en adicto. Pues así como alguien puede embriagarse en una situación determinada pero no mostrar dependencia, lo mismo pasa con el que consume la marihuana. Sin embargo, hemos de ser claros en una diferencia sustancial: una persona puede tomar alcohol y no embriagarse (dos o tres copas acompañadas de alimento y en un lapso de dos horas por lo general no embriagan), pero con la marihuana se obtendrá el efecto de alteración o intoxicación desde las primeras bocanadas.

Desafortunadamente son pocos los pacientes con abuso y dependencia que buscan tratamientos. Además, solo se cuenta con tratamientos psicológicos y sociales, pues no existen medicamentos para atender a personas con dependencia a la marihuana. La terapia cognitivo-conductual y los grupos de Narcóticos Anónimos son los tratamientos que suelen recomendarse a las personas con abuso de marihuana o dependencia a ella.

Pareciera que en Occidente las propuestas de legalizar la marihuana de manera recreacional constituyen una decisión política y comercial, y no una resolución basada en la evidencia sobre sus efectos a la salud. Incluso, algunos científicos con afiliación política progresista se han sumado al debate ignorando mucha de la investigación contenida en el reporte del NIDA.

El argumento de que legalizarla disminuirá los riesgos es refutable basado en que ni la legalización del tabaco ni la del alcohol han representado un daño menor a la salud o a la sociedad.

Es cierto que la marihuana medicinal ha mostrado resultados prometedores en la disminución de algunos efectos secundarios de las quimioterapias (como las náuseas) y en el tratamiento de algunos padecimientos, como la epilepsia, la espasticidad y el dolor neuropático presente en la esclerosis múltiple. Sin embargo, es importante no pensar que esos efectos se tendrán al utilizar la planta completa o la droga de forma recreacional.

La evidencia muestra que la marihuana sí tiene efectos positivos a la salud, pero dichos hallazgos son aquellos relacionados con el cannabidiol, o CBD, que es un componente que se encuentra en la planta, mas no es el único. La marihuana también tiene tetrahydrocannabidiol, o

THC, donde se concentra su efecto psicoactivo y adictivo. La marihuana medicinal contiene mayores niveles de CBD que de THC; la marihuana recreacional suele tenerlos al revés: más THC que CBD.

Algunos casos emblemáticos han hecho que la opinión del público cambie sobre lo apropiado o no de utilizar la marihuana, sobre todo con fines médicos. Uno de esos casos es el de la niña Charlotte Figi, quien tenía trescientas convulsiones al mes por un extraño tipo de epilepsia incurable y ya presentaba daño cerebral y al miocardio. Desde que inició su tratamiento con base en aceite de marihuana con altas concentraciones de CBD, las convulsiones bajaron a tres por mes (Young, 2013).

Desafortunadamente, los medios y promotores de la despenalización de la droga pueden confundir estos posibles beneficios médicos con la idea de que es apropiada su completa legalización.

Recientemente un paciente que había sido consumidor de marihuana por muchos años y que había empezado a experimentar síntomas psicóticos decidió hacer la prueba de dejar su consumo por dos meses. Pasadas tres semanas me dijo: "No entiendo cómo podía ser tan necio de justificar la marihuana. Ahora que no la consumo, me doy cuenta que nada de lo que decía era racional, solo explicaciones para convencerme a mí mismo de algo que sabía que no tenía ningún beneficio significativo en mi vida".

Otra persona por Facebook me confrontó después de que compartí información de los efectos nocivos de esta droga. Su argumento me pareció muy válido y por eso lo comparto: "Mario, no todos los que consumimos marihuana somos personas irresponsables, improductivas o sin valores o principios. Somos muchos los que día a día asumimos nuestra responsabilidad pero que utilizamos la marihuana como una alternativa recreacional sin dañar a los demás".

Esta persona tiene razón. No todos los consumidores terminarán mal; incluso habrá algunos que puedan mostrar los beneficios que la planta ha traído a su vida. Pero, de nuevo, es necesario diferenciar entre quien se intoxica ocasionalmente, quien abusa de ella y quien tiene una adicción. La línea no es fácil de distinguir, y aunque pueda ser verdad lo dicho por el joven de Facebook, eso no justifica la legalización y normalización de la droga.

Como lo comentamos con anterioridad, la investigación está mostrando que su legalización ha incrementado una serie de problemas de salud, de violencia e incluso de narcotráfico. Recientemente la Rocky Mountain High Intensity Drug Trafficking Area (RMHIDTA, 2016) reportó los siguientes datos desde la legalización de la marihuana en Colorado:

- Aumento del 32 % de muertes de tráfico relacionadas con la marihuana
- 20 % de todas las muertes de tráfico estuvieron relacionadas con la marihuana en comparación con el 10 % antes de la legalización
- 29 % de aumento en los ingresos a los departamentos de urgencias relacionados con la marihuana
- 38 % de aumento en las hospitalizaciones relacionadas con la marihuana
- Aumento del 72 % en las llamadas de emergencias relacionadas con la marihuana
- Los adolescentes de Colorado están un 56 % por arriba de la media nacional en el consumo de la marihuana

De igual forma, en marzo de 2017 el director nacional de la Policía de Uruguay, Mario Layera, aseguró que desde que la droga se legalizó ha habido un incremento en la delincuencia y en los homicidios a manos de los narcotraficantes. Además, de acuerdo a los datos entregados por la Brigada de Narcóticos de dicho país, la droga más incautada en 2016 fue la marihuana: se confiscaron 4.305 toneladas en comparación con las 2.520 toneladas decomisadas en 2015. Después de la marihuana, le siguió la cocaína con 144.4 kilos (Vargas, 2017).

El Gobierno del presidente Mujica aseguraba en 2013 que con la producción, venta y distribución legal de la droga se combatiría el narcotráfico; pero, por el contrario: los datos parecen indicar que este se reforzó.

Es deseable que padres de familia, profesores, clínicos, políticos y, por supuesto, consumidores puedan revisar a fondo los reportes aquí mencionados para que puedan hacer un juicio objetivo, basado en la evidencia.

De igual manera, sería deseable que los Gobiernos detuvieran su promoción política de la legalización y que mejor destinaran recursos a mejorar los centros de atención para las personas adictas, pues muchos de ellos ofrecen una atención muy deficiente. O podrían establecer mejores programas de prevención de las adicciones. Además, sería de gran importancia destinar mayores recursos para la investigación científica tanto de la planta como de su consumo: los potenciales efectos benéficos para la salud de la marihuana medicinal y los efectos positivos y negativos de la recreacional.

Pero los adolescentes no consumen solamente marihuana. Algunos también ingieren otras drogas, algunas incluso con graves efectos irreversibles para la salud (como los inhalantes), como lo muestra la tabla 4.

Tabla 4. Consumo de alcohol y otras drogas en adolescentes estadounidenses y mexicanos

Sustancia/País	Estados Unidos	México
Alcohol	63.2 %	42.9 %
Marihuana	38.6 %	10.8 %
Cocaína	5.2 %	3.3 %
Inhalables	7 %	5.8 %
Cualquier droga alguna vez		17.2 % (después de los 18 años, 36.2 %)

Nota: Basado en Center for Disease Control and Prevention (2016), Inegi (2014) y Pérez, Rivera, Atienzo, De Castro, Leyva y Chávez (2010)

Los padres necesitan estar atentos y ser conscientes de que sus hijos tendrán que afrontar la decisión de consumir o no consumir las drogas y el alcohol. Cuanto más abierta sea la comunicación entre padres e hijos, más se informen de las drogas y sus efectos y más sea la apertura de los padres de escuchar y comprender a los chicos, menor será el riesgo de que estos se vean envueltos en una adicción.

Conductas sexuales, embarazos no deseados, abortos e infecciones de transmisión sexual (ITS)

La visión de la conducta sexual por la sociedad occidental ha cambiado desde la llamada *revolución sexual*, que tuvo lugar entre las décadas de los años sesenta y ochenta del siglo pasado. Dicha revolución representó en realidad una normalización de conductas sexuales que anteriormente estaban limitadas o penalizadas por normas implícitas o explícitas en la sociedad y las leyes de la mayoría de los países. Contracepción, pornografía, homosexualidad, relaciones sexuales prematrimoniales, aborto y transexualidad son conductas que pasaron de la represión y el obscurantismo a la normalización e incluso a la promoción por parte de grupos sociales y partidos políticos.

Dentro de dichos cambios, se ha venido dando la normalización de la iniciación sexual en edades tempranas de la adolescencia. La sociedad occidental se ha ido habituando cada vez más a la idea de que los adolescentes pueden explorar su sexualidad con otras personas y que por ello se los debe de proveer de métodos anticonceptivos y tratamientos abortivos. La idea de postergar las relaciones sexuales lo más que se pueda se ha ido dejando a un lado como si el sexo entre adolescentes fuera inevitable o algo positivo de aceptar o incluso promover.

Sin embargo, los datos contradicen dicha posición o normalización del sexo a edades tempranas. En México, la edad promedio de los adolescentes que iniciaron vida sexual (es decir, que tuvieron su primera relación sexual) es de 14 años para los hombres y de 15 años para las mujeres. No es de sorprender por qué este país fue líder en embarazos de adolescentes con la escandalosa cifra de 1252 partos diarios o 456,968 nuevas mamás de dicho grupo etario en 2013 (Reyes, 2014). Además, el 51.9 % de las adolescentes que iniciaron relaciones sexuales han estado embarazadas, según lo muestra la *Encuesta Nacional de Salud y Nutrición* (2012).

México también es líder en el número de abortos, de los cuales, según el Colegio Mexicano de Especialistas en Ginecología y Obstetricia (como se cita en "México rebasa promedio", 2015), la gran mayoría se da prácticamente por adolescentes de entre 15 y 24 años de edad. El 44 % de esos abortos los tienen niñas entre 15 y 19 años; el resto, jóvenes entre 19 y 24 años. La cifra anual de abortos en México es de 33 abortos por cada 1000 embarazos, mientras que el promedio mundial es de 29 abortos por cada 1000 embarazos. Dicha cifra representa más de un millón de abortos al año solamente en México (Solera, 2013), y, como ya lo vimos, casi en su totalidad son adolescentes quienes lo practican.

Pero además hay otros riesgos vinculados a una iniciación temprana de relaciones sexuales. Según el Center for Disease Control and Prevention de los Estados Unidos (2015), cada año 10 millones de nuevos casos de infecciones de transmisión sexual (ITS) se dan entre adolescentes de ese país. Además, 43 % de los adolescentes no utiliza condón en su primera relación sexual. En México la cifra es muy semejante: hasta el 40 % de los chicos.

Embarazos no deseados, abortos e ITS no son el escenario ideal para el desarrollo sano de los adolescentes; por el contrario, ponen en riesgo su desarrollo físico, psicológico y social. En lugar de enfocar su atención y esfuerzos en la construcción de conocimientos, en el dominio deportivo y en el desarrollo de habilidades sociales fundamentales para la vida adulta, estos adolescentes están cuidando bebés, tratándose enfermedades venéreas o practicándose un aborto. Sin duda es muy lamentable.

Por si fuera poco, recientemente se han levantado las voces que aseguran que una iniciación temprana en las relaciones sexuales se asocia con una mayor probabilidad de sufrir abuso sexual por parte de adultos. Tal es el caso de Norman Wells (2017), director del Family Education Trust y autor del reporte "Unprotected: How the normalisation of underage sex is exposing children and young people to the risk of sexual exploitation". En el reporte se señala la correlación entre la iniciación sexual temprana y el abuso de adultos a adolescentes. Lo más alarmante es

197

que el autor asegura que este fenómeno carece de interés público y político, por lo que no se están tomando las medidas preventivas necesarias.

Y no solo eso. Los medios han dado un romanticismo y una idealización de este tipo de relaciones, como en el caso del presidente de Francia electo en 2017, Emmanuel Macron, donde la gente utilizaba el gastado cliché "para el amor no hay edades", cuando en realidad se trató de una relación asimétrica y desigual entre una mujer de 39 años, casada y con tres hijos, y un niño de 15 años, quien era su alumno. De manera incongruente, si los sexos hubieran estado invertidos (donde el hombre hubiera sido el maestro, casado, con tres hijos, y la niña hubiera sido la alumna de 15 años), la gente habría desaprobado la relación o incluso habría procesado legalmente al hombre, como a muchos les ha sucedido. Cuando de relaciones asimétricas se trata, a las mujeres y a los hombres se les mide con diferente vara.

Algunos padres no logran ver los riesgos de la iniciación sexual a edades tempranas, o los ven pero los minimizan. En la consulta con frecuencia atiendo a adolescentes cuyos padres no han hablado con ellos de educación sexual o, por el contrario, consideran que la educación sexual se limita a hablarles de métodos anticonceptivos. Raras veces mis pacientes reportan haber discutido con sus papás sobre los pros y los contras de la iniciación sexual temprana, los tipos de ITS, los aspectos psicológicos, morales e incluso espirituales de la vida sexual. Algunos padres transmiten directa o indirectamente a sus hijos la idea de que tener relaciones sexuales es parte de la adolescencia y que si un embarazo no deseado se hace presente, la solución es abortar.

El tema del aborto implica elementos que necesitan discutirse a profundidad con los adolescentes. Algunos padres lo pueden ver como un "remedio" práctico para el embarazo no deseado, pero en realidad conlleva diversas complicaciones morales, psicológicas e incluso de salud.

En recientes años el aborto ha sido visto como un "derecho de la mujer" o "derecho de salud reproductiva". Políticos y activistas han dejado de lado el debate moral y bioético de esta práctica para reducirlo a una simple decisión de parte de la madre. Los derechos del padre y los del bebé no son tomados en cuenta. El padre y el bebé son relegados a ciudadanos de segunda sin amparo legal ante las decisiones de terceros (la madre y los médicos). Pero, además de evadir el debate moral y bioético, los activistas y promotores de esta práctica rehúyen el discurso científico acerca de cuándo el ser humano puede ser considerado ser humano, por qué el aborto no es el eufemismo que nos dicen: "interrupción legal del embarazo", y por qué no es la mejor de las prácticas para la mamá. Los políticos –desde Hillary Clinton, en Estados Unidos, que promovía el aborto en el noveno mes de gestación, hasta el independiente Pedro Kumamoto, en México, quien fomentaba abortos gratuitos a niñas de 13 años sin el consentimiento explícito de los padres (Velasco, 2016)– tienen una agenda política que no beneficia a nadie, incluyendo a las mamás.

Es recomendable ver el extraordinario video en YouTube del doctor Carlos Fernández del Castillo Sánchez, director del Centro Mexicano de Ginecología y Obstetricia, que con argumentos científicos comparece ante la Suprema Corte de Justicia de la Nación para explicar por qué no hay prueba científica que avale la práctica del aborto. Su parsimonia y objetividad son indispensables en el debate que aún se sostiene sobre esta práctica: https://www.youtube.com/watch?v=eUVSLVq8UOw.

En mi trabajo he podido acompañar a adolescentes que estuvieron embarazadas y que en medio del temor a ser rechazadas por su pareja o por sus padres y de las ideas de que su futuro se vería truncado por la llegada del bebé decidieron practicarse el aborto.

Muchas de ellas experimentaron, posterior al aborto, lo que algunos han llamado *síndrome postaborto* o *síndrome por estrés postaborto*, donde presentan síntomas como fuertes sentimientos de culpa, ansiedad, indicios depresivos, abuso de sustancias, autolesiones, pensamientos suicidas e intentos suicidas. Este síndrome no ha sido reconocido por la American Psychiatric Association ni por la American Psychological Association, y su discusión y debate tiene décadas tanto en los *journals* científicos como en los grupos activistas provida y proaborto (Bazelon, 2007). Sin embargo, tanto investigadores proaborto como provida reconocen su existencia (Babbel, 2010), y quienes trabajamos en la clínica solemos verlo con quienes tomaron esta decisión.

199

Ya sea por alteraciones hormonales postaborto o por afectaciones psicológicas relacionadas a la experiencia médica potencialmente traumática o por cuestionamientos morales sobre la vida, la muerte y el derecho de tomar la vida de un no nacido, la realidad es que hay chicas que pasan por un aborto y posteriormente experimentan importantes síntomas psicológicos que ponen en riesgo su integridad física y mental.

Dentro de este escenario los papás necesitan recordar que hay una extraordinaria herramienta para prevenir los embarazos no deseados y las ITS: la educación sexual. Muchos papás se muestran ansiosos cuando de educación sexual se trata. Algunos padres de familia tienen temores infundados de que al educar sexualmente a sus hijos, estos se convertirán en precoces y promiscuos o morbosos, como me lo dijo una señora en una ocasión. Sin embargo, esto no es así. La investigación ha señalado que aquellos chicos que reciben una educación sexual integral: biológica, psicológica, social y espiritual, muestran mayor conservadurismo sexual; es decir, retrasan la edad de inicio de relaciones sexuales y suelen tener menos parejas sexuales a lo largo de su vida.

Este conservadurismo sexual conlleva ventajas, pues se disminuye la posibilidad de ITS, embarazos no deseados y abortos. Los adolescentes que posponen su iniciación sexual a edades mayores podrán tomar mejores decisiones de dónde, cómo, cuándo y con quién compartir su sexualidad. De igual manera podrán hacer mejor frente a las consecuencias potenciales del encuentro sexual, lo que los puede llevar a disfrutar su sexualidad con mayor plenitud.

En el capítulo VIII hablaremos a fondo sobre cómo llevar la educación sexual con los hijos y cómo hacer frente de manera constructiva y positiva a los embarazos adolescentes y a las ITS.

Deportes extremos

Algunos se podrán preguntar por qué incluir deportes en el capítulo de conductas de riesgo. Bueno, la respuesta es simple: porque hay deportes que son altamente peligrosos a los cuales muchos adolescentes se sienten sumamente atraídos.

Dichos deportes son los llamados *deportes extremos*. Su popularidad empezó a crecer en la década de los noventa y de alguna manera representan el espíritu rebelde y sin límites que los jóvenes buscaron explorar en los años setenta, ochenta y noventa. Algunos de esos deportes empezaron de manera modesta, como el surf y el *skateboarding*; otros, como las carreras de motocicletas o los llamados *powerboats*, o lanchas de poder, iniciaron con fuertes inversiones como resultado de su creciente popularidad, que lleva al límite a quienes los practican. La competencia llamada X Games logró que estos deportes se conocieran más y más y se empezaran a practicar en incontables países.

Hoy los deportes extremos constituyen una industria millonaria que abarca múltiples y diversas disciplinas, pero todos tienen dos cosas en común: se requieren grandes habilidades físicas y destrezas para su ejecución e implican un peligro potencial de daño o muerte de quien los practica.

Hay deportes extremos que implican un vehículo motorizado, como el *motocross*; otros que solo requieren el cuerpo del atleta, como las artes marciales mixtas, y otros que demandan un medio de transporte artesanal, como el surf.

Algunos de estos deportes se han popularizado de manera sorprendente en los últimos años, como el ciclismo de montaña, el surf, las patinetas, el *snowboarding*, etc. Otros cuentan con menos seguidores debido a los altos costos que implican, como el *skydiving* o el *wingsuit flying*.

Recientemente han surgido nuevas expresiones de deportes extremos que dejan a cualquiera sorprendido por el nivel de peligro que implican, las altas habilidades que se requieren y por lo insólito de sus acciones, que incluso pueden ser consideradas ilegales. El *parkour* y el *freerunning* son actividades semejantes entre sí, donde los atletas buscan ejecutar acrobacias altamente elaboradas y peligrosas usando los escenarios urbanos como su lugar de práctica, ya sea saltando de un edificio a otro o utilizando las escaleras de un edificio para literalmente volar por encima de ellas o usando edificios representativos para hacer sus piruetas. El *urban free climbing* es una versión aún más extrema de las dos disciplinas antes mencionadas. Temerarios atletas de Ucrania, Rusia y Europa del Este empezaron a colgar en las redes sociales fotografías y videos de ellos en rascacielos, puentes y estructuras de construcción donde escalan, hacen acrobacias y se cuelgan de una mano hacia el vacío sin ningún tipo de protección. La popularidad de estos deportes va en aumento, e incluso algunos de sus practicantes viajan de un país a otro en busca de un nuevo desafío.

Un documental del programa *60 minutes* de Inglaterra abordó este tema y acompañó a un atleta en diversos retos. La dirección de internet donde se puede ver es la siguiente: https://vimeo.com/99432070.

Pero ¿por qué lo hacen? ¿Qué lleva a un chico de 17 años a practicar deportes de alto riesgo, donde su vida o su integridad pueden desvanecerse en un instante? ¿Qué lleva a una persona a tirarse de un avión en un traje que le permite emular el vuelo? ¿Qué lleva a otro a colgarse con una mano hacia el vacío de una torre o de una estructura de cientos y cientos de metros de alto?

La doctora Rhonda Cohen es una psicóloga del deporte que ha estudiado a los atletas extremos y sus motivaciones. Cohen (2012) define los deportes extremos como "una actividad competitiva (de comparación o autoevaluativa) dentro de la cual el participante está sometido a desafíos físicos y mentales naturales o inusuales, tales como velocidad, altura, profundidad o fuerzas naturales, y donde se puede requerir un procesamiento perceptivo-cognitivo rápido y preciso para un resultado exitoso" (p. 87).

Si pensamos por un momento en esta definición y en la imagen que muchos suelen tener de los deportistas extremos, podemos concluir que hay una aparente contradicción. La idea del atleta extremo como alguien con una tendencia de personalidad extrovertida, hambrienta de experiencias riesgosas, tal vez con poco autocontrol e incluso impulsivo y que por eso busca actividades que lo llevan al límite por no medir el peligro de manera objetiva puede ser una imagen común para muchos, e incluso entendible, pero no es acertada.

Emma Barrett y Paul Martin (2014) sostienen que la investigación realizada hasta el momento no es concluyente sobre un perfil psicológico de estos atletas. Sin embargo, la investigación deja ver que algunos de los deportistas extremos tienden a ser extrovertidos, pero otros son introvertidos. Algunos tienen la característica de *sensation seeking*, o búsqueda de sensaciones, más alta que la mayoría de las personas, pero otros no tienen diferencias significativas. De hecho, aquellos con una alta búsqueda de sensaciones suelen buscar más los deportes extremos, pero desisten más fácilmente. Si pensamos en ello, para estar dispuesto a subirse a una estructura de ciento cincuenta metros de altura o a deslizarse por enormes olas en el mar o a bajar a cuarenta kilómetros por hora una montaña en bicicleta mientras se esquivan obstáculos y se salta por rampas improvisadas y planeadas o a saltar de un edificio a otro, se necesita tener más que una personalidad extrovertida o ser alguien que busque sensaciones: es necesario tener autocontrol físico y mental.

El entrenamiento constante, la alimentación adecuada e incluso el privarse de excesos como alcohol y drogas son parte del autocontrol que muchos de estos atletas necesitan desarrollar. Sin embargo, el factor más difícil de un atleta extremo es su mente. Una duda, un pensamiento catastrófico o un pensamiento del tipo "no vas a poder", "te vas a matar" pueden ser la diferencia entre sobrevivir y morir.

El estereotipo del atleta extremo no forzosamente encaja en la realidad. Algunos son profesionistas exitosos, otros son empresarios o estudiantes universitarios sin problemas académicos o sociales. Pero también muchos de estos deportistas son adolescentes que se enganchan en su práctica. La adrenalina, la mercadotecnia y el desequilibrio en los circuitos cognitivos (corteza prefrontal y el circuito mesolímbico), que vimos al principio de este capítulo, los pueden hacer más proclives a buscar estos deportes.

Algunos padres pueden sentirse atemorizados de ver a sus hijos practicar estas actividades e incluso pueden sentirse tentados a prohibirlas o restringirlas. Hacer eso sería una medida inadecuada, al menos contraproducente. Es mejor hablar de los potenciales riesgos que existen en la práctica de estos deportes y en cómo se puede prevenir al máximo un

203

accidente de graves consecuencias. Equipo de protección, entrenamiento y práctica con otros atletas pueden ser algunas de las medidas de prevención. Incluso es aconsejable que los padres de familia se involucren y busquen practicar estos deportes con sus hijos; tal vez sea una oportunidad de generar intimidad e interés por algo en común. Sin embargo, aunque no es obligatorio que los papás los practiquen, es imprescindible que muestren interés en la actividad del hijo y que la promuevan dentro de los límites de seguridad y salud posibles. Eso dará mejores resultados que prohibir la práctica del deporte en cuestión.

Unas palabras más sobre las conductas de riesgo

Hasta aquí hemos hecho una radiografía de las conductas de riesgo en los adolescentes y hemos visto algunas explicaciones de por qué se presentan con mayor frecuencia en esta etapa de la vida.

En un capítulo posterior, hablaremos sobre el bienestar psicológico del adolescente y sobre qué variables lo promueven. Sin embargo, antes de concluir este capítulo conviene mencionar rápidamente lo que la Organización Mundial de la Salud (2012) ha señalado como factores de riesgo y de protección en el desarrollo de los adolescentes, pues es necesario conocer los primeros y promover los segundos tanto en la familia como en la sociedad.

A continuación encontraremos la tabla 5, que presenta dicha información.

Tabla 5. Factores de riesgo y de protección en la adolescencia según la OMS (2012)

Áreas	Factores de riesgo	Factores de protección
Atributos individuales	Baja autoestima Inmadurez cognitiva o emocional Dificultades en la comunicación Enfermedades médicas y abuso de sustancias	Autoestima y autoconfianza Habilidades en solución de problemas y manejo del estrés y de la adversidad Habilidades de comunicación Salud y aptitud física
Circunstancias sociales	Aislamiento social Procesos de duelo Negligencia social Conflictos familiares Exposición a la violencia o a formas de abuso Bajo nivel económico o pobreza Dificultades y fracasos escolares Estrés laboral y desempleo	Apoyo social, familiar y de amigos Parentalidad positiva e interacción familiar Seguridad física y estar a salvo Seguridad económica Logros académicos Satisfacción y logros laborales
Factores ambientales	Pobre acceso a los servicios básicos Injusticia y discriminación Inequidad social y de sexo Exposición a la guerra o desastres ambientales	Igualdad de accesos a servicios básicos Justicia social, tolerancia e integración Equidad social y sexual Seguridad física y estar a salvo

En el capítulo VI hablaremos de los trastornos psicológicos más comunes en la adolescencia, y en el capítulo VII, de cómo promover el bienestar psicológico de los adolescentes. Sirva esta tabla como un anticipo a dichos capítulos.

Resumen

En este capítulo se estudiaron las conductas de riesgo en la adolescencia y cuáles son las más comunes. También se habló de la teoría del riesgo, que busca explicar cómo los factores biológicos, psicológicos y sociales interactúan para hacer más susceptibles a los adolescentes (en comparación con los adultos) a participar en conductas de riesgo.

Se habló sobre cómo el circuito cognitivo y el mesolímbico están en un aparente desequilibrio y hacen que los adolescentes se sientan más atraídos por las conductas de riesgo y se les dificulte el análisis de consecuencias y la posposición de la gratificación.

Se estudiaron las estadísticas sobre las conductas relacionadas a la violencia y se analizaron desde un marco ecológico los factores individuales, comunitarios, las relaciones sociales cercanas y los factores sociales y su influencia en la generación y aceptación de la conducta violenta.

De igual forma, se estudió cómo las redes sociales promueven la violencia y el suicidio en los jóvenes y se habló de la necesidad de discutir estos temas con los chicos, así como de la importancia de la supervisión y del establecimiento de límites que les permitan un uso seguro de las redes.

También se examinó la información relacionada al consumo de alcohol, drogas y tabaco en la adolescencia. Se vio cómo con el tiempo la sociedad ha cambiado su posición sobre el tabaco y la marihuana y cómo esto impacta en los jóvenes y en su conducta de consumo.

Relaciones sexuales, aborto e infecciones de transmisión sexual comprendieron otro de los apartados estudiados en este capítulo. Se analizó cómo hoy la edad promedio de iniciación sexual en México es de 14 años para los hombres y de 15 años para las mujeres, por lo que se trataron los riesgos que esto implica para la salud, los embarazos no deseados, los abortos y las dificultades en la vida.

Finalmente se habló del creciente mundo de los deportes extremos, los diferentes tipos que hay, los peligros que implican y la búsqueda de acuerdos entre padres e hijos para una práctica segura y positiva de estas actividades.

Es necesario resaltar que las herramientas más eficaces para evitar y atender las conductas de riesgo son la comunicación clara y abierta con los adolescentes, la conformación de acuerdos y los planes de seguridad. Los adolescentes tienen una tendencia mayor a involucrarse en estas conductas, pero no por ello los padres tendrán que caer en la sobreprotección, sino en la promoción de pautas de seguridad que les hagan contrapeso.

Cuestionario para padres y profesionales

1. ¿Qué tan preparado te sientes para hablar de las conductas de riesgo con los adolescentes y cómo podrías prepararte mejor?
2. ¿Cómo puedes incidir en la sociedad y en la vida de los adolescentes para la construcción de la paz?
3. ¿Cómo podrías apoyar al adolescente que se ve envuelto en el consumo de alcohol y drogas?
4. ¿Qué tan preparado estás para hablar de sexo, embarazos, abortos e infecciones de transmisión sexual con los adolescentes?
5. ¿Cómo puedes fomentar la práctica segura y positiva de los deportes extremos en los adolescentes que los practican?

Para saber más sobre el capítulo V

Sobre la construcción de la cultura de la paz y la no violencia:
https://en.unesco.org/themes/building-peace-programmes

Sobre el manejo del alcohol y las drogas:
http://www.aa.org/

Sobre relaciones sexuales, embarazos no deseados, abortos e infecciones de transmisión sexual en adolescentes:
http://sexoseguro.org/

Sobre el estudio psicológico de los deportes extremos:
https://www.amazon.co.uk/Extreme-some-people-thrive-limits/dp/0199668582
http://www.sportpsych.co.uk/

Capítulo VI: Los trastornos mentales y su tratamiento en la adolescencia

Es tan común, que le podría suceder a cualquiera; el problema es que nadie quiere hablar de esto, y eso empeora todo.

Ruby Wax

Los trastornos mentales son una realidad para cientos de millones de personas que los viven día a día. Desafortunadamente, aún no se habla de ellos de la forma en que es necesario. Estigma, temor, ignorancia, e incluso incredulidad, hacen que millones y millones de personas no reciban ni la comprensión social ni la atención profesional que necesitan. Pareciera que lo más difícil de padecer un trastorno mental es nadar contra la corriente de la incredulidad y la indiferencia.

Los adolescentes son especialmente vulnerables a dicha corriente, pues según la hoja informativa del National Alliance on Mental Illness (NAMI, 2017), que concentra las estadísticas del National Institute of Mental Health de los Estados Unidos, la mitad de los trastornos mentales suceden antes de los 14 años de edad y el 75 % antes de los 24 años. En promedio, hay un retraso de entre 8 y 10 años desde que empiezan los síntomas de estos trastornos a cuando se inician los primeros tratamientos. El 37 % de los estudiantes con algún trastorno mental abandonará la escuela. Hasta el 70 % de los jóvenes en centros penitenciarios o de detención tienen algún trastorno mental. El suicidio es la tercera causa de muerte entre las personas de 10 a 24 años de edad, y el 90 % de quienes lo cometieron padecía un trastorno mental.

Por todo esto en este capítulo hablaremos de qué son los trastornos mentales y de cuáles son las situaciones de riesgo que conducen a que aparezcan en la adolescencia. Conoceremos los criterios diagnósticos de los trastornos mentales más prevalentes en la adolescencia y cuáles son sus tratamientos. También veremos el impacto que provocan en el desarrollo psicológico y social.

¿Qué son los trastornos mentales y por qué se dan?

Ranna Parekh, en su artículo "What is Mental Illness" (2015) define las enfermedades o trastornos mentales como "condiciones de salud que implican cambios en el pensamiento, la emoción o el comportamiento (o una combinación de estos). Las enfermedades mentales se asocian con

211

distrés y/o problemas en el funcionamiento de las actividades sociales, laborales o familiares" (párr. 1).

Por su parte, el National Alliance on Mental Illness (2017) describe las enfermedades mentales como "una condición que afecta el pensamiento, sentimiento o estado de ánimo de una persona. Tales condiciones pueden afectar la capacidad de alguien para relacionarse con los demás y funcionar cada día. Cada persona tendrá diferentes experiencias, incluso personas con el mismo diagnóstico" (sección Mental Health Conditions, párr. 1).

Ambas definiciones coinciden en que los trastornos mentales afectan tres elementos: los pensamientos, los sentimientos y las conductas. Esas tres áreas están interconectadas, actuando como causa o como consecuencia. Nuestra manera de pensar o interpretar la realidad provocará emociones y conductas, de tal forma que si nuestro pensamiento es objetivo y racional, nuestras emociones y conductas serán contenidas y adaptadas. Si nuestros pensamientos son irracionales, no basados objetivamente en la realidad, sino en los supuestos y creencias carentes de evidencia, nuestras emociones serán más intensas y difíciles de controlar, a la vez que nuestros comportamientos podrán ser inadaptados.

Pero nuestras conductas también inciden en la forma en que pensamos y sentimos, y nuestros sentimientos también pueden provocar pensamientos y conductas adaptadas o desadaptadas. Pensamiento, sentimiento y conducta forman parte de un circuito de retroalimentación que promueve o la salud mental o la enfermedad mental. La interconexión entre estos tres factores también es el principio con el cual se trabajan los trastornos mentales desde el modelo cognitivo-conductual (Beck, 2000).

Es importante comprender que el circuito de pensamientos, emociones y conductas (y, por lo tanto, los trastornos mentales) no se da como resultado de una sola variable o un solo evento. La investigación en psicopatología (la disciplina que estudia los trastornos mentales) ha mostrado la existencia de múltiples causas para los trastornos. Una combinación e interacción de la genética, el medioambiente, experiencias estresantes, el estilo de vida, los procesos y circuitos bioquímicos y la estructura básica del cerebro influyen en si alguien desarrolla una condición de salud mental o no (NAMI, 2017; Merikangas, Nakamura, & Kessler, 2009).

Además, como lo mencionamos en los primeros capítulos, la teoría del apego de Bowlby nos ayuda a comprender cómo los vínculos tempranos que desarrollamos con nuestros padres y las experiencias en la interacción con los demás facilitan la conformación de las estructuras mentales que llamamos esquemas cognitivos y que funcionan como la plataforma desde la cual se generan los pensamientos y las emociones asociados a la salud mental o a la enfermedad mental.

Hay otros factores que influyen en el desarrollo de un trastorno mental. En un artículo que muestra el estado del arte de la epidemiología psiquiátrica infantil y adolescente realizado por Merikangas et al. (2009), los autores aseguran que la investigación señala que existen factores de riesgo para el desarrollo de trastornos mentales asociados con características de los adolescentes, de los padres y de la familia.

Los factores asociados al adolescente incluyen el sexo (las niñas padecen más de depresión y trastornos de ansiedad, mientras que los niños presentan más trastornos de conducta, trastornos por déficit de atención y el trastorno negativista desafiante), la edad, la etnia, la salud física, el funcionamiento psicológico, las exposiciones pre y perinatales a la enfermedad, el estrés físico, el alcohol, las drogas, nutrición, infecciones y otros agentes ambientales, así como la historia de exposiciones a toxinas, ambiente social y eventos estresantes de la vida individual y familiar.

Los factores de riesgo asociados a los padres incluyen la educación, la edad, la clase social, el empleo, la historia psiquiátrica y la historia médica. De hecho, un potente factor de riesgo para el desarrollo de trastornos en los niños es una historia paterna de trastornos mentales.

A nivel familiar, los factores en la incidencia de las enfermedades mentales son el divorcio, problemas económicos, características del vecindario, migración e integración social.

Todos estos elementos interactúan en los sujetos que desarrollan trastornos mentales. No hay una causa única que los provoque, sino múltiples factores. Además cada persona y cada trastorno responden de manera diferente a esta interacción, de tal forma que es apropiado evitar los reduccionismos, y especialmente los prejuicios, que no hacen bien a quienes padecen una alteración mental; por el contrario, los daña aún más.

Prevalencia de los trastornos mentales en la adolescencia

La APA (2017) sostiene que la enfermedad mental es común, que 1 de cada 5 estadounidenses (el 19 %) experimenta alguna forma de enfermedad mental. Además, 1 de cada 24 (4.1 %) tiene una enfermedad mental grave y 1 de cada 12 (8.5 %) tiene un trastorno por uso de sustancias. Merikangas et al. (2009) aseguran que la estimación es que para 2020, el 15 % de todas las enfermedades serán psiquiátricas y neurológicas.

Especialmente en América Latina hay falta de conocimiento de cómo y a cuántos afectan las psicopatologías (o trastornos mentales) en la adolescencia. Este conocimiento está a cargo de la epidemiología, disciplina que estudia, entre otras cosas, la prevalencia y la incidencia de las enfermedades. La prevalencia se refiere al número de casos existentes durante un período determinado; la incidencia explica el número de nuevos casos de un trastorno en una población concreta durante un período de observación.

Desafortunadamente los estudios epidemiológicos con adolescentes en México son muy escasos. El único estudio disponible sobre prevalencia de los trastornos en los adolescentes fue el llevado a cabo en 2005 por Benjet, Borges, Medina-Mora, Blanco, Rojas et al. (2009) en forma de encuesta aplicada a población urbana de la zona metropolitana de la Ciudad de México. Los resultados del estudio pueden parecer alarmantes, pues aseguran que hasta el 51.3 % de los encuestados cumplía criterios para padecer un trastorno mental alguna vez en la vida.

Sin embargo, es difícil generalizar los resultados a la población de todo el territorio mexicano. Las circunstancias de vida, familia, enseñanza, medioambiente y de salud de los adolescentes capitalinos son muy

214

distintas a las de un chico de una zona rural o de una zona urbana pero con condiciones de vida muy diferentes a las de la Ciudad de México.

Si comparamos los resultados de dicho estudio con los encontrados en los Estados Unidos y otras partes del mundo por distintos investigadores (Perou, Bitsko, Blumberg, Pastor, Ghandour et al., 2013; Merikangas et al., 2009) podremos ver una gran discrepancia. Por ejemplo, solamente el 20 % de los adolescentes que fueron entrevistados en esos estudios cumplían los criterios diagnósticos para afirmar que podrían padecer algún trastorno mental alguna vez en su vida (en comparación con el 51.3 % de los adolescentes mexicanos); los trastornos de ansiedad se presentan en solo el 8 % de los adolescentes de otros países (frente al 40.6 % de los mexicanos de la misma edad); los trastornos de conducta y de impulsividad son del 10 % entre los jóvenes de los Estados Unidos (en comparación con el 20.7 % de los reportados en México); los trastornos afectivos representan un 11 % de los chicos estadounidenses (en México son de 10.7 %); el 8.3 % de los adolescentes estadounidenses presenta criterios para afirmar que han padecido trastornos por sustancias (frente a un 4.8 % de los mexicanos).

Es necesario decir que el objetivo de este capítulo no es profundizar en los estudios epidemiológicos, sino que los padres y los profesionistas conozcan cuáles son los trastornos más comunes, sus características diagnósticas y sus formas de tratamiento. Para evitar confusión entre los distintos estudios hasta aquí mencionados, la información que presento en este capítulo (tanto en prevalencia como en criterios diagnósticos) está basada en la información que ofrecen el *Manual diagnóstico estadístico para los trastornos mentales, DSM-5* (APA, 2013), el cual es el manual más utilizado en la mayoría de los países, y la *Guía de consulta de los criterios diagnósticos del DSM-5* (APA, 2013).

Hay que resaltar que conocer los padecimientos que estudiaremos es de gran importancia pues, como lo señalamos previamente, la mitad de los trastornos inician antes de los 14 años de edad. Sin embargo, esto no quiere decir que los adolescentes padezcan más trastornos que los adultos, pues ya aclaramos que el 19 % de los adultos sufrirá alguna psicopatología alguna vez en la vida, y los adolescentes lo harán en un 20 %.

El estigma de que los adolescentes lo hacen peor, en cuanto a salud mental se refiere, es infundado.

Los trastornos mentales y sus criterios diagnósticos

Los trastornos que estudiaremos son los siguientes: trastornos de ansiedad (fobia específica, trastorno de ansiedad social, trastorno de pánico, trastorno de ansiedad generalizada y agorafobia), trastorno depresivo mayor, trastorno por déficit de atención, trastornos destructivos del control de impulsos y de la conducta (trastorno negativista desafiante, trastorno de la conducta) y los trastornos de la conducta alimentaria (anorexia y bulimia). Recuerden que en el capítulo anterior analizamos los trastornos relacionados a sustancias, por lo que aquí ya no los revisaremos.

Trastornos de ansiedad

Paciente: No sé qué me pasa. Cuando estoy frente al salón, o incluso en conversaciones donde hay más de tres personas, me siento paralizada, no me salen las palabras.

Dr. Guzmán: ¿Cuándo empezó a sucederte esto?

Paciente: Siempre he sido de pocos amigos; creo que soy introvertida, pero desde que entré a la nueva escuela se ha hecho más difícil para mí.

Dr. Guzmán: ¿Podrías decirme qué más sientes cuando estás en público y se espera de ti que hables?

Paciente: Siento muy feo. De pronto el corazón empieza a latir más y más fuerte. Siento que me falta el aire y que me voy a ahogar, por lo que empiezo a hiperventilar. Me sudan las manos, me siento mareada y pienso que algo malo me va a pasar. Quiero salir corriendo de ahí, pero en realidad lo que me pasa es que me quedo congelada.

Dr. Guzmán: Cuando dices: "Algo malo me va a pasar", ¿a qué te refieres con ello?

Paciente: Siento que me voy a morir o a volver loca, que perderé el control.

216

La conversación que acaban de leer es como la que he sostenido con cientos de pacientes que padecen trastorno de ansiedad social. Algunos de los síntomas que la paciente describió son síntomas comunes en la mayoría de los once trastornos de ansiedad (TA) recogidos en el DSM-5 y en otros trastornos, como el obsesivo-compulsivo, el trastorno por estrés postraumático, y de forma más general también se pueden presentar, en mayor o menor medida, en casi todos los trastornos mentales e incluso en situaciones médicas o de la vida diaria donde se activa la ansiedad.

Los TA son trastornos donde la persona experimenta excesivos niveles de miedo, ansiedad y alteraciones en el comportamiento. Las personas que padecen TA experimentan respuestas autonómicas o de elevado nivel *arousal* (agitación) que activan el mecanismo de lucha, huida o paralización (lo abordaremos más adelante) y ejecutan conductas de evitación ante un peligro futuro real o imaginado. Es decir, anticipan situaciones peligrosas que las llevan a experimentar la combinación del miedo y la ansiedad y buscan evadir dichas situaciones.

Los síntomas de la paciente también configuran lo que llamamos *ataque de pánico*, y se producen como una respuesta de miedo hacia objetos, situaciones o personas determinadas. Como ya lo comentamos, suelen estar presentes en la mayoría de los TA y en otras enfermedades médicas, e incluso en situaciones no patológicas.

Un ataque de pánico consiste en la aparición súbita (estando en un estado de calma o en un estado de ansiedad) de miedo intenso o de malestar intenso que alcanza su máxima expresión en minutos, y durante este tiempo se producen cuatro o más de los síntomas siguientes (APA, 2013):

- Palpitaciones, golpeteo del corazón o aceleración de la frecuencia cardiaca
- Sudoración
- Temblor o sacudidas
- Sensación de dificultad para respirar o de asfixia
- Sensación de ahogo

- Dolor o molestias en el tórax
- Náuseas o malestar abdominal
- Sensación de mareo, inestabilidad, aturdimiento o desmayo.
- Escalofríos o sensación de calor
- Parestesias (sensación de entumecimiento o de hormigueo)
- Desrealización (sensación de irrealidad) o despersonalización (separarse de uno mismo)
- Miedo a perder el control o a volverse loco
- Miedo a morir

Todos estos síntomas forman parte del mecanismo de lucha, huida o paralización. Este mecanismo tiene fines protectores y evolutivos, pues es de gran ayuda para preparar la respuesta ante una situación potencialmente peligrosa. Luchar, huir o paralizarse pueden ser respuestas que salven la vida en situaciones de peligro.

Para ejemplificar este mecanismo, permítanme compartirles una anécdota. Mi esposa y yo tuvimos la oportunidad de ir a la ciudad de Denver, Colorado, para contribuir con el National Institute of Correction en una investigación que yo buscaba desarrollar para la aplicación de un programa de intervención psicológica con presos de alta peligrosidad. En nuestra estancia, tuvimos la oportunidad de visitar un pequeño poblado llamado Boulder, que se encuentra en las faldas del Rocky Mountain National Park y que además alberga la bellísima Universidad de Colorado.

Paseamos un poco por el pueblo y por la universidad; después decidimos ir a conocer el parque. Al llegar ahí, nos dimos cuenta de que éramos los únicos en el estacionamiento; al parecer no era una época de mucho tráfico de turistas. Aparcamos el coche y emprendimos nuestra caminata hacia el bosque, pero justo al salir del estacionamiento había un gran letrero que advertía: "¡Cuidado con los osos!". Nos acercamos a leer el letrero y en él había unas impresionantes imágenes de un oso destruyendo automóviles y contenedores de comida debido a que los visitantes la habían dejado al descubierto. Entre las fotos había una leyenda que decía algo como:

Esta zona es hábitat de osos, los cuales pueden atacar si se ven acorralados o si buscan proteger a sus crías. Si se encuentra con un oso, manténgase quieto y no salga corriendo. Espere a que el oso solo se retire; si no se retira, salga del sendero hacia el lado de la bajada, siga mirando al oso y lentamente retroceda hasta que el oso esté fuera de la vista. Pero si usted es atacado, pelee con el oso con lo que tenga a su alcance.

En ese momento mi esposa y yo nos miramos, incrédulos, y nos preguntamos: "¡¡Pelee con el oso con lo que tenga a su alcance!? ¡Cómo se les ocurre! ¿Qué no ven las fotos del oso destruyendo los automóviles?".

"¿Qué tienes tú para pelear con un oso?", me preguntó ella. Le contesté que nada. Jamás me hubiera imaginado peleando con un oso. ¿Qué diablos podría hacerle yo a un animal de 125 kilos, con garras del tamaño de un cuchillo y que además destruye coches?

Mi esposa y yo decidimos proseguir la excursión. Le expliqué que lo que el letrero proponía eran estrategias del mecanismo de lucha, huida o paralización, pero que de las tres opciones la menos sabia sería la lucha. Ella me dijo: "¿Y si subimos a un árbol?". Yo le contesté: "¿Y cómo esperas que hagamos eso? Además, ¿no viste que en las fotos había un oso colgando en una copa de árbol?". Los dos íbamos ansiosos, demostrábamos que ser citadinos en medio del bosque provocaba todo tipo de anticipación catastrófica.

Resolvimos continuar. Cada huella, cada sonido, cada situación inesperada nos hacía saltar como si el oso mismo ya estuviera enfrente de nosotros. Por fin encontramos a una pareja haciendo campo traviesa en sus esquís, y con tono de seguridad y haciendo alarde de mi hombría, le dije a mi esposa: "¿Ya ves? No hay nada de qué preocuparse; ellos están aquí esquiando". Mis palabras no fueron suficiente; ella me pidió que les preguntáramos sobre los osos, y así lo hicimos. Su respuesta fue: "Pues sí, sí hay osos y pueden llegar a ser agresivos, y si eso pasa no tendrían muchas opciones". Nuestras caras, pálidas por el frío, se decoloraron aún más; el corazón nos empezó a palpitar más y más. Dejando mi hombría a un lado, le dije a mi esposa: "Amor, creo que es tiempo de volver al automóvil". Es probable que en nuestro regreso hayamos hecho

219

menos de la mitad del tiempo que nos había tomado llegar hasta donde nos encontramos con la pareja de deportistas.

Esta anécdota ejemplifica, por un lado, el mecanismo de lucha, huida o paralización, que se activa ante situaciones potencialmente peligrosas, pero también la anticipación catastrófica, que se suele tener cuando se está bajo la ansiedad y las conductas de evasión. También es un ejemplo del dicho popular "patitas, ¿para qué las quiero?".

La ansiedad y el mecanismo de lucha, huida o paralización son una extraordinaria estrategia evolutiva para preservar la vida ante un peligro real. A mis pacientes les suelo explicar que funciona como la alarma de una casa: mientras no haya un intruso tratando de entrar, la alarma estará en silencio, pero si alguien intenta irrumpir en la casa, se esperaría que el dispositivo se activara y alertara del peligro para llamar a la policía y tomar precauciones. Pues así funciona la ansiedad. Cuando se está bajo una amenaza (incendio, temblor, accidente, asalto, etc.), se experimentan síntomas físicos y psicológicos que alertan sobre el peligro para decidir cómo se va a afrontar: pretendiendo estar muerto (o escondiéndose), corriendo o luchando contra la amenaza. Las tres opciones pueden ser muy válidas dependiendo de la situación que se tenga enfrente.

Sin embargo, esta alarma y sistema de respuesta evolutivo que se tiene y que se comparte con la mayoría de las especies (al menos con aquellas que tienen amígdala) puede alterarse y activarse en situaciones que no son verdaderamente peligrosas pero que son interpretadas como tales. Las personas que pasan por ello suelen tener un TA, y así sus niveles de ansiedad se elevan ante situaciones en que la mayoría de la gente se sentiría cómoda: acariciar un perrito, viajar en avión, hablar ante los compañeros del salón, salir a lugares públicos, etc. Para alguien con TA, estas experiencias pueden percibirse como una situación de vida o muerte.

Los TA son los trastornos más prevalentes entre los adultos y los adolescentes (Beesdo, Knappe, & Pine, 2009). Son una importante causa de incapacidad para millones y millones de personas alrededor del mundo. Desafortunadamente, la gente tiende a minimizarlos, y cuanto más tiempo tarde en recibir el tratamiento adecuado, más arraigado se hará el trastorno y afectará las distintas áreas de la vida de los pacientes.

Los TA más frecuentes entre los adolescentes en orden de prevalencia según el DSM-5 son la fobia específica (FE), con 16 %; el trastorno de ansiedad social (TAS), con 7 %; el trastorno de pánico (TP), con entre 2 % y 3 %; el trastorno de ansiedad generalizada (TAG), con 2.9 %, y la agorafobia, con 1.7 %.

Fobia específica

El DSM-5 describe la fobia específica como "un miedo o ansiedad intensa por un objeto o situación específica (por ejemplo, volar, alturas, animales, administración de una inyección, ver sangre)" (p. 130).

El manual advierte que "en los niños el miedo o la ansiedad se puede expresar con llanto, rabietas, quedarse paralizados o aferrarse". Además, "el objeto o la situación fóbica casi siempre provoca miedo o ansiedad inmediata y la persona evita o se resiste activamente a exponerse a él". Asimismo, afirma que "el miedo o la ansiedad es desproporcionado al peligro real que plantea el objeto o situación específica y al contexto sociocultural" (p. 131). El miedo, la ansiedad o la conducta de evitación es persistente (seis meses o más) y durante este tiempo genera malestar clínico significativo o deterioro en aspectos como la vida social, laboral o en otras áreas.

El manual también advierte que "es necesario especificar si la fobia es a animales (como arañas, insectos, perros), al entorno natural (alturas, tormentas, agua) o a la sangre, las inyecciones o las heridas (agujas, procedimientos médicos invasivos)" (p. 131).

Quien piense que la fobia se trata de un simple miedo comete un gran error. Las fobias son experiencias sumamente intensas y desagradables para quienes las experimentan, tanto que pueden llegar a ser incapacitantes o poner en peligro la vida de las personas que las padecen. Tal fue el caso de un par de pacientes que pueden servir de ejemplo. A continuación presento sus historias.

El primer caso es el de una chica de 17 años, de una familia estructurada, sin experiencias traumáticas de importancia y con una vida hasta cierto punto "ideal". Esta chica vivía en el piso número nueve de un edificio, y un día como cualquier otro, al subir al elevador para acudir a la escuela, experimentó un terror intenso que rápidamente activó todos los síntomas del ataque de pánico. A partir de ese día, la paciente no volvió a utilizar ningún elevador, incluyendo el de su casa.

Como se puede comprender, toda su vida empezó a complicarse. Tener que subir y bajar las escaleras de cuatro a seis veces al día hasta el noveno piso no es una experiencia agradable, además de que consume mucho tiempo y energía. La chica empezó a tener problemas en la escuela porque llegaba tarde; pronto dejó de hacer actividades extraescolares y empezó a desarrollar un sentimiento de desesperanza. Su estado de ánimo se tornó depresivo; ya no salía de su casa a menos que fuera estrictamente necesario.

El segundo caso es el de un joven universitario que desarrolló una fobia a los gatos. Podría parecer difícil de creer: joven, fuerte e incluso temerario en algunas actividades, este joven empezó a experimentar un intenso temor hacia los felinos, a la vez que presentaba la mayoría de los síntomas de ataque de pánico. Avergonzado por su terror, decidió ocultarlo frente a los demás. Poco a poco empezó a evadir familiares y amigos que tenían un gato de mascota. Veterinarias, centros comerciales y otros lugares donde pudiera haber gatos se convirtieron en lugares de evasión. Si él no veía un gato, parecía un hombre sumamente seguro, pero frente a un minino –o al menos el maullido de uno– el hombre fuerte se convertía en un indefenso niño que no controlaba las reacciones automáticas de su mente y de su cuerpo.

Un buen día, este joven, que ocultaba su fobia a los demás, tuvo que enfrentar una experiencia que lo puso al filo de la muerte. Ese fue el día en que decidió buscar ayuda profesional. Caminando por Guadalajara, en la avenida Federalismo (una de las más transitadas de esa ciudad), vio a un gato a pocos metros de él; el animal estaba en la misma acera por la que el muchacho caminaba. Sin pensarlo, de manera automática su mecanismo de lucha, huida o paralización se activó en el modo de huida:

salió corriendo para ponerse a salvo del gato y, sin darse cuenta, se metió al arroyo vehicular. ¡Por poco lo atropellan! Su respuesta lo puso en una situación mucho más peligrosa que la de estar con un gato: lo llevó a jugarse la vida.

Ambas personas intentaron distintas formas de resolver su fobia. Acudieron a terapias para tratar de identificar algún trauma oculto, buscaron medicamentos para bajar la ansiedad e incluso siguieron algunas recomendaciones del tipo "piensa positivo; nada grave te va a pasar" que la gente les daba. Nada funcionó para ellos, al menos no hasta ese momento.

El tratamiento que seguí con estos dos pacientes se llama *terapia de exposición*. Es el tratamiento que ha mostrado mayor eficacia en cuanto a fobias se refiere, además de que es el más rápido, económico y simple. Llevamos a cabo el procedimiento en cinco sesiones: una sesión de evaluación, dos de intervención y dos de seguimiento. Los pacientes por fin pudieron liberarse de su fobia y recuperar su vida.

La terapia de exposición es un método que se basa en el supuesto básico de que las fobias (y los TA en general) se desarrollan como una respuesta de terror condicionada ante un estímulo que no es verdaderamente peligroso y que a su vez provoca una respuesta de evitación, lo que termina reforzando dicho condicionamiento. Por lo tanto, la forma de romper el ciclo es dejando de evadir el estímulo, afrontándolo a través de una aproximación gradual hasta que el cerebro se habitúe a estar en contacto con el estímulo y no ejecute la respuesta de evasión, sino una de contención y relajación. De esta forma se genera un nuevo aprendizaje: "Yo puedo estar con aquello que me genera miedo y no salir corriendo". Esta terapia fue desarrollada por los psicólogos Joseph Wolpe y James Taylor en la década de los cincuenta. Desde entonces es la terapia de elección para las fobias y otros trastornos de ansiedad.

A la primera paciente (la chica con fobia al ascensor), le expliqué por qué tenía una fobia, cómo la mantenía con sus conductas de evasión y cómo se tenía que tratar. Fue difícil para ella, pero desde el primer día de la intervención y después de tres horas de trabajo continuo, pudo subir y bajar múltiples veces (ella sola) por el elevador. Al día siguiente tuvo otra sesión en la que se pasó una hora más practicando. Después de un mes tuvo su práctica en un edificio mucho más alto y comprobé que por ella misma pudiera subir y bajar los veinte pisos sin ninguna respuesta de ansiedad, o al menos con una respuesta funcional. En la última sesión, ya no hubo necesidad de hacer la exposición: estaba completamente curada. Aprovechamos la sesión para hablar de cómo se sentía con su logro y qué haría entonces que ya no tenía la fobia. Ella expresó su frustración al haber pasado un año entero con otro terapeuta hablando de su infancia y de su inconsciente sin haber logrado nada con su miedo, pero a la vez expresó lo satisfecha que se sentía al haber podido superar su fobia en tan solo un día.

El manejo del segundo paciente fue semejante. Después de la primera sesión, donde le expliqué el desarrollo y mantenimiento de su fobia y lo que haríamos al respecto, le pedí que acudiera al día siguiente al consultorio. Él, sin saberlo, enfrentaría su peor temor y no saldría de la oficina hasta que lo hubiera conquistado. Al entrar al consultorio se dio cuenta de que un gato estaba ahí esperándolo y que yo no lo dejaría salir de la habitación hasta que él hubiera terminado el tratamiento. Lloró, me insultó, juró que estaba sufriendo un ataque al corazón. Paulatinamente trabajé con él en las técnicas de exposición y relajación de la terapia, y poco a poco el muchacho logró enfrentar su miedo. Después de cuatro horas se tomaba *selfies* con el gato en sus brazos y se las enviaba a su novia y a sus familiares, quienes se quedaban impactados de su logro. Las sesiones posteriores fueron para reforzar la exposición y la respuesta de afrontamiento, así como para planear qué gato compraría como mascota. Al final lo hizo: se compró un felino.

Como estos pacientes, he tratado a muchos otros con distintos tipos de fobias: a los perros, a los aviones, a los insectos, a las albercas, al mar, etc. En todos los casos el tratamiento ha sido el mismo. La investigación respalda a la terapia de exposición como la mejor opción de tratamiento. Medicamentos, terapias de introspección y otras opciones pueden ser contraproducentes, pues funcionan como estrategias de evitación a la vez que refuerzan la creencia irracional subyacente de "nada funciona para mí; estoy tan grave que no hay nada que me ayude". Sin embargo, es necesario aclarar que aunque la terapia de exposición es sumamente simple, no es fácil. Quien la aplique necesita ser un terapeuta entrenado en ella, que comprenda a fondo los mecanismos subyacentes tanto de la fobia como de la terapia; de lo contrario, puede ser una experiencia perturbadora e incluso traumática tanto para el paciente como para quien quiera ayudarlo con la exposición.

Si sus hijos o pacientes, ustedes o cualquier conocido padece una fobia, no intenten hacer la exposición por ustedes mismos; busquen un terapeuta conductual que tenga experiencia en la terapia de exposición. Es muy probable que en un promedio de tres a cinco sesiones la fobia desaparezca e incluso sea una fuente de crecimiento. Es recomendable no hacer caso a quienes dicen que dicha terapia oculta el problema real y que después aparece de otra forma; en realidad no hay ningún estudio científico que confirme esa aseveración; por el contrario, hay 70 años de documentación científica de que funciona muy bien.

Trastorno de ansiedad social

El trastorno de ansiedad social (TAS) también es conocido como *fobia social*, pues su característica más significativa es el aumento de la ansiedad en situaciones sociales y la tendencia a evadirlas.

El DSM-5 lo describe como "un miedo o ansiedad intensos en una o más situaciones sociales en las que el individuo está expuesto al posible examen por parte de otras personas" y brinda algunos ejemplos donde los sujetos con este trastorno experimentan esta ansiedad: "las interacciones sociales (por ejemplo, mantener una conversación, reunirse con personas extrañas), ser observados (por ejemplo, comiendo o bebiendo) y actuar delante de otras personas (por ejemplo, dar una charla)" (p. 132).

En el caso de los niños, el manual advierte que "la ansiedad se puede producir en la convivencia con individuos de su misma edad y no exclusivamente en la interacción con los adultos" (p. 132).

225

Además, la persona con TAS "tiene miedo de actuar de cierta manera o de mostrar síntomas de ansiedad que puedan ser valorados negativamente (es decir, que lo humillen o avergüencen; que se traduzca en rechazo o que ofenda a otras personas)" (p. 132), por lo que la interacción social suele provocarle miedo o ansiedad la mayoría de las veces.

El DSM también señala que en los niños, "el miedo o la ansiedad se puede expresar de distintas formas: llanto, rabietas, quedarse paralizados, aferrarse, encogerse o en el fracaso de hablar en situaciones sociales" (p. 132).

Las personas con TAS tienden a evitar la interacción social, pues experimentan miedo o ansiedad cuya proporción no corresponde a la amenaza real planteada por la situación social y por el contexto sociocultural. Este miedo, junto con la ansiedad o la evitación, suele durar de manera persistente por seis o más meses.

Tener un TAS causa malestar clínico significativo o deterioro en la vida social, laboral o en otras áreas importantes del funcionamiento de la persona.

Finalmente, el TAS puede estar limitado solo a situaciones donde se espera que la persona hable o actúe en público, o puede ser generalizado a cualquier tipo de interacción.

Al igual que con la fobia específica, las personas han de tener cuidado de no minimizar el impacto que tiene el TAS en la vida de los pacientes. El miedo y la ansiedad que experimentan los adolescentes que sufren este trastorno van más allá de lo que algunos padres suelen decir: "Desde niño ha sido introvertido, así es él" o "Es un chico tímido, por eso no habla mucho". La introversión e incluso la timidez no tienen nada de malo en sí mismas. La primera habla de una característica de personalidad donde el sujeto se siente más cómodo desarrollándose en actividades y ambientes que facilitan el contacto consigo mismo más que con los demás. La segunda (la timidez) es una característica donde la persona se siente incómoda en la interacción o relación con los otros, pero a pesar de ello la afronta y no busca evadirla de manera constante.

Introversión y timidez pueden ser características que promuevan una conducta más retraída, socialmente hablando, pero no afectan considerablemente la vida del sujeto. En cambio, el TAS es una experiencia sumamente desagradable, donde la persona experimenta (de manera parcial o total) los síntomas de un ataque de pánico, que le impide desenvolverse adecuadamente y la lleva a evitar la interacción social. Con el tiempo, la persona verá menguada el área social de su vida, lo que se convertirá en una "profecía autorrealizada"; es decir, concluirá que tenía buenas razones para sentirse así de ansiosa, pues su vida demuestra –supuestamente– que no es lo suficientemente capaz para la interacción social.

Recuerdo el caso de un joven que padecía de un importante TAS, que le ocasionaba cada vez más y más dificultades en su vida. Él era un chico inteligente, con buenas notas, bien parecido y con buenas habilidades sociales (aunque pudiera parecer contradictorio, el TAS y las habilidades sociales no son mutuamente excluyentes), pero también era alguien que llevaba un incesante suplicio interno.

Cada vez que él estaba en una situación de interacción social, su mente lo bombardeaba con pensamientos del tipo "se van a burlar de ti", "lo que dices es una idiotez, a nadie le interesa", "la gente va a pensar que eres un idiota, no puedes ni articular las palabras correctamente". El discurso interno que el paciente tenía lo hacía activar incesantemente su sistema de lucha, huida o paralización. Percibía un peligro inexistente –o al menos exagerado–, en donde la burla, el rechazo y la ofensa eran los resultados que solía vaticinar. Como consecuencia de dicho discurso interno, él experimentaba altos niveles de ansiedad social. Pensando que el problema era la interacción con otros, pronto empezó a evadir más y más situaciones; al hacer esto, la ansiedad disminuía o desaparecía, pero con ello surgía un condicionamiento que sostenía el TAS: "Si tengo que hablar en público me siento muy mal; si no lo hago, me siento bien; por lo tanto dejaré de actuar en público".

Desde la terapia cognitivo-conductual (TCC) –la cual es la terapia más utilizada para tratar el TAS y los TA en general– se sostiene que el problema no se encuentra en los acontecimientos vividos, ni tampoco en las personas o el trato que se ha recibido; el problema se encuentra en la forma en que se interpretan dichas situaciones.

La TCC es una forma contemporánea de aplicar, desde el método científico, la filosofía de los estoicos (filósofos de la antigua Grecia y Roma, como Marco Aurelio, Epicteto y Séneca) a los problemas de salud mental y de interacción social. Es una terapia que basa sus intervenciones en la evidencia recabada por la investigación científica, de tal forma que aumenta las probabilidades de éxito en los problemas que los pacientes traen con ellos cuando acuden a la consulta.

Epicteto inicia su libro *Enchiridion* explicando una gran enseñanza: ¿qué está y qué no está en nuestro control? Para él, comprender esa diferencia y vivir con base en ella propicia al menos dos resultados: 1. La paz de saber que lo que el otro hace o dice habla más de él que de mí, y 2. Permite poner el énfasis en lo que realmente es importante: ¿cómo afrontamos las situaciones y las personas que se presentan en nuestras vidas?

Dicho afrontamiento está mediado por nuestros pensamientos, que a la vez son el origen de nuestras emociones y nuestras conductas. Por eso es necesario enfocarnos en nuestros pensamientos: en su lógica, su objetividad, su veracidad, su utilidad, su propósito y su apego con la realidad, pues ahí está la verdadera fuente de crecimiento personal y de superación de los TA.

A los pacientes con TAS se les enseña a desarrollar dicha habilidad, que se conoce como *metacognición*: la capacidad de pensar y cuestionar sobre lo que se piensa. Es importante recordar que la percepción no es objetiva, pues pasa por el filtro de las experiencias pasadas y por las enseñanzas recibidas que en conjunto configuran nuestros esquemas cognitivos. Este mecanismo es útil, pues ahorra la necesidad de estudiar y comprender cada situación desde cero, pero a la vez es inexacto, pues muchas veces en las experiencias del presente se depositan características o vivencias del pasado que reducen la objetividad de los hechos.

Las personas con TAS no suelen cuestionar sus pensamientos: "¿Qué está pasando por mi mente?, ¿qué evidencia tengo de que lo que me digo a mí mismo es verdad?, ¿existe una explicación distinta a esta situación?". Por el contrario, suelen considerar sus pensamientos como verdades, e incluso aplican sesgos cognitivos para reforzar sus creencias irracionales, lo que redunda en una perpetuación de su trastorno.

A los pacientes con TAS (y en general a los que presentan cualquier TA) se les enseña a buscar nuevas interpretaciones de las personas o de las situaciones en que experimentan ansiedad. A través de diversas estrategias terapéuticas, aprenden a desarrollar un pensamiento racional basado en la objetividad y la evidencia, que les permite navegar en la adversidad y aprender que los obstáculos en la vida son oportunidades de aprendizaje y crecimiento. Al mismo tiempo, en la terapia se les aplican estrategias de exposición, como a los pacientes con fobia específica, lo cual los lleva a dominar tanto sus pensamientos como las situaciones reales que han estado evadiendo.

El dominio de sus pensamientos y de las situaciones temidas los lleva a generar un nuevo aprendizaje y una nueva narrativa de ellos mismos, los demás y el mundo. Este proceso lo explicó, de manera clara, un paciente al final de su tratamiento:

> Las situaciones sociales pueden ser en ocasiones incómodas, e incluso difíciles, pero no imposibles. Yo puedo afrontarlas e incluso aprender de ellas. Ahora sé que en ocasiones tiendo a catastrofizar las situaciones y ver la interacción con los demás como amenazante, pero en realidad no es así, al menos no la mayoría de las veces. La gente suele tratarme bien y yo suelo relacionarme de formas adecuadas.

Trastorno de pánico

El DSM-5 describe al trastorno de pánico (TP) como una condición donde se experimentan ataques de pánico "imprevistos y recurrentes" (p. 133) (vean los síntomas al inicio de este capítulo). Además de los síntomas típicos de los ataques de pánico, también se pueden observar otros "específicos de la cultura" (p. 134) (acúfenos, cefaleas, dolor de cuello, gritos o llanto incontrolable).

El DSM-5 señala que las personas que padecen TP han experimentado que al menos a uno de los ataques le ha seguido durante un mes o más uno o los dos hechos siguientes:

1. "Inquietud o preocupación continua acerca de otros ataques de pánico o de sus consecuencias (pérdida de control, tener un ataque al corazón, volverse loco).
2. Un cambio significativo de mala adaptación en el comportamiento relacionado con los ataques (comportamientos destinados a evitar los ataques de pánico, como evitación del ejercicio o de las situaciones no familiares)" (p. 134).

A diferencia de los dos trastornos anteriores (fobia específica y fobia social), donde la ansiedad se activa por causas identificables y las personas tienden a evitarlas, en el TP puede suceder que la ansiedad se accione tanto por situaciones identificables como por razones que no se pueden determinar. El DSM-5 afirma que hasta la mitad de los ataques de pánico de las personas con TP pueden ser tanto identificables como no identificables. Esto representa un gran problema para muchos pacientes que padecen este trastorno, pues no saben dónde, cómo o cuándo podrán experimentar un ataque de pánico, lo que los lleva a mantener un estado elevado de ansiedad constante. Una paciente me decía: "Es una locura, no sé cuándo o dónde pasará. Hay veces que estoy dormida y de pronto despierto a medianoche con un ataque de pánico completo. No es que estuviera soñando una pesadilla o que ese día algo malo me hubiera sucedido; de la nada me pueden aparecer y no sé qué hacer con ellos".

Muchos pacientes con TP empiezan a desconfiar incluso de sí mismos, pues al sentir que no tienen control sobre sus reacciones generan un fuerte sentimiento de indefensión, que agrava más su problema.

Hay quienes pueden tener ataques muy esporádicos, tal vez uno al mes o uno cada dos meses. Hay otros pacientes que pueden tenerlos diario o incluso varias veces al día. No solo la frecuencia varía de un caso a otro; también varía la severidad, pues hay quienes pueden tener ataques con todos los síntomas y quienes pueden presentar solo algunos cuantos.

El tratamiento del TP por lo general se hace con la terapia cognitivo-conductual para mitigar los síntomas de los ataques y para que la persona recupere la seguridad que necesita. Una vez que los síntomas han sido controlados y el sujeto ya no presenta ataques de pánico o ya sabe cómo manejarlos, puede ser conveniente hacer otro tipo de intervenciones que ayuden a explorar elementos del pasado que puedan estar asociados a los ataques. La terapia de esquemas de Young, Klosko y Weishaar (2003) puede ser una buena herramienta para que los pacientes aprendan más de sí mismos y de su configuración personal y no solo de su ansiedad y de cómo manejarla. Otras intervenciones que se han estado utilizando con resultados positivos son aquellas basadas en la meditación tipo *mindfulness*, o de atención plena, donde la persona aprende tanto una técnica de meditación basada en la respiración como estrategias que pueden promover un estado mental que la lleven a enfocarse en el aquí y el ahora, y no en el pasado o en el futuro.

Trastorno de ansiedad generalizada

El trastorno de ansiedad generalizada (TAG) se caracteriza, según el DSM-5, por "una recurrente ansiedad y preocupación excesiva (anticipación aprensiva), que se produce durante más días de los que ha estado ausente, durante un mínimo de seis meses, en relación con diversos sucesos o actividades (como en la actividad laboral o escolar)" (p. 137).

La persona con TAG tiene problemas para controlar la ansiedad y la preocupación asociadas a tres o más de los seis síntomas que presenta el manual. Además, en los últimos seis meses al menos algunos síntomas han estado presentes durante más días de los que han estado ausentes:

1. "Inquietud o sensación de estar atrapado o con los nervios de punta
2. Fácilmente fatigado
3. Dificultad para concentrarse o quedarse con la mente en blanco

231

4. Irritabilidad
5. Tensión muscular
6. Problemas de sueño (dificultad para dormirse o para continuar durmiendo, o sueño inquieto e insatisfactorio)" (pp. 137 y 138).

De acuerdo con el manual, "la ansiedad, la preocupación o los síntomas físicos suelen ser causa de malestar clínico, de deterioro en la vida social, laboral o en otras áreas importantes del funcionamiento de la persona" (p. 138).

La mayoría de los jóvenes que he atendido con TAG han crecido en ambientes familiares donde uno de los padres, si no es que los dos, también presentaba síntomas del TAG o el trastorno mismo. Muchos de estos padres muestran lo que se conoce como *esquema cognitivo de metas inalcanzables* (Young et al., 2003), el cual se refiere a una creencia subyacente de que se deben alcanzar estándares muy altos, exigirse demasiado y tener logros evidentes para evitar ser criticado. Estos papás suelen ser perfeccionistas, por lo que prestan excesiva atención a los detalles. Además, acostumbran tener reglas muy rígidas sobre la moral y la ética y tienen una alta preocupación por el tiempo y la eficacia. Esta característica lleva a los papás que la presentan a tener dificultades para relajarse, para disfrutar, para sentirse autorrealizados, e incluso les genera complicaciones en la salud.

De manera no consciente los papás van compartiendo esta presión y exigencia con sus hijos, quienes poco a poco empiezan a internalizar las metas inalcanzables como propias y desarrollan una tendencia anticipatoria de que si no hacen más o mejor las cosas entonces algo malo sucederá. Como resultado, sus niveles de ansiedad suelen estar elevados la mayor parte del tiempo, y aunque es raro ver en los chicos un ataque de pánico completo, la ansiedad les hace pasarla muy mal.

Esto no es afirmación de una relación del tipo causa-efecto entre los padres con altas exigencias y los chicos con TAG, pues hay muchos adolescentes con padres así que nunca desarrollarán el trastorno. Lo que se sostiene es que en un amplio número de casos (al menos en los que he atendido) existe dicha correlación. Y si bien se sabe que los trastornos mentales son multicausales, también es cierto que el tipo y la calidad de relación que entablan los padres con sus hijos son fundamentales para el sano desarrollo psicológico de estos.

Sería deseable que los papás pudieran explorar cuáles son las metas o exigencias que tienen hacia sí mismos y hacia los demás, incluyendo a sus hijos, y que analizaran si son exageradas o inalcanzables. Metas inalcanzables no garantizan el éxito, pero sí aseguran la frustración de que las cosas no sean como lo deseamos. Además acarrean dificultades en la interacción con los demás y en la capacidad de disfrutar la vida. Es necesario recordar que los hijos están observando y que aprenden de lo que ven en sus padres.

El tratamiento para el TAG que suele utilizarse es la terapia cognitivo-conductual, el entrenamiento en *mindfulness* y alguna terapia de introspección profunda, como la terapia de esquemas, la *internal family system* o la psicoterapia psicoanalítica. Si existe una situación de conflicto entre el hijo y los padres o si alguno de los padres tiene metas inalcanzables con el hijo o la hija, sería oportuno hacer una intervención desde la terapia familiar para explorar más la dinámica familiar y buscar soluciones sistemáticas, es decir, que impliquen a toda la familia.

Agorafobia

El manual de APA para los trastornos mentales describe a la agorafobia como un "miedo o ansiedad intensa acerca de dos (o más) de las cinco situaciones siguientes:

1. Uso del transporte público (automóviles, autobuses, trenes, barcos, aviones)
2. Estar en espacios abiertos (zonas de estacionamiento, mercados, puentes)
3. Estar en sitios cerrados (tiendas, teatros, cines)
4. Hacer cola o estar en medio de una multitud
5. Estar fuera de casa solo" (p. 136)

La persona con este trastorno "teme o evita estas situaciones debido a la idea de que escapar podría ser difícil o de que podría no disponer de ayuda si aparecen síntomas tipo pánico u otros signos incapacitantes o embarazosos (como en las personas mayores, el miedo a caerse o miedo a la incontinencia)" (p. 136).

El manual afirma que dado que las situaciones agorafóbicas casi siempre provocan miedo o ansiedad, quienes sufren del trastorno tienden a evitarlas. Si la persona tiene que acudir a uno de los lugares fuente del miedo, busca hacerlo acompañada, o de lo contrario se resiste a ir debido al temor o a la ansiedad.

El miedo experimentado por estas personas es desproporcionado en relación con los lugares que evitan. Desafortunadamente, suelen ser miedo, ansiedad y evitación continuos, por lo que sus vidas se ven seriamente afectadas. Hay quienes incluso dejan todas sus actividades laborales, sociales o académicas y literalmente viven en una especie de "autoarresto domiciliario", donde su vida transcurre dentro de su hogar y nada más.

Ustedes podrán pensar que la ansiedad y el miedo que experimentan las personas con agorafobia y los demás trastornos que hasta aquí hemos visto son exagerados e irracionales. Efectivamente, son exagerados e irracionales, e incluso los pacientes lo reconocen, pero a pesar de ello son difíciles de eliminar, por lo que se convierten en un verdadero tormento psicológico.

Las personas con agorafobia suelen beneficiarse de una mezcla de terapia de exposición y terapia cognitivo-conductual. El objetivo de la terapia suele centrarse en que el paciente reconozca las creencias irracionales subyacentes a las situaciones evadidas y que pueda desafiar dichas creencias, a la vez que genere una reestructuración cognitiva basada en creencias más racionales y objetivas que le permitan afrontar las situaciones sin tanto temor. Al mismo tiempo, se suele hacer una lista de situaciones y lugares evadidos que van desde lo menos temido hasta lo más temido, y se diseñan estrategias de exposición para que la persona pueda habituarse y generar un nuevo condicionamiento.

Una vez que los síntomas agorafóbicos han cedido, algunos terapeutas buscarán aplicar a sus pacientes alguna terapia de introspección, como la terapia de esquemas, la *internal family system* o la psicoterapia psicoanalítica. Esto puede ser una buena idea, sobre todo para que la persona pueda ver su agorafobia en un continuo de vida que le permita experimentarla como "prueba superada" y constituya una fuente más de resiliencia y aprendizaje.

Episodio depresivo mayor y trastorno depresivo mayor

En esta sección estudiaremos el episodio depresivo mayor (EDM) y el trastorno depresivo mayor (TDM). El TDM es uno de los trastornos más prevalentes tanto en los adolescentes como en los adultos. El DSM-5 considera que un 7 % de la población experimentará este trastorno alguna vez en su vida. Además es uno de los trastornos con más fatalidades, pues en casos graves las personas cometen suicidio.

Episodio depresivo mayor

El episodio depresivo mayor es lo que el ataque de pánico para los trastornos de ansiedad; es decir, puede ser tanto un síntoma de un trastorno (por ejemplo, como una experiencia aislada en los trastornos bipolares o en situaciones de duelo no resuelto o en momentos de mucho estrés) como un criterio diagnóstico para TDM. En este capítulo no estudiaremos los trastornos bipolares por su baja prevalencia, la cual es estimada por el DSM-5 entre un 0.0 % y un 0.6 % para el trastorno bipolar tipo I y de un 0.3 % para el trastorno bipolar tipo II. Quien desee saber más sobre estas patologías puede consultar el siguiente enlace: http://www.cenetec.salud.gob.mx/descargas/gpc/CatalogoMaestro/170_GPC_TRASTORNO_BIPOLAR/IMSS_170_09_EyR_Trastorno_bipolar.pdf.
Los síntomas y características del EDM, según el DSM-5, son:

1. Estado de ánimo deprimido la mayor parte del día, casi todos los días, según se desprende de la información subjetiva (el sujeto se

siente triste, vacío, sin esperanza) o de la observación por parte de otras personas (se le ve lloroso). (Nota: En niños y adolescentes, el estado de ánimo puede ser irritable)

2. Disminución importante del interés o el placer por todas o casi todas las actividades la mayor parte del día, casi todos los días (como se desprende de la información subjetiva o de la observación)

3. Pérdida importante de peso sin hacer dieta o aumento de peso (por ejemplo, modificación de más del 5 % del peso corporal en un mes) o disminución o aumento del apetito casi todos los días. (Nota: En los niños, hay que considerar el fracaso para el aumento de peso esperado)

4. Insomnio o hipersomnia casi todos los días

5. Agitación o retraso psicomotor casi todos los días (observable por parte de otros, no simplemente la sensación subjetiva de inquietud o de enlentecimiento)

6. Fatiga o pérdida de energía casi todos los días

7. Sentimiento de inutilidad o culpabilidad excesiva o inapropiada (que puede ser delirante) casi todos los días (no simplemente el autorreproche o culpa por estar enfermo)

8. Disminución de la capacidad para pensar o concentrarse, o para tomar decisiones, casi todos los días (a partir de la información subjetiva o de la observación por parte de otras personas)

9. Pensamientos de muerte recurrentes (no solo miedo a morir), ideas suicidas recurrentes sin un plan determinado, intento de suicidio o un plan específico para llevarlo a cabo

Trastorno depresivo mayor

Cuando hay cinco o más de los síntomas del EDM y estos "han estado presentes durante un periodo de dos semanas y representan un cambio del funcionamiento previo y al menos uno de los síntomas es estado de ánimo deprimido o pérdida de interés o de placer" (p. 104), se considera que la persona está pasando por un trastorno depresivo mayor.

Además, los síntomas del EDM han de causar "malestar clínicamente significativo o deterioro en lo social, laboral o en otras áreas importantes del funcionamiento de la persona, y el episodio no se puede atribuir a los efectos fisiológicos de una sustancia o de otra afección médica" (p. 104).

Si estos criterios se cumplen, lo más probable es que la persona padezca del TDM. Pero ojo, no todos los deprimidos reaccionan igual. Además de que solo se necesitan cinco de los nueve síntomas del EDM, solo se tienen que compartir (entre un paciente y otro) el estado de ánimo deprimido o la pérdida de interés. Además puede haber otras diferencias de este trastorno en cuanto a su gravedad y su curso.

En cuanto a gravedad, el TDM se divide en leve, moderado, grave y con características psicóticas. En cuanto a su curso, el TDM puede estar en remisión parcial o en remisión total.

Finalmente, hay otras características que pueden presentarse en un TDM: ansiedad; melancolía; catatonia; comenzar antes, durante o después del parto; o tener un patrón estacional.

Como podemos observar, un paciente depresivo y otro pueden ser muy distintos tanto en sus síntomas como en la gravedad y en el curso que toma el trastorno en cada uno. Por eso es importante evitar al máximo el autodiagnóstico y la automedicación. La depresión es un trastorno muy serio que necesita ser evaluado y tratado por especialistas.

Es necesario diferenciar entre la tristeza, el EDM y el TDM. La primera es una emoción que no tiene nada de malo en sí misma. La tristeza puede ser esperable, apropiada e incluso necesaria de experimentar en situaciones de pérdida, pero habitualmente suele ser transitoria, y conforme uno se habitúa a la pérdida que ha vivido, la tristeza suele desaparecer. El segundo es un episodio, es decir, incluye varios síntomas, se experimenta intensamente y su duración puede durar varios días. Puede estar relacionado al TDM o a otro trastorno, o incluso puede constituir una experiencia aislada. Finalmente, el TDM es un trastorno donde el EDM dura por lo menos dos semanas y lleva consecuencias importantes para el paciente en su vida social, laboral y personal.

Es importante no patologizar todo sentimiento de tristeza, como por desgracia se ha estado haciendo cada vez más. La tristeza es necesaria, y suprimirla puede ser contraproducente, en especial si esta no impide el funcionamiento de la persona. Eliminar la tristeza puede impedir el desarrollo de lo que en psicología se conoce como *procesamiento cognitivo*, una especie de *digestión* emocional ante la pérdida.

También es necesario distinguir el TDM del duelo ante la pérdida de un ser querido. El DSM-5 sostiene:

> Las respuestas a una pérdida significativa (p. ej., duelo, ruina económica, pérdidas debidas a una catástrofe natural, una enfermedad o discapacidad grave) pueden incluir el sentimiento de tristeza intensa, rumiación acerca de la pérdida, insomnio, pérdida del apetito y pérdida de peso que figuran en el Criterio A (el primer apartado del TDM), y pueden simular un episodio depresivo. Aunque estos síntomas pueden ser comprensibles o considerarse apropiados a la pérdida, también se debería pensar atentamente en la presencia de un episodio de depresión mayor además de la respuesta normal a una pérdida significativa. Esta decisión requiere inevitablemente el criterio clínico basado en la historia del individuo y en las normas culturales para la expresión del malestar en el contexto de la pérdida (p. 161).

Diferenciar entre cuándo alguien está pasando por un TDM o por una respuesta normal o adecuada a una pérdida significativa puede ser una tarea difícil, incluso para un psicólogo o psiquiatra experimentado. Cuánto más difícil será para alguien que no sea especialista de la salud mental. Nuevamente, es necesario resaltar que sentirse mal no está mal, que es parte del proceso para superar las experiencias adversas que nos presenta la vida. Pero también debemos resaltar que con mucha frecuencia se pueden utilizar los diagnósticos psiquiátricos para etiquetar a las personas y a sus respuestas ante la vida de una forma inapropiada y contraproducente. Y aún más, suelen suministrarse, con cierta facilidad, medicamentos para evitar el malestar en las personas que pasan por adversidad, lo que puede llevarlas a un estancamiento del procesamiento cognitivo de la experiencia. Diagnosticar y tratar a las personas que pasan por dificultades psicológicas requiere un entrenamiento especializado, por lo que es importante evitar que lo hagan individuos sin suficiente preparación.

En cuanto al tratamiento del TDM, es importante señalar que su elección dependerá de la gravedad, cronicidad y de los fracasos terapéuticos previos. Si la persona que padece el trastorno pasa por su primer EDM y no tiene síntomas psicóticos ni hay peligro para su integridad (ideación o intentos suicidas), es deseable aplicar la TCC para la depresión. Pero si la persona tiene una depresión crónica o si la gravedad de los síntomas pone en riesgo su integridad o si los tratamientos previos no han funcionado, es necesario probar una combinación de medicamentos y TCC. Si finalmente con esta combinación el paciente no ha respondido favorablemente, entonces se podrá utilizar la terapia electroconvulsiva (TE).

A propósito de la TE, como muchos colegas, yo también solía resistirme a la idea de que mis pacientes recibieran TE. Pensaba que era una forma de maltrato o abuso médico que debía considerarse como una obscura parte de la historia de la psiquiatría y que la psicología jamás debería apoyarla. Estaba equivocado.

Aún recuerdo a mi primera paciente que la recibió. Fui a visitarla al hospital al día siguiente de que se la habían administrado, y ella, con una sonrisa en la cara, me dijo: "No recuerdo cuándo fue la última vez que me había sentido tan bien. Ya no me quiero matar, quiero salir y vivir". Además me dijo: "A los carros les hacen el servicio cada seis meses. ¿A mí me podrán hacer esta terapia cada seis meses también?". Me quedé impresionado. Hablé con el psiquiatra que había realizado la terapia, y él me dijo: "Los efectos secundarios son dolor de cabeza pasajero, pérdida de la memoria a corto plazo (sobre todo la asociada al día de la intervención) y cansancio. Después de dos días estará mucho mejor".

Mi impresión cambió radicalmente. He visto pacientes con años y años de medicamentos sin resultados positivos y con importantes efectos secundarios. Sin embargo, la mayoría de mis pacientes que han recibido la TE han experimentado un cambio significativo en sus síntomas.

239

En 2016 tomé un curso en el Massachusetts General Hospital Psychiatric Academy, donde se explicó que la TE tenía los mejores resultados frente a cualquier otra forma de tratamiento para el trastorno bipolar. Su efectividad es de hasta el 73.9 %, mientras que el medicamento con mejores resultados no pasa del 56 %. Llama la atención que siendo un tratamiento tan eficaz y con tan pocos efectos secundarios, no se utilice con mayor frecuencia. Tal vez es por lo que un psiquiatra me dijo en una ocasión: "Se les acabaría el negocio a las farmacéuticas, Mario".

No se puede sostener que la TE sea la panacea; ni si quiera se puede afirmar que sea inocua. Pero cada vez es mayor el número de voces que reclaman más investigación en sus efectos a la hora de tratar trastornos mentales y de compararla con otras formas de tratamiento, de tal forma que el paciente reciba la mejor de las opciones. Incluso, cada vez son más las voces que se hacen escuchar sobre los beneficios de usar esta terapia en niños con trastornos severos, como lo señala un reciente reportaje de la BBC con niños autistas (Rogers & Corwin, 2017).

A la hora de decidir qué tratamiento llevar a cabo con pacientes con TDM, es necesario considerar dos cosas: primero, la TCC ha probado ser efectiva en el tratamiento de la depresión y no tener los efectos secundarios de los medicamentos; además ha mostrado que tanto en depresiones severas al igual que en el trastorno bipolar, se obtienen mejores resultados cuando se hace una combinación de TCC y psicofármacos (Driessen & Hollon, 2011). En segundo lugar, hay que tener en cuenta lo que el profesor McDonough (2015) ha señalado como un uso inapropiado de los psicofármacos, no solo para la depresión, sino también para la ansiedad, pues podrían inhibir el desarrollo de habilidades para que los pacientes se sobrepongan por sí mismos a estas condiciones, además de que podrían ocasionar efectos secundarios a la salud, incluida una mayor probabilidad de desarrollar demencias. Estos riesgos son especialmente importantes en el uso constante de las benzodiacepinas, que suelen utilizarse para el manejo de la ansiedad y que en ocasiones se usan en combinación con medicamentos antidepresivos.

Los medicamentos y la TE no deberían ser utilizados como primera opción de tratamiento, pues, como ya lo señalamos, la TCC ha mostrado ser igual o más efectiva que los medicamentos, además de que sirve como protectora de futuras recaídas.

Dentro de las opciones de medicamentos para la depresión existen los llamados *inhibidores selectivos de la recaptura de la serotonina* (ISRS), que han mostrado ser más seguros y producen menos efectos secundarios. Para algunos pacientes pueden representar un extraordinario apoyo en su proceso de recuperación de la depresión. Sin embargo, es necesario resaltar la posibilidad de ver la depresión como una oportunidad de conocer más de uno mismo y de sus capacidades de afrontamiento a la adversidad; de ahí que la sugerencia sea que no se tome exclusivamente el medicamento, sino que se vea como algo provisional mientras el paciente avanza en su TCC y aprende nuevos recursos (McDonough, 2015).

Desafortunadamente, muchos pacientes han sido mal orientados en el consumo de estos fármacos. He atendido personas que han estado tomando medicamentos por más de diez años consecutivos y que han recibido una atención médica inadecuada, pues cada semana les cambiaban el tipo de fármaco. Además, a un número significativo de personas con TDM que he atendido, su médico jamás les habló de llevar terapia psicológica, con lo que no solo les limitó las posibilidades de éxito del tratamiento, sino que además los privó de la oportunidad de aprender de sí mismos y de la depresión.

Las terapias de introspección y las basadas en la atención plena también pueden constituir un importante recurso a la hora de tratar el TDM, especialmente si ya no existen síntomas del EDM. Puede ser conveniente identificar aprendizajes de la infancia y experiencias condicionadas del pasado que aporten sentido a por qué la persona ha reaccionado con depresión a su situación actual.

También existen otros recursos que han mostrado ser sumamente importantes al momento de tratar el TDM. Un ejemplo de ello es la terapia de activación conductual, que ha mostrado ser eficaz, breve y no tener los efectos secundarios de los medicamentos. Es una terapia contextual; es decir, se basa tanto en la conducta como en el contexto del paciente. Deja de lado sus cogniciones y el supuesto biológico mecanicista de que la depresión se debe a desequilibrios químicos. Por el contrario, hace énfasis en que la conducta y el contexto del sujeto funcionan como reforzadores de la depresión. Incidiendo en el contexto y en el comportamiento del paciente, este podrá salir de la depresión. Los resultados de esta terapia son estadísticamente significativos, por lo que sin duda es una opción más en el momento de decidir el tratamiento para cada paciente. Una breve explicación de esta terapia y de sus beneficios se puede encontrar en Pérez (2006).

Como ya lo señalamos, los trastornos mentales son multicausales, y el TDM no es la excepción. Si bien hay un gran avance en la comprensión de los mecanismos neurobiológicos de la depresión, también es cierto que hay un considerable progreso en el conocimiento de los factores psicosociales de la activación de la depresión y de su tratamiento, e incluso de los factores contextuales y conductuales asociados a ella. Es desde esta perspectiva biopsicosocial que el tratamiento puede tener un mayor éxito.

Trastorno por déficit de atención

En el capítulo anterior abordamos el debate que existe entre distintos investigadores en cuanto a la veracidad del trastorno por déficit de atención (TDAH), su sobrediagnóstico y el excesivo manejo terapéutico enfocado en los medicamentos, de tal forma que en este apartado no repetiremos dicha información.

Aquí abordaremos las características diagnósticas de este trastorno con la intención de que padres de familia y profesionistas conozcan más sus síntomas y puedan identificar si es necesaria o no una evaluación formal para un posible diagnóstico y tratamiento.

Según el DSM-5, la prevalencia del TDAH es del 5 %. Está lejos de ser el trastorno más prevalente en niños y adolescentes, pero, como ya comentamos, es uno de los más conocidos por su sobrediagnóstico y su cuestionable tratamiento a través de medicamentos. Sin embargo, es necesario evitar irse al otro extremo y no reconocer que sí hay chicos que padecen los síntomas englobados en el TDAH.

El DSM-5 describe el TDAH como "un patrón persistente de inatención y/o hiperactividad-impulsividad que interfiere con el funcionamiento o el desarrollo" (p. 33).

En cuanto a la inatención se refiere, el manual señala que la persona con este trastorno ha presentado y mantenido seis o más de los siguientes síntomas durante al menos seis meses en un grado que no concuerda con su nivel de desarrollo y que afecta directamente sus actividades sociales y académicas o laborales:

1. Frecuentemente falla en prestar la debida atención a detalles o por descuido comete errores en las tareas escolares, en el trabajo o durante otras actividades (pasa por alto o se pierde detalles, no lleva a cabo con precisión el trabajo).

2. Con frecuencia tiene problemas para mantener la atención en tareas o actividades recreativas (se le dificulta mantener la atención en clases, charlas o en la lectura prolongada). Con frecuencia parece no escuchar cuando se le habla directamente (parece tener la mente en otras cosas, incluso en ausencia de cualquier distracción aparente).

3. Con frecuencia falla en seguir instrucciones y no finaliza las tareas escolares, los quehaceres o los deberes laborales (inicia actividades pero se distrae rápidamente y se evade con facilidad).

4. Frecuentemente tiene dificultad para organizar tareas y actividades (dificultad para administrar tareas secuenciales, dificultad para ordenar los materiales y pertenencias, descuido y desorganización en el trabajo, mala administración del tiempo, incumplimiento de plazos).

5. Con frecuencia evita iniciar tareas que requieren un esfuerzo mental sostenido, le disgusta hacerlo o se muestra poco entusiasta en realizarlas (tareas escolares o quehaceres domésticos; en adolescentes mayores y adultos, preparar informes, llenar formularios, revisar textos largos).

6. Con frecuencia extravía cosas necesarias para realizar tareas o actividades (materiales escolares, lápices, libros, instrumentos, billetera, llaves, papeles del trabajo, gafas, móvil).

7. Frecuentemente se distrae con facilidad por estímulos externos (para adolescentes mayores y adultos, puede incluir pensamientos no relacionados con la actividad en curso).

8. Con frecuencia olvida ejecutar las actividades cotidianas (hacer las tareas, hacer las diligencias; en adolescentes mayores y adultos, devolver las llamadas, pagar las facturas, acudir a las citas).

En cuanto a la hiperactividad e impulsividad se refiere, el manual señala que la persona que presenta este trastorno ha mantenido seis o más de ciertos síntomas durante al menos seis meses en un grado que no concuerda con su nivel de desarrollo y que afecta directamente a sus actividades sociales y académicas o laborales.

El DSM-5 resalta que estos síntomas no "son solo una manifestación del comportamiento de oposición, desafío, hostilidad o fracaso en la comprensión de tareas o instrucciones" (p. 34). Los síntomas en cuestión son los siguientes:

1. Con frecuencia golpea las manos o los pies, juguetea con ellos o se retuerce en el asiento.

2. Frecuentemente se levanta en situaciones en que se espera que esté sentado (se levanta en la clase, en la oficina o en otro lugar de trabajo, o en otras situaciones que requieren mantenerse en su lugar).

3. Con frecuencia corretea o trepa en situaciones en las que no resulta apropiado hacerlo (en adolescentes o adultos, puede limitarse a estar inquieto).

4. Frecuentemente es incapaz de jugar o de ocuparse tranquilamente en actividades recreativas.

5. Con frecuencia actúa como si lo impulsara un motor (es incapaz de estar quieto o se siente incómodo estando quieto durante un tiempo prolongado, como en restaurantes, reuniones; los otros pueden pensar que está intranquilo o que le resulta difícil seguirlos).

244

6. Frecuentemente habla en exceso.

7. Con frecuencia responde inesperadamente o antes de que se haya terminado de formular una pregunta (termina las frases de otros; no respeta el turno de conversación).

8. Con frecuencia le es difícil aguardar su turno (por ejemplo, mientras espera en una cola).

9. Con frecuencia interrumpe a otros o se inmiscuye con ellos (se mete en las conversaciones, juegos o actividades; puede empezar a utilizar las cosas de otras personas sin esperar o recibir permiso de hacerlo; en adolescentes y adultos, puede inmiscuirse en lo que otros hacen o adelantarse a ellos).

El manual también señala que "los síntomas de inatención o hiperactivo-impulsivos estaban presentes antes de los doce años. Además, varios síntomas concurren en dos o más contextos (por ejemplo, en casa, en la escuela o en el trabajo; con los amigos o parientes; en otras actividades)" (p. 35). Debido a esto es necesario que existan "pruebas claras de que los síntomas interfieren con el funcionamiento social, académico o laboral, o reducen la calidad de los mismos" (p. 35).

No todos los chicos con TDAH se comportan igual. Hay algunos que tienen un predominio de inatención; otros, de hiperactividad e impulsividad, y otros, un predominio combinado: inatención más hiperactividad e impulsividad.

Pero también la gravedad varía, pues hay chicos que tienen pocos síntomas y poco deterioro social o académico, por lo que el trastorno se considera leve. Si los síntomas son mayores o causan deterioro, este se considera moderado. Pero si hay muchos síntomas y deterioro social, académico y laboral, entonces se considera grave.

Ahora que hemos explicado los criterios diagnósticos del TDAH según el DSM-5, será posible comprender por qué este trastorno recibe tantas críticas. Existe una amplia ambigüedad en sus conceptos, por ejemplo: "Con frecuencia habla excesivamente", "Muchos síntomas", por lo que surge la siguiente pregunta: ¿quién define cuánto es *con fre-*

cuencia, cuánto es *excesivamente* o cuántos son *muchos síntomas*? Además, si prestamos atención a los síntomas, podremos ver que son conductas que la gran mayoría de los niños va a presentar en mayor o menor medida, especialmente los varones.

Sin embargo, hay dos elementos muy importantes que se deben considerar para el diagnóstico del TDAH: el primero es que el manual advierte que es necesario que algunos de estos síntomas estén presentes desde antes de los 12 años; es decir, son una constante. Por otro lado, los síntomas deben estar presentes en dos o más contextos, por lo que no es suficiente que solo se manifiesten en la escuela o la casa o la iglesia. De ser así, habría que cuestionar el contexto en donde se producen, pues tal vez el déficit no esté en el niño, sino en la atención que los adultos le dan al niño o en las características del contexto en donde el chico se desarrolla. Y, finalmente, debe haber un deterioro importante en su funcionamiento social, académico, laboral o en los tres.

Con todo esto, es importante señalar que no pocos chicos que han sido diagnosticados con TDAH en realidad solo reaccionaban a las situaciones de su contexto. Para algunos profesores puede ser difícil el control de un grupo con treinta alumnos o más, por lo que si un chico requiere atenciones personalizadas, puede complicar más su trabajo y retrasar al resto del grupo. Profesores en esas condiciones se pueden ver tentados a sugerir que el niño tenga un TDAH y a buscar que lo mediquen. Para algunos padres puede ser una forma de alivio el etiquetar a su hijo como TDAH y así no cuestionarse si le están prestando la suficiente atención al niño o si tienen un adecuado control conductual y estrategias de parentalidad en casa.

Como lo dijimos en el capítulo IV, el sobrediagnóstico y el excesivo uso de los medicamentos es real. Por ello es necesario cuestionar a fondo si realmente el chico diagnosticado con TDAH cumple con los requisitos mínimos para este diagnóstico y si el trastorno es de moderado a grave, pues si es leve o si el muchacho no cumple con todos los requisitos, sería mejor preguntarse a qué responden las conductas del chico: si le faltará atención por parte de los padres, si los profesores no estarán aplicando las estrategias pedagógicas apropiadas para él, si necesitará un entrenamiento conductual para controlar la impulsividad y enfocar la atención, si serán los padres y los profesores quienes también puedan beneficiarse de un entrenamiento del manejo conductual y de la parentalidad o si será que –como lo indica la clasificación del trastorno– el comportamiento refleja un retraso en el desarrollo de habilidades que con el tiempo el chico podrá conquistar.

Antes de probar los medicamentos estimulantes en los niños, sería apropiado hacerse las reflexiones mencionadas anteriormente e intentar aplicar estrategias enfocadas a solucionar problemas relacionados con dichas reflexiones. Tal vez se aplique el dicho "más vale maña que fuerza". Si haciendo cambios contextuales, conductuales y parentales, el problema continúa, entonces valdrá la pena probar el apoyo de algún medicamento.

Trastornos destructivos del control de impulsos y de la conducta

En el DSM-5 se incluye la sección de los llamados *trastornos destructivos del control de impulsos y de la conducta* (TDCIC), que albergan distintas condiciones que tienen dos elementos en común: un pobre autocontrol de las emociones y de la conducta y la violación de los derechos de los otros.

Estas dos características hacen que los sujetos con estos trastornos suelan tener graves problemas con las normas sociales y las figuras de autoridad. Algunos de estos padecimientos son exclusivos de la niñez y de la adolescencia, mientras que otros se presentan como un continuo hasta la vida adulta.

La mayoría de los sujetos que son diagnosticados con alguna forma de TDCIC son hombres, lo cual explica por qué es más común que conductas criminales y disruptivas sean asociadas a hombres que a mujeres. Sin embargo, ya señalamos que los hombres viven una situación sumamente compleja y que desde la infancia esta afecta la manera en cómo se relacionan con la sociedad, con sus normas y con la autoridad, así como el control de sí mismos. La ausencia de modelos sociales positivos para los hombres, el discurso reduccionista que culpa al patriarcado y al machismo de la mayoría de los problemas sociales, la ausencia de la figura paterna, la mayor exposición a la violencia y el modelo educativo que no se ajusta a las necesidades físicas y cognitivas de los varones hacen que se den las condiciones propicias para que los niños crezcan con déficits que pueden asociarse a un TDCIC.

Desafortunadamente estos trastornos están relacionados a una mayor comorbilidad con problemas de sustancias y con el trastorno antisocial de la personalidad. De ahí que es necesario que la sociedad atienda al menos dos elementos de suma importancia: primero, una guía apropiada a los niños varones que respete sus necesidades y diferencias físicas, emocionales, sociales y cognitivas y que les permita un sano desarrollo y, segundo, una atención temprana a los chicos que puedan tener criterios diagnósticos de TDCIC para que puedan lograr la superación de estos y no se conviertan en situaciones de mayor conflicto.

Los dos trastornos más prevalentes dentro de los TDCIC durante la adolescencia son el trastorno negativista desafiante (de 1 % a 11 % con una media de 3.3 %) y el trastorno de conducta (de 2 % a más del 10 % con una mediana del 4 %). Veamos cuáles son sus características y sus posibles tratamientos.

Trastorno negativista desafiante

El trastorno negativista desafiante (TND) es descrito en el manual de APA como "un patrón de enfado/irritabilidad, discusiones/actitud desafiante o vengativa que dura por lo menos seis meses, que se manifiesta por lo menos con cuatro síntomas de cualquiera de las categorías siguientes y que se exhibe durante la interacción por lo menos con un individuo que no sea un hermano" (p. 243).

Las categorías y los síntomas a los que hace mención son los siguientes:

- **Enfado/irritabilidad**

1. A menudo pierde la calma.
2. A menudo está susceptible o se molesta con facilidad.
3. A menudo está enfadado y resentido.

- **Discusiones/actitud desafiante**

4. Discute a menudo con la autoridad o con los adultos, en el caso de los niños y los adolescentes.
5. A menudo desafía activamente o rechaza satisfacer la petición por parte de figuras de autoridad o normas.
6. A menudo molesta a los demás deliberadamente.
7. A menudo culpa a los demás por sus errores o su mal comportamiento.

- **Vengativo**

8. Ha sido rencoroso o vengativo por lo menos dos veces en los últimos seis meses (p. 243).

El DSM-5 hace énfasis en que se debe valorar la persistencia y la frecuencia de estos comportamientos para distinguir los que se consideran dentro de los límites normales de aquellos considerados como sintomáticos. Señala que "en los niños menores de 5 años estas conductas se deben de presentar todos los días, mientras que en los mayores (incluidos los adolescentes) han de presentarse al menos una vez por semana. Además, dichas conductas han de generar malestar en el individuo o en otras personas de su entorno social inmediato (es decir, familia, grupo de amigos, compañeros de trabajo) o tienen un impacto negativo en las áreas social, educativa, profesional u otras importantes" (p. 244).

En cuanto a la gravedad del trastorno, si los síntomas se presentan solo en uno de los siguientes entornos: escuela, casa, trabajo o con los compañeros, este se considera como leve. Si los síntomas concurren en

249

dos de esos entornos, se considera moderado. Si están presentes en tres o más entornos, entonces hablamos de un nivel grave.

Es importante recordar lo que explicamos en el capítulo II sobre los estilos parentales (autoritario, autoritativo, permisivo y negligente) y su correlación con este tipo de conductas, especialmente para los niños criados bajo un estilo permisivo o negligente. Si bien es cierto que este trastorno no responde únicamente al estilo parental que recibe el niño –pues otros factores sociales e incluso el TDAH pueden asociarse a este trastorno–, también es cierto que este es un factor determinante que se debe tener en cuenta. Por ello es importantísimo que los padres reflexionen sobre el estilo parental o de crianza que utilizan, el ambiente y la dinámica en la familia y la configuración de su relación de pareja.

Con frecuencia atiendo a papás hartos de la conducta negativista y desafiante de su hijo, pero me sorprende que buscan llevarlo conmigo como quien lleva su automóvil al taller mecánico. Esperan que como terapeuta resuelva el problema, y les cuesta trabajo comprender que ellos son pieza fundamental de la ecuación.

Algunos de estos padres tienen importantes problemas en su relación de pareja, lo que los lleva a no unificar el estilo parental y a formar bandos con los hijos. Uno de los padres asume el rol del duro y el otro asume el rol del bonachón. Los hijos se dan cuenta de esta discrepancia, que los lleva a acomodarse con uno o con otro, dependiendo de la situación. Con el tiempo, los hijos crecen sin una estructura clara, sin reglas, sin consecuencias y sin manifestaciones genuinas del amor. Los chicos se convierten en parte del problema de pareja; se configura una tríada conflictiva donde de manera no consciente los padres proyectan a través de los hijos el enojo, la frustración e incluso el deseo de venganza que sienten hacia su pareja. Al final, todos pierden, pero en especial los hijos, pues no cuentan con otros recursos para liberar y comprender el estrés que esta situación ocasiona en ellos.

Otros padres que he visto en números crecientes en los últimos años son aquellos que simplemente no están presentes en la vida de sus hijos: estos últimos son niños que a temprana edad son privados de la convivencia materna y paterna y que son depositados en guarderías hasta por diez o doce horas al día, o niños que crecen solos sin la supervisión de adultos. He atendido pacientes a quienes desde la edad de 6 años se les dejaba solos en casa, e incluso a cargo de sus hermanos menores. Estos niños se enfrentan a situaciones inapropiadas para su edad, donde deben de tomar decisiones sobre seguridad, límites, control conductual, etc. Pero un niño de esa edad simplemente no está en condición de hacerlo solo; necesita la supervisión y orientación del adulto. Con el tiempo, esa falta de estructura y límites externos se traslada a una falta de estructura y límites internos que se manifiestan en el TND.

Un grupo diferente de padres con hijos que tienen TND son aquellos que no saben ejercer el rol de autoridad y que deciden convertirse en amigos y facilitadores de los deseos del niño. Papás que consienten, que premian y que disculpan las conductas inapropiadas de los hijos. La ausencia de límites y de consecuencias contingentes facilitan la aparición de los síntomas del TND y a la vez de explosiones intermitentes de los padres cuando están cansados de que su hijo "no entiende ni obedece".

Algunos chicos con TND que he atendido no crecieron en ambientes familiares como los hasta aquí descritos, sino en situaciones donde imperaba la violencia, la poca empatía y la restricción conductual constante. A manera de sobrecompensación o de rebeldía, estos chicos desafían el autoritarismo en el que han crecido y se niegan a seguir las imposiciones que viven de parte de sus padres.

Como lo analizamos en el capítulo II, un estilo autoritativo produce mejores resultados para el desarrollo de los hijos y permite que en casa se respire un ambiente de armonía y crecimiento, donde los conflictos se convierten en oportunidades de aprendizaje. Desafortunadamente, muchos de los ahora padres no crecieron en un ambiente así o no han recibido la instrucción de cómo propiciarlo, o simplemente están tan envueltos en el estrés de la vida contemporánea que poco tiempo les queda para pensar en su estilo parental y en las necesidades conductuales que tienen sus hijos. De ahí la importante necesidad de trabajar no solo con los hijos, sino también con los padres, pues es fundamental facilitar un cambio en la dinámica familiar y en el contexto donde se presentan las conductas del TND.

No solo los padres necesitan acompañamiento para mejorar sus habilidades parentales; los chicos con TND también requieren ser acompañados terapéuticamente. Una combinación de terapia cognitivo-conductual y terapia familiar suele ser el tratamiento de elección para niños con este trastorno (Vásquez, Feria, Palacios, & De la Peña, 2010). Recientemente se han estado probando otros tratamientos, como combinación de la terapia de aceptación y compromiso y la terapia de interacción padres-hijos (Ferro, Ascanio, & Valero, 2017), y ambas han mostrado buenos resultados.

Tener un hijo con TND no es fácil; de hecho puede ser una realidad muy desgastante para los padres y una fuente de exacerbación de los conflictos de pareja o individuales de cada padre. Por ello, los tratamientos que incluyen al hijo, a los padres y a la interacción entre ellos ofrecen mayores oportunidades para la obtención de resultados significativos.

Trastorno de conducta

El manual de APA define este trastorno como:

Un patrón repetitivo y persistente de comportamiento en el que no se respetan los derechos básicos de otros, las normas o reglas sociales propias de la edad, lo que se manifiesta por la presencia en los doce últimos meses de por lo menos tres de los quince criterios siguientes en cualquiera de las categorías que se muestran, existiendo por lo menos uno en los últimos seis meses:

- **Agresión a personas y animales**

1. A menudo acosa, amenaza o intimida a otros.
2. A menudo inicia peleas.
3. Ha usado un arma que puede provocar serios daños a terceros (un bastón, un ladrillo, una botella rota, un cuchillo, un arma).
4. Ha ejercido la crueldad física contra personas.
5. Ha ejercido la crueldad física contra animales.
6. Ha robado enfrentándose a una víctima (atraco, robo de un monedero, extorsión, atraco a mano armada).
7. Ha violado sexualmente a alguien.

- **Destrucción de la propiedad**

8. Ha prendido fuego deliberadamente con la intención de provocar daños graves.
9. Ha destruido deliberadamente la propiedad de alguien (pero no por medio del fuego).

- **Engaño o robo**

10. Ha invadido la casa, edificio o automóvil de alguien.
11. A menudo miente para obtener objetos o favores, o para evitar obligaciones (engaña a otros).
12. Ha robado objetos de valor no triviales sin enfrentarse a la víctima (hurto en una tienda sin violencia ni invasión; falsificación).

- **Incumplimiento grave de las normas**

13. A menudo sale por la noche a pesar de la prohibición de sus padres, empezando antes de los 13 años.
14. Ha pasado una noche fuera de casa sin permiso mientras vivía con sus padres o en un hogar de acogida, por lo menos dos veces o una vez si estuvo ausente durante un tiempo prolongado.
15. A menudo falta a la escuela, empezando antes de los 13 años (pp. 246 y 247).

El trastorno de conducta (TC) puede iniciar en la infancia o en la adolescencia. El criterio para identificar si fue en una etapa u otra es si al menos un síntoma estuvo presente antes o después de los 10 años de edad.

Como en los otros trastornos que hemos revisado, no todos los chicos con TC se comportan igual. Habrá quienes muestren emociones prosociales limitadas, como la empatía con ciertas personas; habrá otros que no experimenten ni remordimiento ni sentimiento de culpa por sus acciones; también habrá quienes muestren insensibilidad, carezcan de empatía o no manifiesten preocupación por su rendimiento en la escuela o en su trabajo; y finalmente habrá algunos que no expresen emociones o lo hagan de manera deficiente o incluso como una estrategia para obtener beneficios.

253

En cuanto a la gravedad, el DSM-5 señala que el trastorno se considera leve cuando la persona manifiesta alrededor de tres síntomas y no muestra deterioro significativo en las distintas áreas de su vida. Se considera moderado cuando el sujeto muestra un TC con un número mayor de síntomas y con problemas intermedios entre el leve y el grave. Finalmente, se considera grave cuando los problemas de conducta son numerosos y provocan daño a los demás, como en el caso de violencia sexual, crueldad física, asaltos, uso de armas, etc.

El TC es un trastorno serio con consecuencias potencialmente graves para quien lo presenta y para los demás. Los chicos con TC suelen mostrar características agresivas desde antes de los 13 años. Suelen ser los *bullies* o provocadores en la escuela, y tanto los profesores como los papás tienen dificultades para disciplinarlos. Conforme crecen, sus ataques y amenazas pueden incluir el acoso cibernético, donde usan las redes sociales para sus fines intimidatorios y de irrespeto contra otros. Además suelen verse involucrados en peleas físicas, y en la medida que crecen utilizan objetos para sus agresiones: bates, navajas, botellas y hasta pistolas pueden ser utilizadas con fines de hostigamiento y amenaza para los demás.

La crueldad es una de las primeras señales que los adultos reportan como conductas que les parecen fuera de lugar: matar o golpear fuertemente a los animales, burlarse de las discapacidades de otra persona o incluso disfrutar de hacerle daño a los demás forman parte de la crueldad. Como un paciente me comentó: "Disfruto de conducir el automóvil con la intención de encontrar a algún perro solo en la calle. Cuando lo veo siento la adrenalina correr por mi cuerpo, apunto el coche hacia el animal y lo atropello; a veces me detengo y me bajo para verlo morir y cerciorarme de que lo maté. Lo hago por pura diversión".

Algunos chicos con un TC más avanzado pueden buscar hacer daño a las personas a través de asaltarlos o abusar sexualmente de ellos; en casos raros llegan al homicidio.

Otras conductas que pueden presentar chicos con TC son los actos de vandalismo, que pueden ir desde romper cristales de otras casas o automóviles hasta incendiar propiedades. También pueden participar en robos a casas u oficinas, o robos que no impliquen daño físico a otros.

Asimismo, en este trastorno es frecuente la manipulación, así como el incumplimiento de las reglas y de las promesas y el culpar a los demás por sus acciones: "Se lo merecía. ¿Para qué me presumía su iPad? Por eso se la robé".

Finalmente, los chicos con TC suelen presentar ausentismo escolar y del hogar. Durante el tiempo en que se ausentan, suelen cometer las conductas mencionadas.

Con el paso de los años es común ver dos tipos de evolución de este trastorno. El más frecuente es que conforme la persona entra a la adultez, muestra una disminución de los síntomas e incluso una desaparición de ellos. La mayoría podrá desarrollar las habilidades sociales necesarias y el respeto a los derechos de los demás y a las normas sociales, lo que llevará a las personas a una adultez sin conductas relacionadas al TC. Pero hay otro grupo de pacientes en quienes suelen incrementarse los síntomas del TC; como consecuencia, estas personas experimentan trastornos de sustancias (adicciones), conductas criminales, trastornos del estado de ánimo, trastorno por estrés postraumático, trastornos del control de los impulsos, trastornos psicóticos, trastornos de ansiedad y el trastorno antisocial de la personalidad. El DSM-5 señala que si la persona presentó o inició los síntomas antes de la adolescencia, es más probable que evolucione como un individuo del segundo grupo. Si los síntomas se presentaron hasta la adolescencia y su gravedad fue leve o moderada, es más probable que el paciente evolucione hacia el primer grupo.

Como en la mayoría de los trastornos, cuanto más pronto se detecte y se atienda a la persona, mejor será su prognosis.

En cuanto al tratamiento se refiere, es común utilizar una combinación de procedimientos, como se hace en el trastorno negativista desafiante; de hecho, ese trastorno suele estar presente en la historia de los pacientes con TC.

Una combinación de terapia individual basada en el modelo cognitivo-conductual, junto con una terapia familiar, asesorías parentales y asesoría a los profesores u otros adultos en la vida del paciente con TC es el tratamiento que suele sugerirse para chicos con este problema.

Desafortunadamente, los propios retos y dificultades que presentan los chicos con TC pueden hacer que los padres y la escuela no cuenten con el tratamiento adecuado. Expulsiones escolares o el echarlos de la casa suelen ser una respuesta de las escuelas y de los padres, y es hasta cierto punto comprensible, pero también es ineficiente e incluso perjudicial.

Los chicos con TC requieren un apoyo estructurado entre la escuela, la casa y el terapeuta. Estos adolescentes carecen de las habilidades para el autocontrol de impulsos, la empatía, el seguimiento de reglas, la planeación a futuro, la medición de consecuencias y la resolución de conflictos sin uso de la violencia. Echarlos de la escuela o de la casa no hará que aprendan dichas habilidades, pero sí hará que los adultos fracasen en su función de mentores hacia el menor. El dicho popular "aparta la manzana podrida para que no pudra a las demás manzanas" no es solo inefectivo, sino discriminativo y carente de compasión y solidaridad.

Detrás de estos chicos difíciles, que no muestran remordimiento y que dañan a los demás, suele haber un niño que no ha sido atendido apropiadamente en cuanto a sus necesidades emocionales, que probablemente ha sufrido violencia o que creció en un ambiente desestructurado, donde no recibió la instrucción apropiada de cómo comportarse socialmente. Echarlos libera la tensión momentánea de los adultos, pero no soluciona el problema de los chicos; por el contrario, lo puede agravar.

Para las escuelas, puede ser de interés revisar la guía práctica *Trastornos de la conducta, una guía de intervención en las escuelas* (García et al., 2011). Les proporcionará información necesaria para una mayor comprensión de estos trastornos y de su manejo incluyente en las instituciones educativas.

Trastornos de la conducta alimentaria

Los adolescentes son especialmente vulnerables a la insatisfacción con su imagen corporal. Es común verlos un día vestir de una forma y al siguiente de otra. Pareciera que nada les acomoda, que su ropa o su peinado no los hace ver como ellos lo desean. Además, el cuerpo cambiante y en crecimiento los puede llevar a sentirse insatisfechos con su forma o sus atributos.

Hay adolescentes que se sienten demasiado pequeños; otros, demasiado altos; otros, demasiado obesos; otros, demasiado delgados; hay quienes se sienten muy morenos y quienes se consideran muy blancos. Los adolescentes, al igual que la mayoría de los adultos, no están cien por ciento satisfechos con su imagen corporal, y aunque es comprensible que presten más atención a ello que los adultos (debido a la presión de los medios, los cuerpos idealizados, la deseabilidad social y el deseo de pertenencia intragrupal), es importante identificar cuándo sus conductas podrían estar cerca de lo patológico o incluso en lo patológico.

Un porcentaje de los adolescentes llevará la insatisfacción al extremo y desarrollará un trastorno de la conducta alimentaria. Los más comunes son la bulimia nerviosa, con una prevalencia de hasta el 1.5 %, y la anorexia nerviosa, con una prevalencia del 0.4 %. Estas dos condiciones tienen en común conductas alimenticias y conductas compensatorias o deportivas que ponen a quienes las presentan en grave riesgo, incluso la muerte. Sin embargo, también tienen características diferentes, por lo que es apropiado conocer en qué consisten una y otra.

Tanto la bulimia como la anorexia son trastornos mayoritariamente prevalentes en mujeres. La prevalencia en relación al sexo es de 10 mujeres a 1 hombre. Por tal motivo, en este capítulo utilizaremos pronombres femeninos; sin embargo, es necesario resaltar que estos trastornos son posibles a menor escala en varones, especialmente en aquellos círculos donde existe un excesivo énfasis en la apariencia física, como entre las personas que se identifican como homosexuales.

Bulimia nerviosa

El DSM-5 describe a la bulimia como "un trastorno caracterizado por episodios recurrentes de atracón" (p. 192). El manual explica que un atracón se define por los siguientes dos elementos:

1- "Ingestión, en un lapso determinado (dentro de un período cualquiera de dos horas), de una cantidad de alimentos que es claramente superior a la que la mayoría de las personas ingerirían en un período similar en circunstancias parecidas.

2- Sensación de falta de control sobre lo que se ingiere durante el episodio (sensación de que no se puede dejar de comer o controlar lo que se ingiere o la cantidad de lo que se ingiere)" (p. 193).

Como consecuencia del atracón, las personas con bulimia suelen desarrollar "conductas compensatorias inapropiadas recurrentes para evitar el aumento de peso, como el vómito autoprovocado, el uso incorrecto de laxantes, diuréticos u otros medicamentos, así como el ayuno o el ejercicio excesivo" (p. 193).

Tanto los atracones como las conductas compensatorias inadecuadas se producen, en promedio, al menos una vez a la semana durante tres meses. Además, "la autoevaluación se ve indebidamente influida por la constitución y el peso corporal" (p. 193) con creencias del tipo "si subo de peso nadie me va a querer, lo que demostrará que no soy valiosa".

Se considera que la bulimia es leve cuando las conductas compensatorias se presentan de 1 a 3 veces por semana. Es moderada si los episodios de conductas compensatorias van de 4 a 7 veces por semana. Grave, en un promedio de 8 a 13 veces por semana, y se tratará de un trastorno extremo cuando hay un promedio de 14 episodios de conductas compensatorias inapropiadas en una semana.

Las chicas con bulimia suelen referir que el primer episodio de atracón sucedió después de un periodo de dieta que consideraron como fracaso y en un momento donde pasaban por una etapa de mucho estrés en su vida. Algunas de ellas refieren estar pensando constantemente en alimentos, lo cual les vuelve difícil poder enfocarse en otras áreas de su vida. Muchas de ellas suelen tener el atracón como un secreto y hacerlo en solitario.

Por lo general, después del atracón las adolescentes experimentan altos niveles de culpa y preocupación por la ganancia de peso que pueden tener, de tal forma que presentan las conductas compensatorias que señalamos con anterioridad. Desafortunadamente, esas conductas no pasan inadvertidas en cuanto a efectos a la salud se refiere. Algunas de las complicaciones más peligrosas por la provocación de vómitos son depleción de los niveles de potasio, infecciones urinarias y problemas renales, ataques epilépticos, tétanos y pérdida importante de peso.

Las chicas con bulimia suelen tener una tendencia depresiva y un bajo sentido de autoeficacia. Además, con frecuencia muestran baja autoestima y ansiedad elevada. Todo esto suele estar acompañado de un elemento básico: la insatisfacción con su imagen corporal.

Es común que estas chicas se perciban a sí mismas como poco atractivas y que depositen su valor exclusivamente en la imagen de su cuerpo. Desafortunadamente, suelen provenir de ambientes familiares críticos o donde se le da demasiada importancia a la apariencia física. Además, muchas de ellas se comparan con los estereotipos sociales que la cultura pop genera para las mujeres, lo que las hace sentirse en desventaja, o como una chica me lo explicaba claramente: "Tanto mi mamá como las revistas y las películas me recuerdan que no soy lo suficientemente bonita y sé que así ningún niño se va a interesar en mí".

La mamá de esta joven solía actuar de manera exigente: buscaba que su hija mostrara en todo momento una buena apariencia física a los demás. La señora había aprendido que "como te ven te tratan", y aunque parezca extremista, ella buscaba proteger a su hija de ser maltratada o discriminada por su apariencia, tal como ella lo había sido cuando era adolescente. Lo que la mamá no podía comprender era que había generado insatisfacción e inseguridad constantes en su hija. Lo que para la mamá era un acto de protección, para la hija era un acto de "no soy lo suficientemente bonita, ni si quiera para mi mamá". Escuchando cómo la mamá

259

se expresaba, no era difícil comprender por qué la chica había desarrollado este trastorno.

En cuanto al tratamiento se refiere, los mejores resultados se obtienen cuando se hace un manejo integral tanto de la paciente como de la familia. De tal forma que es recomendable la combinación de terapia cognitivo-conductual con terapia familiar, asesoría y supervisión nutrimental y deportiva. En algunos casos resistentes o con pobres resultados a la combinación mencionada, se suelen utilizar los antidepresivos inhibidores selectivos de la recaptación de la serotonina. Una vez que la bulimia está en remisión, es aconsejable iniciar una terapia de introspección, como la terapia de esquemas o las de corte psicoanalítico, donde la paciente pueda resolver los conflictos de largo plazo, así como los problemas relacionados al estilo de apego generado en la infancia.

Sin embargo, es importante señalar que muchas chicas con bulimia pueden parecer curadas pero en realidad no lo están. A diferencia de lo que sucede en la anorexia, quienes padecen este trastorno suelen ser chicas en normopeso o incluso con un leve sobrepeso, por lo que los estragos de la bulimia no son siempre evidentes a simple vista. Además, se convierten en expertas en esconder sus conductas compensatorias, en no hablar de ellas e incluso en mentir sobre los atracones y las conductas compensatorias.

Los padres y los clínicos pueden pensar que el tratamiento ha tenido éxito, cuando en realidad la adolescente puede estar ocultando los síntomas del trastorno; de ahí la importancia de la terapia familiar. Además, muchas de estas chicas han experimentado rechazo (real o percibido) de sus padres por no alcanzar las altas expectativas que se tienen de ellas, por lo que es necesario reinventar la relación padres-hija para que se genere un ambiente de aceptación incondicional, confianza y honestidad; de lo contrario será más difícil la recuperación.

Con lo visto hasta aquí, es comprensible por qué a muchas de estas chicas les lleva varios intentos de tratamiento antes de que realmente se detenga la bulimia. Tanto en la bulimia como en cualquier otro trastorno, lo importante no es cuánto se intente, sino no darse por vencidos.

Anorexia nerviosa

Dr. Guzmán: ¿Podrías decirme cuándo y cómo empezó tu anorexia?

Paciente: Creo que tenía unos 13 años cuando todo empezó. Estaba cansada de que mi mamá me dijera constantemente que debía de tener cuidado, pues según ella tenemos una tendencia genética a engordar. Mi mamá es muy vanidosa; le importa mucho cómo la ven los demás. Pero la verdad es que sí me veía muy mal. Estaba muy gorda.

Dr. Guzmán: ¿Muy gorda? ¿A qué te refieres cuando dices eso? ¿Algún médico o nutriólogo te dijo que tú tenías obesidad?

Paciente: No, siempre me decían que estaba bien, pero yo sabía que no era cierto; estaba gorda.

Dr. Guzmán: Volviendo a mi pregunta inicial, ¿cómo recuerdas que fue el inicio de la anorexia? ¿Dejaste de comer de un día para otro o paulatinamente disminuiste el número de calorías?

Paciente: No fue de un día para otro. Me dieron una dieta, y empecé a contar el número de calorías que comía. En ese entonces eran como unas mil trescientas. Después empecé a comprar productos *light,* como yogur, leche y quesos. Después dejé de comer todo lo que tuviera azúcar añadida y empecé a separar por texturas y colores la comida; no soportaba que se mezclaran. Cuando comía como unas setecientas calorías al día, empecé a sustituir la cena y el desayuno por licuados; quería acelerar los resultados. Después dejé la comida, me quedé solo con el desayuno y la cena. Con el tiempo dejé los licuados y solo comía una manzana en la mañana y una en la noche. Actualmente, solo como media manzana en la mañana y media manzana en la noche, y sin cáscara.

Aún puedo recordar la sonrisa que la paciente tenía en su cara cuando me narraba con orgullo cómo había logrado sobrevivir con una manzana al día. La chica estaba en un estado sumamente grave, con solo 40 kilos de peso y con una situación física y emocional inestable. Corría el riesgo incluso de morir. Como en muchos casos de anorexia, los papás no lo veían tan extremo, o al menos no dimensionaban la gravedad de su problema.

Cuando la paciente empezó a perder peso, obtuvo el reconocimiento de su mamá ("Qué linda te ves así"), de sus compañeras en la escuela, y poco a poco de los chicos. En su mente se desarrolló la creencia "si soy flaca, les gustaré a los demás". Su deseo de volverse delgada se convirtió en perfeccionismo, en una obsesión mortal que alcanzó su punto más alto cuando el chico que le gustaba dejó de salir con ella. En ese momento, la paciente empezó una carrera contra el tiempo para adelgazar lo más que pudiera en el menor tiempo posible. Por fortuna, es un caso que hoy vive para contarlo, pues muchas chicas mueren en el tortuoso camino de la anorexia. El suicidio y el fallecimiento por las complicaciones médicas de la enfermedad están entre los más altos de los trastornos mentales.

El DSM-5 señala que la anorexia nerviosa se caracteriza por una "restricción de la ingesta energética en relación con las necesidades, que conduce a un peso corporal significativamente bajo [es inferior al mínimo normal o, en niños y adolescentes, inferior al mínimo esperado] con relación a la edad, el sexo, el curso del desarrollo y la salud física" (p. 191).

Además sostiene que "existe un miedo intenso a ganar peso o a engordar, o un comportamiento persistente que interfiere en el aumento de peso, incluso con un peso significativamente bajo" (p. 191).

Otra de las características que señala el manual es "la distorsión de la imagen corporal o alteración en la forma en que las pacientes perciben su propio peso o constitución, influencia impropia del peso o la constitución corporal en la autoevaluación, o falta persistente de reconocimiento de la gravedad del bajo peso corporal actual" (p. 191).

Además, el DSM-5 señala la existencia de dos subtipos de anorexia: la tipo restrictivo y la tipo con atracones/purgas. La primera es la forma de anorexia que se suele reconocer con mayor frecuencia, o de la que se habla más en los medios. Las chicas con este tipo de anorexia pierden peso debido a la restricción de alimentos que hacen, al ayuno y al excesivo ejercicio que practican. En cambio, en la tipo con atracones/purgas emplean vómito autoinducido, laxantes, diuréticos o enemas después de un episodio de atracón. El trastorno es sumamente parecido a la bulimia; la diferencia radica en que las chicas con anorexia tipo atracones/purga suelen estar muy por debajo de su peso mínimo, mientras las chicas con bulimia suelen no bajar del normopeso.

El manual de APA también señala que la gravedad de la anorexia varía entre una chica y otra. Esta se considera leve cuando el índice de masa corporal (IMC) es igual o superior a 17.00 kg/m². Se dice que la anorexia es moderada si el IMC es entre 16.00 y 16.99 kg/m². Se considerará grave si el IMC es de 15.00 a 15.99 kg/m². Finalmente, se considera extrema si el IMC es inferior a 15.00 kg/m².

Desafortunadamente la cultura occidental genera una presión muy intensa sobre cómo "debe" lucir una mujer. Las revistas perpetúan estereotipos presentando mujeres con cuerpos fuera de lo saludable que se convierten fácilmente en ideales de las chicas con una predisposición psicológica y genética a la anorexia. Titulares en las revistas del corazón como "obtén un cuerpo perfecto y sé feliz" o "en este verano baja de peso y recibe las miradas de todos" contribuyen a una irracional creencia de que la delgadez y la apariencia física son primordiales a la hora de valorar a una persona.

Actrices, modelos de pasarelas y otras personalidades de la farándula en complicidad con los medios de comunicación refuerzan el estereotipo de que para ser exitoso se requiere ser delgado, lo que lleva a las chicas con anorexia a encontrar modelos sociales que las impulsan cada vez más a desarrollar su conducta extrema de dejarse morir de inanición.

Pero además de los medios y los famosos, existe otro elemento que constituye una pieza fundamental en el desarrollo, mantenimiento y propagación de la anorexia: las llamadas páginas web ProAna y ProMia. Las chicas con anorexia y bulimia llegan a ver su patología no como una enfermedad, sino como un estilo de vida que desean compartir con otras chicas en la misma situación o, según ellas, decisión. De tal forma que blogs, páginas web, grupos en redes sociales y grupos de chat se convierten en el lugar donde las adolescentes exploran, comparten y refuerzan la conducta anoréxica. Distribuyen desde dietas destinadas a perder peso, ejercicios con alta capacidad de quemar calorías, sugerencias de cómo engañar a los demás sobre la cantidad de comida que ingieren y hasta estrategias para vencer el hambre y el deseo de alimentarse. Estos recursos funcionan casi como los grupos de apoyo, pero en lugar de tener un fin terapéutico, tienen un objetivo patologizante.

Las chicas con anorexia suelen sentirse orgullosas de sí mismas por sus supuestos logros de bajar de peso; algunas de ellas se hacen tatuajes conmemorativos, tienen fechas de celebración de cuando llegaron a un peso sumamente bajo, comparten su entusiasmo con otras chicas con anorexia e incluso compiten entre ellas para ver quién dura más tiempo en ayuno o quién consume menos calorías.

La anorexia es un trastorno difícil de tratar, no solo por la dificultad que representa el cambio cognitivo y conductual de las chicas, sino porque la sociedad, los medios, las redes sociales e incluso los padres de familia promueven las creencias irracionales que están detrás de esta patología.

Por todo esto, resulta comprensible que el mejor manejo de la anorexia sea integral. Una combinación de psicoterapia cognitivo-conductual con terapias introspectivas, terapia familiar, acompañamiento nutricional, supervisión médica e incluso el apoyo de antidepresivos ISRS pueden ser de ayuda en la atención de las chicas con anorexia. Los grupos de autoayuda o las terapias grupales con otras personas con anorexia son una alternativa más en el momento de considerar la mejor opción de tratamiento para cada paciente.

Sin embargo, la investigación sobre la eficacia de los tratamientos para la anorexia es inconclusa y arroja resultados contradictorios, pues algunos estudios han mostrado eficacia mientras que otros no muestran cambios significativos.

La realidad es que la anorexia no es un trastorno fácil, y minimizar sus efectos no hace más que complicarla. De ahí que las chicas y sus familiares requieran una atención integral y total. Pero como una chica que atendí solía decir:

> Estuve internada varias veces en el hospital y en clínicas, acudí con diferentes terapeutas y médicos, pero nada de eso funcionó porque yo no quería que funcionara; simplemente no estaba convencida de querer dejar ir a la anorexia de mi vida. Fue hasta que yo me convencí de poner un alto a la anorexia que los tratamientos empezaron a dar resultado.

La explicación de la paciente es sumamente clara sobre lo que se suele llamar *egosintonía de la anorexia*; es decir, las personas no ven nada de malo en su trastorno; por el contrario, se sienten orgullosas de sus síntomas. Mientras no se pase de un estado egosintónico a uno egodistónico (donde no hay sintonía con su yo o identidad), difícilmente se alcanzarán los objetivos terapéuticos. Incluso sabemos que en aquellas que han superado los síntomas de la anorexia, el riesgo de recaída siempre está latente, como una paciente con varios años sin síntomas me dijo en una ocasión: "La anorexia nunca se ha ido; está ahí, esperando una oportunidad para que la deje salir".

Para quienes deseen saber más sobre los trastornos de la conducta alimentaria y su tratamiento, recomiendo la *Guía de práctica clínica sobre trastornos de la conducta alimentaria*, de Arrufat et al. (2009).

Resumen

En este capítulo se revisaron los trastornos más comunes en la adolescencia, algunas de sus posibles causas y opciones de tratamiento.

Se estudiaron las características diagnósticas presentadas por el DSM-5 de los siguientes trastornos: trastornos de ansiedad (fobia específica, trastorno de ansiedad social, trastorno de pánico, trastorno de ansiedad generalizada y agorafobia), trastorno depresivo mayor, trastorno por déficit de atención, los trastornos destructivos del control de impulsos y de la conducta (trastorno negativista desafiante, trastorno de la conducta) y los trastornos de la conducta alimentaria (anorexia y bulimia).

Se habló de la necesidad de comprender los trastornos mentales como multicausales en una combinación de factores biológicos, psicológicos y sociales. Además se resaltaron las diferentes presentaciones de un mismo trastorno en distintas pacientes, pues cada persona experimentará y mostrará síntomas de acuerdo a su propia historia de vida.

Para finalizar, cada trastorno estuvo acompañado de una breve explicación de los tratamientos más comúnmente utilizados y de la necesidad de explorar opciones de procedimientos donde se integren tanto el paciente como la familia e incluso instituciones sociales, como las escuelas.

El propósito de este capítulo no es proporcionar una herramienta diagnóstica a los padres o profesionistas que trabajen con niños y que no sean especialistas de la salud mental, sino la de ofrecer una guía de los trastornos más comunes para que en caso de que exista la sospecha de un posible trastorno en un adolescente puedan comprenderlo mejor y acudir al especialista para que el chico sea apropiadamente diagnosticado y tratado.

Cuestionario para padres y profesionales

1. ¿Cómo diferenciar cuándo la conducta de tu hijo o paciente es parte de un trastorno mental y cuándo es parte de su adolescencia?
2. ¿Cómo respondes y les enseñas a tus hijos o pacientes a responder ante la adversidad y las situaciones amenazantes?
3. ¿Cómo manejas y enseñas a tus hijos o pacientes a manejar sus impulsos agresivos y a respetar a los demás?
4. ¿Cuál es el valor que se le da en casa, en la escuela y en la sociedad a la imagen física y cómo puedes hablar con tus hijas o pacientes sobre ello?

Para saber más sobre el capítulo VI

Sobre los trastornos de ansiedad:
http://www.inprf-cd.gob.mx/guiasclinicas/trastornos_de_ansiedad.pdf

Sobre el trastorno depresivo mayor en la adolescencia:
https://portal.guiasalud.es/wp-content/uploads/2018/12/GPC_575_Depresion_infancia_Avaliat_compl.pdf

Sobre el trastorno por déficit de atención:

http://eduteka.icesi.edu.co/gp/upload/6e298670841ea945f54f05 912ba4d885.pdf

Sobre los trastornos destructivos del control de impulsos y de la conducta:

http://www.psie.cop.es/uploads/aragon/Aragón-trastornos-de-conducta-una-guia-de-intervencion-en-la-escuela.pdf

Sobre los trastornos de la conducta alimenticia:

http://www.inprf-cd.gob.mx/guiasclinicas/trastornos_alimentacion.pdf

Capítulo VII: La transformación en positivo: la felicidad, el bienestar y las fortalezas del adolescente

El bienestar es logrado por pequeños pasos, pero realmente no es cosa pequeña.

Zeno

Reflexiones sobre la felicidad, el bienestar y la vida plena

La gran mayoría de los padres de adolescentes y de los profesionistas que trabajan con ellos comparten una preocupación en común: "¿Cómo podemos ayudar a nuestro hijo (o alumno/paciente) a tener un sano y completo desarrollo, a ser feliz y a tener una vida plena?".

Esta preocupación no es cosa menor, ni mucho menos exclusiva de nuestra época. El interés por el sano desarrollo, la felicidad y la vida plena ha sido parte de la historia de la filosofía, al igual que de las religiones desde épocas ancestrales. Es por ello que en este capítulo abordaremos tanto la revisión teórica desde la filosofía y la psicología sobre el bienestar y la felicidad como propuestas prácticas de cómo integrar el bienestar y la felicidad en la vida diaria del adolescente. Ambas aportaciones están entrelazadas y se van combinando a lo largo del texto.

La felicidad, el bienestar y la vida plena desde la filosofía y la psicología

Como ya lo mencionamos, el interés sobre el bienestar y la felicidad no es cosa nueva. En la Biblia se encuentran los libros sapienciales de Israel, tales como el libro de la Sabiduría y el de los Proverbios. Algunos de ellos datan del siglo IV antes de Cristo, y su finalidad era ofrecer una serie de enseñanzas encaminadas a una vida plena, humana y espiritualmente. En el budismo también encontramos un referente semejante, el Dhammapada, el cual es un libro que contiene una colección de versos dichos por Buda encaminados a enseñar la vida virtuosa y plena a sus seguidores.

En la filosofía occidental, fue Platón el primero en escribir sobre el tema, desarrollando el concepto de eudemonía (*eudaimonía*), el cual lo entendía como el bien compuesto de todos los bienes, es decir, una cualidad para vivir bien basada en la práctica de las cuatro virtudes cardinales: la prudencia, la justicia, la fortaleza y la templanza.

Aristóteles, por su parte, hace una distinción entre la filosofía teórica y la filosofía práctica. En la última se encuentra el estudio y la práctica de la ética, de lo que es bueno y del buen vivir; para tal motivo son de especial importancia dos de sus libros: la *Ética a Eudemo* y la *Ética a Nicómaco*.

Durante mucho tiempo se creyó que el segundo era un libro desarrollado para su hijo Nicómaco con la intención de enseñarle el camino de la vida virtuosa y de la felicidad o, mejor dicho, de la eudemonía. Sin duda es el tratado de ética aristotélico más importante y, junto con las enseñanzas bíblicas, conforma la estructura de la cultura y la ética del mundo occidental. Para este filósofo, la actividad virtuosa acompañada de la razón era la forma de lograr el estado eudemónico.

Hemos de tener en cuenta que para los griegos la virtud o las virtudes no eran exclusivamente morales; también hablaban del desempeño. Así, un boxeador sería virtuoso en relación con su habilidad de moverse a la vez que la de golpear a su contrincante.

Es probable que nadie en la antigua Grecia estudiara y describiera tan ampliamente las virtudes y sus polarizaciones como lo hizo Aristóteles. Para él las virtudes podían convertirse en vicios tanto por exceso como por deficiencia; de ahí la idea del justo medio, donde radica la posibilidad del desarrollo en las distintas áreas de acción humana.

La descripción de virtudes y vicios hecha por el filósofo griego forma parte de nuestro vocabulario y de nuestro entendimiento colectivo de lo que es deseable e indeseable en una persona. A pesar de que muchos no lo hayan estudiado, sus enseñanzas se integraron en nuestra cultura de tal forma que se busca promover y vivir dichas virtudes. La tabla 6 muestra cuáles son, así como sus excesos y deficiencias.

Tabla 6. Virtudes y vicios desde la ética aristotélica

Área de acción	*Vicio por deficiencia*	*Virtud por justo medio*	*Vicio por exceso*
Miedo y confianza	Cobardía	Valentía	Temeridad o imprudencia
Placer y dolor	Insensibilidad	Autocontrol o dominio de sí mismo	Autoindulgencia
Bienes materiales	Tacañería	Generosidad	Despilfarro
Gastos	Mezquindad	Magnificencia	Vulgaridad
Merecimiento	Pequeñez	Magnanimidad	Vanidad
Enojo	Apatía	Docilidad	Mal genio
Interrelaciones	Mal humor	Amabilidad	Servilismo
Honestidad	Autodesprecio	Veracidad	Ostentación
Vergüenza	Desvergüenza	Modestia	Timidez

Nota: Adaptado de Casanueva y Martínez (2015)

Para Aristóteles, la promoción y práctica de estas virtudes son la forma de alcanzar la eudemonía y tener una vida plena. Pero también considera necesario, para tal efecto, que el sujeto logre un cierto grado de desarrollo material o económico, a la vez que una vida placentera. En esta combinación la persona alcanza su máximo desarrollo.

Otras escuelas en la filosofía grecorromana también estudiaron la eudemonía, aunque de formas aparentemente opuestas: los hedonistas y los estoicos.

Se señala a Arístipo, un antiguo alumno de Sócrates, como el fundador del hedonismo, escuela que considera al placer como el máximo bien. Pero es probable que Epicuro sea el exponente más importante de esta corriente filosófica. Él sostenía que la felicidad era resultado de experimentar mayor placer que dolor en la vida. Por lo tanto, una vida que dé como resultado la eudemonía es una vida dedicada al placer.

Para muchos, la palabra *hedonismo* puede asociarse con una vida disipada y sin ningún autocontrol, dedicada exclusivamente a los placeres sensoriales. Si bien esta asociación puede tener su origen en los encuentros o celebraciones que sus sucesores hacían en su memoria, es necesario decir que Epicuro no lo enseñó de esa manera.

Para él, la felicidad se logra a través de la ataraxia (un concepto en la filosofía griega que hacía referencia a un estado de tranquilidad) y esta, a su vez, se da (desde la visión hedonista) por la ausencia del dolor, de tal forma que dicho estado lo consideraba como el máximo placer.

Epicuro distinguía entre los placeres sensibles (comida, sexo, bebida, bienes materiales, etc.) y los placeres espirituales o intelectuales (razón, prudencia, etc.), y consideraba a los últimos de mayor interés y anhelo. Además señalaba que había placeres necesarios e innecesarios, de tal forma que una vida virtuosa sería para él aquella enfocada en cultivar los placeres necesarios a la vez que privarse de los innecesarios.

Finalmente, la filosofía griega –o mejor dicho, la grecorromana– cuenta con una escuela del pensamiento dedicada casi en su totalidad al cultivo de la eudemonía o el buen vivir: el estoicismo. Dicha filosofía inició en Atenas en la *stoa*, lugar donde se reunían personajes como Zenón de Citio, Cricipo de Solos y Cleantes de Aso. Posteriormente, y en el debacle de la antigua Grecia, el estoicismo encontró acogida en el Imperio romano entre esclavos y emperadores, entre ilustrados y personas sin formación académica. El estoicismo se convirtió en una escuela de vida que proporcionaba a sus seguidores las enseñanzas para hacer frente a la vida y sus desafíos. Epicteto, Séneca, Catón y Marco Aurelio son algunos de los filósofos estoicos más influyentes. El último de ellos es considerado como uno de los más sabios y mejores emperadores de todos los tiempos.

El estoicismo comprendía a la eudemonía en gran medida desde una perspectiva platónica en cuanto a la necesidad de cultivar las virtudes cardinales. Holiday y Hanselman (2016) llamaron a estas virtudes valentía (o coraje), autocontrol, ecuanimidad y sabiduría. Probablemente la diferencia en el nombre (comparadas con las platónicas) consiste más en la traducción que en tratarse de un grupo de virtudes distintas.

Pero además de estas virtudes, los estoicos desarrollaron tres disciplinas fundamentales:

1. **Percepción:** Cómo se ven o interpretan los acontecimientos del mundo (de forma racional o irracional).
2. **Acción:** Qué decisiones y acciones son tomadas y cuál es el propósito o motivación detrás de ellas.
3. **Voluntad:** Cómo se afrontan las situaciones que no se pueden cambiar; cómo entiende la persona su lugar en el mundo; y finalmente, con la conquista de un claro y convincente juicio sobre lo que es correcto e incorrecto en el actuar.

Para los estoicos era de suma importancia tener control de los pensamientos a través de la percepción, dirigir las acciones de manera adecuada y contar con una aceptación radical frente aquello que está fuera del control personal. Esta práctica les permitía tener bajo dominio las pasiones y vivir según el *logos*, el cual consideraban el principio de todo lo creado.

Desde la perspectiva estoica, es en el ejercicio de las virtudes cardinales y de las tres disciplinas fundamentales donde se encuentran la buena vida y la eudemonía.

A diferencia de los hedonistas, los estoicos consideraban el placer como innecesario, incluso como potencialmente opuesto a la eudemonía. Por eso se cree que, además de en la influencia de Platón, hayan encontrado en Sócrates (el arquetipo del filósofo para ellos) un modelo eudemónico, pues en su apología representa en gran medida el ejercicio de la propuesta estoica.

Como se puede ver, el estoicismo cae dentro de la categoría de filosofía práctica de la que hablaba Aristóteles. Esta practicidad en su ética y en el entendimiento de la naturaleza humana llevó a los primeros cristianos, especialmente a los padres del desierto y posteriormente a santo Tomás de Aquino, a identificarse con sus enseñanzas y encontrar un modelo filosófico con una ética muy semejante a la presentada en el sermón de la montaña por Jesús y en general al comportamiento ético cristiano. Pero también encontraron en el estoicismo el razonamiento lógico necesario para expresar sus premisas.

Para quien esté interesado en conocer más sobre la relación entre estoicismo y cristianismo, recomiendo la obra del doctor Kevin Vost (2016): *The Porch and the Cross: Ancient Stoic Wisdom for Modern Christian Living.*

Sin embargo, durante muchos años el estoicismo estuvo olvidado o ignorado por la academia y la filosofía. Probablemente porque durante siglos, la filosofía occidental se dedicó más a la filosofía teórica que a la práctica. En el siglo XX el estudio del estoicismo volvió a surgir con gran interés, pero no desde las aulas universitarias de las escuelas de filosofía, sino desde la psicología.

El doctor Albert Ellis encontró en el estoicismo los fundamentos filosóficos de lo que en ese entonces sería el comienzo, junto con el trabajo del doctor Aaron Beck, de una de las más importantes escuelas de psicología y psicoterapia: la terapia cognitivo-conductual.

La TCC sostiene, como lo hizo Epicteto, que no son las personas o las situaciones las que nos afectan, sino la forma en como las interpretamos. De ahí que la infelicidad y la perturbación mental (depresión, ansiedad, etc.) sean entendidas como deficiencias en el pensamiento del paciente que lo llevan a tener creencias irracionales que a su vez suscitan emociones y conductas desadaptativas. La identificación, confrontación y modificación de estos errores o deficiencias y de las creencias irracionales permitirá la superación del malestar.

También el médico y psicólogo Viktor Frankl encontró en los estoicos los fundamentos filosóficos para su psicoterapia llamada *logoterapia*, la cual comparte elementos de la TCC y del humanismo, y hace especial énfasis en el sentido que le da el sujeto a las experiencias de vida.

Quien desee un conocimiento mayor entre el estoicismo y la TCC puede revisar la obra de Donald Robertson (2010): *The Phylosophy of Cognitive Behavioral Therapy.*

Gracias a su metodología y a su practicidad para alcanzar la eudemonía, el estoicismo ha recuperado en años recientes el interés tanto de académicos de la psicología y la filosofía como de estudiosos de la religión. Este interés también ha crecido entre las personas que no son académicas ni estudiosas de la filosofía pero que se sienten decepcionadas e insatisfechas con la postmodernidad. Empresarios, deportistas, amas de casa, profesionistas y empleados han encontrado un sistema de pensamiento que les otorga sentido y estrategias prácticas para afrontar la realidad y encontrar la felicidad. El estoicismo (después de dos mil años) está volviendo a cumplir su objetivo original: proveer la base con la que todos, independientemente de sus circunstancias, puedan afrontar plena y satisfactoriamente la vida.

Para quienes deseen una mayor comprensión del estoicismo y su aplicación en la vida diaria, recomiendo la lectura de Ryan Holiday (2014, 2016): *The Daily Stoic, Obstacle is the Way* y *Ego is the Enemy.* Estos tres libros fueron escritos de manera casual, interesante y entretenida, pero a la vez profunda y apegada a las enseñanzas originales de los estoicos.

También sugiero la lectura las *Meditaciones* de Marco Aurelio. Se trata de un libro escrito a manera de diario personal que no buscaba ser publicado, pero que afortunadamente se ha conservado como una de las más grandes piezas de sabiduría y ha inspirado a grandes pensadores, como León Tolstói, y a varios líderes contemporáneos, como Nelson Mandela y otros más.

Dejando atrás el estudio de la felicidad o eudemonía desde un ángulo filosófico, es hora de hablar sobre cómo la psicología contemporánea comprende, estudia y promueve la felicidad y la vida plena.

Al igual que existen diversas escuelas de pensamiento en la filosofía, también existen diversas escuelas y formas de entender el comportamiento humano en la psicología. Conductismo, humanismo, cognitivismo, psicoanálisis, etc., son algunas de las escuelas más conocidas

277

dentro de la psicología que tienen como objetivo el estudio de la conducta (adaptada e inadaptada), las creencias, los procesos psicológicos internos y el desarrollo humano. Dentro de los temas de estudio que abarca la psicología se encuentran el bienestar y la felicidad. Desde el siglo pasado, autores como G. W. Allport, Carl Rogers, Abraham Maslow y C. G. Jung se preocuparon teóricamente por comprender cómo los seres humanos podemos desarrollar nuestro potencial y vivir una vida más plena con nosotros mismos y con los demás.

Pero no fue hasta finales del siglo XX que distintos investigadores (Ryff, 1989; Diener, Suh, Lucas, & Smith, 1999; Seligman, 2002) buscaron información empírica que les ayudara a comprender más claramente cuáles son las variables que llevan a las personas a sentirse plenas y experimentar bienestar.

Estos investigadores tienen dos posiciones opuestas de entender la felicidad y el bienestar: el primero es el bienestar subjetivo (o hedónico) y el segundo es el bienestar psicológico, o la felicidad eudemónica.

La propuesta de Diener et al. (1999) se considera la principal teoría de bienestar subjetivo basada en un modelo tripartita. En realidad es una propuesta hedónica, pues estima que la felicidad es resultado de tres componentes: satisfacción con la vida, afectos positivos y afectos negativos.

Padrós (2002) explica que la satisfacción con la vida se concibe como una valoración subjetiva por parte del evaluado que se refiere al propio estado de la persona, por ejemplo, comparando su vida pasada, el estado de los otros o un posible estado distinto.

Para medir qué tan feliz es una persona desde la perspectiva del bienestar subjetivo, se suelen utilizar al menos dos escalas: la Satisfaction with Life Scale (SWLS; Diener, Emmons, Larsen y Griffin, 1985) y la Positive and Negative Affect Schedule (PANAS; Watson, Clark, & Tellegen, 1988). La primera escala busca identificar esa valoración subjetiva, que es la satisfacción con la vida; la segunda mide los afectos positivos y negativos de una persona. La hipótesis central de esta propuesta es que cuanto más alta sea la satisfacción con la vida y cuantos más afectos positivos que negativos reporte el sujeto, mayor será su bienestar subjetivo.

Como teoría hedonista es congruente con la identificación de una vida placentera con la felicidad. Sin embargo, al igual que en la filosofía, en la psicología hay detractores de esta hipótesis: quienes aseguran que el bienestar y la felicidad no dependen exclusivamente de pasarla bien, sino de reconocer y promover el potencial personal y de cómo se afronta la realidad (incluyendo la adversidad o el infortunio), y es ahí donde entra la escuela del bienestar psicológico o bienestar eudemónico.

No es aventurado decir que Carol Ryff (1989, 2014) es pionera de este modelo. Ella desarrolló la teoría y el concepto de *bienestar psicológico* (BP), el cual está constituido por seis componentes: autonomía, autoaceptación, propósito en la vida, relaciones positivas con otros, dominio del entorno y crecimiento personal.

Posteriormente asignó dos niveles (alto y bajo) para cada componente, lo que permite medir las fortalezas y debilidades individuales en cada sujeto (ver tabla 7).

Tabla 7. Los seis componentes del bienestar psicológico con niveles altos y bajos de Ryff

Componente	Alto	Bajo
Autonomía	Es autodeterminado e independiente; es capaz de resistir la presión social de pensar y actuar de cierta manera; regula su conducta desde dentro de sí; se evalúa por estándares personales.	Vive preocupado por las evaluaciones y expectativas de los otros; toma decisiones importantes con base en los juicios de los demás; se ajusta a la presión social sobre cómo debe de pensar y actuar.
Autoaceptación	Posee una actitud positiva hacia sí mismo; conoce y acepta múltiples aspectos de sí mismo, incluyendo cualidades buenas y malas; se siente positivo acerca del pasado.	Se siente insatisfecho consigo mismo; se siente decepcionado con lo que ha sucedido en su pasado; se encuentra turbado por ciertas cualidades que posee; desearía ser diferente de como es.
Propósito en la vida	Tiene metas en la vida y un sentido de dirección; siente que hay significado	Carece de significado de la vida; tiene pocos objetivos o metas;

Componente	Alto	Bajo
	en el pasado y en el presente de su vida; sostiene la creencia de que la vida tiene un propósito; tiene objetivos por vivir.	muestra una carencia en el sentido de dirección; no ve propósito en el pasado de su vida; no tiene creencias que le den sentido a la vida.
Relaciones positivas	Tiene cálidas, satisfactorias y confiables relaciones con los demás; se preocupa por el bienestar de los demás; es capaz de una fuerte empatía; muestra afecto e intimidad; da y recibe entendimiento de las relaciones humanas.	Tiene pocas relaciones de calidad, satisfactorias y confiables con los demás; encuentra difícil ser cálido, abierto y preocupado por los demás; está aislado y frustrado en las relaciones interpersonales; no desea hacer compromisos que sostengan lazos importantes con los demás.
Dominio del entorno	Tiene un sentido de dominio y competencia manejando el ambiente; controla una gama de actividades externas complejas; hace uso efectivo de las oportunidades que le rodean; es capaz de escoger o crear contextos que se ajustan a sus necesidades y valores personales.	Tiene problemas manejando las situaciones diarias; se siente incapaz de cambiar o mejorar el contexto que lo rodea; no es consciente de las oportunidades que lo rodean; carece del sentido de control sobre mundo externo.
Crecimiento personal	Tiene un sentimiento de constante desarrollo; se ve a sí mismo creciendo y expandiéndose; está abierto a nuevas experiencias; siente que está alcanzando su potencial; observa mejoría en sí mismo y en su conducta a través del tiempo y se percibe cambiando en maneras que reflejan más eficacia y autoconocimiento.	Tiene un sentimiento de estancamiento personal; muestra una carencia en el sentido de mejoría y expansión a través del tiempo; se siente aburrido y sin interés por la vida; se siente incapaz de desarrollar nuevas actitudes y conductas.

Waterman et al. (2010) consideran que la propuesta de Ryff no define realmente lo que es el bienestar eudemónico (aunque ella le llama bienestar psicológico). Afirman que a pesar de que la propuesta sí señala factores incluidos en este, no abarca todos los que lo constituyen. Waterman (2008) describe el bienestar eudemónico como "calidad de vida derivada del desarrollo de los mejores potenciales de una persona y de su aplicación en el cumplimiento de metas personales expresivas y autoconformes" (p. 41).

Para Waterman, existen seis dimensiones que engloban esas fuentes: 1. Autodescubrimiento; 2. Desarrollo percibido de los propios potenciales; 3. Sentido de propósito y significado en la vida; 4. Inversión de esfuerzo significativo en la búsqueda de la excelencia; 5. Intensa participación en las actividades; y 6. Disfrute de las actividades y expresividad personal.

Existe otro modelo de bienestar eudemónico que en los últimos años ha obtenido una buena acogida por investigadores, clínicos y el público en general. Es el modelo de la felicidad auténtica, de Martin Seligman, profesor de la Universidad de Pensilvania, quien dentro de sus múltiples obras tiene un libro con el mismo nombre que el de este modelo.

Para Seligman (2002) es necesario distinguir entre tres conceptos o estados del bienestar: 1. La vida agradable o placentera, donde se da la búsqueda de emociones placenteras y positivas; este estado se podría comparar con el bienestar subjetivo o hedónico. 2. La buena vida, que hace mención a la utilización de las fortalezas internas o del carácter (como ya lo señalamos, para los griegos las virtudes no eran solo morales, sino también habilidades en áreas de desempeño, pues bien serían semejantes con las fortalezas en la buena vida) para obtener gratificación y desempeño en las actividades que el individuo realiza. 3. La vida significativa, es decir, la utilización de las fortalezas del carácter con un propósito mayor a uno mismo.

A través de varias investigaciones, Seligman y sus colaboradores aseguran que aquellos que se encuentran en el primer estado experimentan mayores niveles de afectos positivos y menor número de afectos negativos; sin embargo, quienes se ubican en el segundo y tercer estados experimentan mayor satisfacción con la vida como resultado de llevar una existencia más eudemónica buscando desarrollar sus habilidades y potenciales, a la vez que aprendiendo y contribuyendo hacia los demás a través de las virtudes y fortalezas del carácter.

Pero ¿cuáles son esas virtudes y fortalezas del carácter que llevan a la eudemonía? Peterson y Seligman (2004) desarrollaron un extenso manual como resultado de analizar lo que durante más de dos mil quinientos años ha sido registrado por la filosofía, la religión y la ciencia política como las virtudes esenciales. Usaron como base de su estudio las enseñanzas de Confucio y del taoísmo, las del hinduismo y el budismo y las del judaísmo, islamismo y cristianismo, así como las tradiciones filosóficas de la antigua Grecia. Encontraron que en todas ellas había lo que llamaron *las seis grandes virtudes*, cada una de las cuales a su vez está constituida por fortalezas del carácter, que pueden desarrollarse.

Para Peterson y Seligman las virtudes son resultado del proceso evolutivo y son comunes a toda la humanidad con el objetivo de promover el desarrollo de las sociedades. Las fortalezas del carácter son, en cambio, los procesos que definen a las virtudes y que pueden ser enseñadas, promovidas y ejercitadas.

En la tabla 8 encontraremos las virtudes y fortalezas mencionadas.

Tabla 8. Virtudes y fortalezas del carácter según Peterson y Seligman (2004)

Sabiduría y conocimiento	Creatividad	Curiosidad	Juicio	Amor por el aprendizaje	Perspectiva
Coraje (valor)	Valentía	Perseverancia	Honestidad	Entusiasmo	
Humanidad	Amor	Amabilidad	Inteligencia social		
Justicia	Trabajo en equipo	Rectitud	Liderazgo		
Templanza	Perdón	Humildad	Prudencia	Autorregulación	
Trascendencia	Apreciación de la belleza y la excelencia	Gratitud	Esperanza	Humor	Espiritualidad

Nota: Tomado de http://www.viacharacter.org/

Integrando las propuestas

Como podemos ver, no existe un consenso sobre qué es la felicidad. Actualmente y desde la psicología se habla de la felicidad hedónica y eudemónica para tratar de diferenciar dos grandes grupos de modelos teóricos: el de los que consideran la felicidad como la suma mayor de estados placenteros y afectos positivos frente a estados desagradables y afectos negativos, y, por otro lado, el de quienes entienden la felicidad como el desarrollo de las virtudes que permiten al individuo buscar el bien mayor y contribuir no solo a su vida, sino a la de los demás.

Dentro de estas propuestas, y para los objetivos de este capítulo, resulta de especial interés la de Seligman, debido a que puede ser utilizada como una guía para desarrollar cualidades positivas en uno mismo y en los adolescentes. Las seis virtudes que presenta pueden ser un faro en la bahía que indique hacia dónde ir, y las fortalezas del carácter que las conforman son los remos que, a través de su ejercicio, harán que se mueva el bote.

Los padres de familia y los profesionistas que trabajan con los adolescentes pueden encontrar de utilidad la aplicación del inventario del VIA Institute on Character, que les ayudará a determinar cuáles son las áreas desarrolladas y por desarrollar de las virtudes y fortalezas del carácter. Los resultados de la aplicación de este cuestionario facilitan una base que les servirá como inicio para promover dichas virtudes y fortalezas, de modo que puedan enfocarse en un desarrollo positivo del adolescente. La página donde se puede consultar es la siguiente: https://www.viacharacter.org/survey/Account/Register.

Lo mismo se podría hacer con otros modelos, como el de Ryff o Waterman, o incluso el de los antiguos estoicos, que siguen deslumbrando con su sabiduría y practicidad. No importa cuál modelo se escoja; lo que es valioso es que la parentalidad y los programas para los adolescentes en el desarrollo estén basados en las virtudes y fortalezas que los lleven a tener una vida plena.

Pero para tal efecto sugiero no descartar el aspecto hedónico, pues hay quienes pueden caer en la tentación de ver el bienestar o la felicidad de manera dicotómica, como algunos de los modelos que aquí hemos analizado, pero ello representaría una limitante. Gozar, disfrutar y experimentar placer y emociones positivas es un elemento vital de los seres humanos (incluso de la mayoría de los animales). No tener en cuenta su importancia y no buscar desarrollarlo de manera constructiva puede resultar en una vida rígida o incluso en un extremismo o perfeccionismo moral que puede llevar a la persona a desmotivarse.

Por tal razón, es necesario mencionar un novedoso concepto desarrollado por el doctor Ferran Padrós, el cual llamó *gaudibilidad*. Lo define como "un constructo que engloba todos aquellos procesos que median entre los estímulos y el disfrute que las personas experimentan; es decir, el conjunto de moduladores que regulan las sensaciones subjetivas de vivir experiencias gratificantes" (Padrós y Fernández, 2008, p. 34).

El nombre otorgado a este concepto proviene del latín *gaudiere*, que significa 'disfrutar', y de la terminación *–bilidad*, relacionada a 'cualidad' o 'virtud', por lo que Padrós lo entiende como 'la virtud o la cualidad para poder disfrutar'.

Algunas investigaciones han mostrado que bajos niveles de gaudibilidad podrían asociarse a un mayor riesgo de padecer trastornos afectivos, de ansiedad, esquizofrenia y abuso de sustancias.

Los moduladores a los que hace referencia la definición son habilidades, creencias y estilos cognitivos, estilos de vida, y diferentes ámbitos (estando solo/ con gente, y pasado/presente/futuro). Al mismo tiempo, estos moduladores cuentan con distintos componentes. Los moduladores y sus componentes se presentan en la tabla 9.

Tabla 9. Moduladores y componentes de la gaudibilidad

Habilidades	Sentido del humor	Imaginación	Concentración	Interés	Capacidad de generarse retos
Creencias y estilos cognitivos	Creencias racionales frente a irracionales	Competencia percibida	Estilos cognitivos positivos		

Estilos de vida	Orientado al disfrute de la vida	Se percibe competente	Dedica tiempo para disfrutar	Tendencia a la organización	Autorregulación
Estando solo / con gente	Disfruta más solo o acompañado				
Pasado / presente / futuro	Disfruta más en el pasado, el presente o el futuro				

Nota: Basado en Padrós (2002)

Las habilidades, las creencias, los estilos cognitivos y el estilo de vida pueden servir como una orientación de los moduladores que podemos impulsar en nosotros mismos y en nuestros adolescentes para tener una vida que incluya el disfrute. Los diferentes ámbitos (solo o con gente, pasado/presente/futuro) son disposiciones que permiten identificar en cuál de ellos es más fácil para cada uno experimentar goce. Así pues, habrá quien disfrute estar en el presente en actividades solitarias, mientras haya quien disfrute la planeación de un viaje grupal en el futuro.

Padrós y sus colaboradores han medido la gaudibilidad tanto en la población con patologías (como esquizofrenia, depresión, abuso de sustancias y lesión medular) como en la población sin padecimientos. Los resultados indican que la gaudibilidad podría ser un predictor de enfermedad/salud mental a la vez que un factor de protección. De tal forma que se hipotetiza que a mayor gaudibilidad podría darse mayor salud mental y física. Pero, sobre todo, a mayor gaudibilidad, mayor capacidad de disfrutar.

Además, Padrós, Martínez y Graff (2014) desarrollaron una terapia grupal que buscaba incidir favorablemente en los niveles de gaudibilidad aplicada a personas con depresión. En su estudio piloto, mostraron que esta terapia favoreció la recuperación de la depresión y mejoró los niveles de bienestar psicológico de aquellos a quienes se les había aplicado. Los resultados, por lo tanto, son congruentes con la idea de que a mayor gaudibilidad, menor depresión y mayor bienestar.

Con lo que hasta aquí hemos visto sobre la felicidad y el bienestar, ustedes podrán darse una idea de que si bien estos son estados que todos deseamos, e incluso experimentamos (en mayor o menor medida), resulta deseable contar con un programa que nos ayude a integrar todo lo que abordamos en este apartado y que podamos ponerlo en práctica para promover la transformación del adolescente en positivo. Por lo anterior, a continuación presento un programa que suelo utilizar con mis pacientes (tanto los papás como los propios adolescentes) que está constituido por cuatro fortalezas orientadas al bienestar: fortalezas internas, fortalezas físicas, fortalezas sociales y fortalezas espirituales.

Fortalezas internas

Por fortalezas internas deseo proponer la unión entre la felicidad eudemónica (tomando para ello las virtudes y fortalezas del carácter de Seligman) y la felicidad hedónica (tomando en cuenta la gaudibilidad de Padrós et al.).

Los papás y profesionistas podrían promoverlas dentro de un programa de seis semanas que sea recurrente. Es decir, una vez concluidas las seis semanas, el programa se puede retomar (con variaciones en su abordaje) para que la repetición se convierta en hábito, y el hábito, en virtud.

Si el programa se divide en seis semanas, se puede tomar una virtud por semana y dividir las fortalezas que la componen entre el número de días de la semana. Además, cada día se buscará agregar un componente hedónico a la vez que se programará una actividad especial por semana que promueva el goce.

A continuación comparto algunas de las actividades que pueden favorecer la gaudibilidad o servir como componentes hedónicos, que tomo de la terapia de Padrós con algunas modificaciones propias:

1. Escribe qué significa el goce o disfrute para ti.
2. Haz una lista de situaciones (internas o externas) que te ayudan a experimentar goce (facilitadores) y otra de situaciones (internas o externas) que limitan el goce (impedidores).

286

3. Escribe una breve historia de un personaje que incluya nombre, sexo nacionalidad y lugar de residencia de una época histórica distinta a la presente, pero que sea alguien con alta capacidad de goce. El objetivo es promover la imaginación y el *locus* de control interno (la percepción de que lo que nos sucede externamente es resultado de nuestra conducta, y por lo tanto tenemos un cierto control sobre las consecuencias de nuestros actos. Por ejemplo, "yo puedo incrementar la felicidad, el goce o el amor en mi vida a través de mis acciones".).

4. Haz una lista de situaciones o anécdotas del pasado que hayan sido graciosas y una lista de chistes que te gusten.

5. Baila durante cinco o diez minutos al día.

6. Busca promover una situación que sea particularmente graciosa y donde tú tengas protagonismo (contar chistes, bailar frente a los demás de manera graciosa, etc.).

7. Diseña una estrategia (o lista de estrategias) contra el aburrimiento en situaciones tediosas o indeseables: ¿qué puedo hacer para pasarla mejor en la materia que no me gusta? ¿Cómo puedo disfrutar más los momentos o situaciones en los que no quiero participar?

8. Haz un registro diario del goce o disfrute, donde 0 es el día donde experimentaste el peor de los aburrimientos y el 10 es el día más divertido o gozoso de tu vida.

9. Elabora una lista de actividades viables y deseables que fomenten el ocio activo (escuchar música, leer una novela, ver una serie, tomar una siesta, hacer una reunión con amigos, etc.) y programar una viable al día y una deseable a la semana.

Un ejemplo del programa aquí sugerido y que abarque tanto la felicidad eudemónica (virtudes y fortalezas) y la felicidad hedónica (actividades encaminadas a la gaudibilidad) podría ser el que se muestra en la tabla 10. (Nota: Las actividades están mencionadas de acuerdo al número de la lista que acabamos de ver y también se agregan otras actividades para fomentar las fortalezas).

287

Tabla 10. Ejemplo de programa para promover las fortalezas internas

Semana (virtudes)/día (fortaleza y actividades)	L	M	M	J	V
Sabiduría y conocimiento	Creatividad. Desarrollar actividad número 3 de la lista de gaudibilidad.	Curiosidad. Desarrollar actividad número 1 de la lista de gaudibilidad.	Juicio. Tomar una noticia de interés y pedir dos opiniones encontradas (a favor y en contra) y después hacer su propia opinión.	Amor por el aprendizaje. Escoger un nuevo libro que leer o un tema por investigar o el diseño de un experimento.	Perspectiva. Analizar un conflicto histórico (ej. Segunda Guerra Mundial) desde la perspectiva de los dos bandos.
Coraje (valor)	Valentía. Hacer un pequeño ensayo sobre un tema controversial donde exprese su punto de vista.	Perseverancia. Identificar una actividad abandonada y retomarla para su finalización.	Honestidad. Identificar una situación donde no se haya sido honesto y disculparse con la otra persona.	Entusiasmo. Desarrollar actividad número 7 de la lista de gaudibilidad.	
Humanidad	Amor. Expresar emociones positivas a una o más personas importantes.	Amabilidad. Hacer algo a favor de la familia sin que sea solicitado (desayuno, tender la cama del hermano, etc.).	Inteligencia social. Identificar una situación presente o pasada que haya sido difícil con alguien más y buscar una solución asertiva.		

Semana (virtudes)/día (fortaleza y actividades)	L	M	M	J	V
Justicia	Trabajo en equipo. Buscar implicarse en las labores del hogar junto con los hermanos y los padres.	Rectitud. Buscar un trato digno y justo para todos. No abusar de los demás, sino darles lo que es justo.	Liderazgo. Promover en un grupo al que se pertenezca (amigos, deportes, artes, religión, etc.) hacer y terminar una actividad, a la vez que se promueve un buen ambiente para todos. También se puede realizar la actividad número 6 de la lista de gaudibilidad.		
Templanza	Perdón. Identificar a alguna persona de quien se haya recibido un mal trato y buscar perdonarla en lugar de buscar venganza.	Humildad. Buscar no hacer alarde de los logros personales.	Prudencia. Hacer una lista de pros y contras ya sea de una situación específica o de una decisión que se busque tomar. Compartir esta lista con alguno de los padres y reflexionar juntos.	Autorregulación. Ponerse un reto, como hacer ayuno, aumentar el ejercicio físico, disminuir el consumo de azúcar, etc. Además se pueden hacer las actividades números 2 y 8 de la lista de gaudibilidad.	
Trascendencia	Apreciación de la belleza y la excelencia. Buscar el asombro y el mejoramiento de alguna habilidad. Además se puede hacer la actividad número 9 de la lista de gaudibilidad.	Gratitud. Hacer una lista de las personas con las que se está agradecido en la vida y expresar ese agradecimiento verbalmente o a través de un mensaje digital.	Esperanza. Desarrollar una lista de pasos para superar una situación difícil. Además se puede hacer la actividad número 7 de la lista de gaudibilidad.	Humor. Desarrollar actividades números 4, 5 y 6 de la lista de gaudibilidad.	Espiritualidad. Destinar cinco minutos al silencio y quietud, meditación u oración. Además se puede leer un capítulo de un texto sagrado u otra lectura espiritual.

Este programa no es rígido; puede ser modificado (aunque recomiendo buscar la mayor congruencia entre las virtudes, las fortalezas del carácter y las actividades de la gaudibilidad). No es un programa que haya sido evaluado bajo ningún estudio cuantitativo; sin embargo, anecdóticamente ha reportado muy buenos resultados entre los pacientes con quienes lo he utilizado.

El adolescente podría aplicarlo por seis semanas y después modificarlo para aplicarlo otras seis semanas más, y así consecutivamente. O puede seguirlo una sola vez y repetirlo en otro momento. Lo importante es que se busque balancear la vida del adolescente (y la de ustedes mismos) en una disciplina que promueva el fortalecimiento de la felicidad tanto eudemónica como hedónica.

Fortalezas físicas

Al final de la Sátira X de Juvenal se lee la siguiente exhortación:

> Debes rogar que te concedan una mente sana en un cuerpo sano. Pide un espíritu fuerte libre del miedo a la muerte, que ponga el último estadio de la vida entre los regalos de la naturaleza, que pueda soportar cualquier tipo de fatigas, que no sepa encolerizarse, que nada anhele y que considere las penas y los crueles trabajos de Hércules mejores que el placer del amor, los banquetes y las plumas de Sardanápalo. Te indico lo que tú puedes darte a ti mismo; ciertamente la única senda a una vida tranquila se abre a través de la virtud.

Es en este texto donde se lee por primera vez la máxima latina *mens sana in corpore sano*. El texto de Juvenal es una extraordinaria y breve lectura que nos recuerda en pocos párrafos lo que es importante en la vida, pero que también alude a que no solo las fortalezas interiores son necesarias para alcanzar la felicidad, pues también lo es la fortaleza física.

Durante mucho tiempo el dualismo cartesiano, que separó a la mente del cuerpo, llevó a creer (y aún algunos lo hacen) que las emociones, la salud mental y la felicidad eran propias de la mente (sustancia pensante, como la llamó Descartes) y no del cuerpo (sustancia extensa). Sin embargo, hoy sabemos que no existe esa diferenciación como si de dos cosas distintas se tratara. Sin mente no hay cuerpo (al menos viviente) y sin cuerpo no hay mente (al menos manifiesta); pero, sobre todo, sabemos que la influencia de uno sobre el otro es bidireccional y casi imposible de distinguir. Lo que nos afecta mentalmente nos repercute físicamente y viceversa.

Por lo anterior, es indispensable considerar la actividad física como fuente necesaria para el bienestar y la transformación positiva del adolescente.

Cuando se practica el ejercicio, suceden fascinantes procesos fisiológicos que fortalecen a la persona física y mentalmente con la intención de proporcionar un estado óptimo y de experimentar bienestar. De forma contraria sucede cuando estamos en la inactividad, pues se genera un proceso de reforzamiento del cansancio, que redunda en mayores deseos de descansar. Actividad e inactividad son dos extremos que se autorrefuerzan, por lo que a mayor actividad, mayor energía se experimenta y más deseo de continuar ejercitándose; a mayor inactividad, menos energía y menor deseo de ejercitarse, lo cual genera mayor sensación de cansancio.

Pero el ejercicio no solo se trata de sentirnos energizados, pues es además una extraordinaria estrategia para promover la regulación de las funciones corporales. Es un proceso de liberación de la tensión generada por el estrés de la vida diaria que disminuye los niveles de cortisol a la vez que potencia el sistema inmunológico.

Para muchas personas (incluyendo a los adolescentes) puede ser difícil convencerse de la importancia de hacer ejercicio diario. El sedentario estilo de vida, la obsesión por las tecnologías y los dispositivos digitales, así como la utilización del automóvil y otros medios de transporte, hacen que el ejercicio sea visto como algo dispensable. Además, la era actual otorga una gran importancia a la actividad intelectual, pero no a la física. Para algunos, el trabajo físico es visto como inferior frente al trabajo de oficina, donde lo que se espera del empleado es el ejercicio de sus capacidades cognitivas y no de las musculares, lo que a la larga ocasiona un desbalance.

El cuerpo humano no evolucionó para este excesivo énfasis en el desempeño cognitivo y, hasta cierto punto, desdén de la actividad física. Por el contrario, evolucionó para la intensa actividad física.

Permítanme compartirles una anécdota. Un buen día, un amigo con el que solía andar en bicicleta de montaña y correr a campo traviesa me regaló un libro que ahora es un clásico entre los corredores. Se llama *Born to Run* (o *Nacidos para correr*), de Christopher McDougall (2009). En ese libro se narra la historia de un reportero que se interesa por la extraordinaria historia de los ultramaratonistas.

McDougall experimentó por sí mismo la frustración de ver cómo se habían mermado sus habilidades físicas y cómo la industria médica desincentivaba a aquellos que deseaban correr. Entonces comenzó una travesía científica –a la vez que experiencial, convirtiéndose en corredor– para comprender el efecto que correr tiene en la salud. Finalmente sus investigaciones lo llevaron a explorar el fascinante y extenuante mundo de aquellos que se embarcan en carreras de 200 o 300 kilómetros en condiciones inimaginables: montañas rocosas, desiertos, zonas gélidas, etc.

Estos ultramaratonistas encontraron su inspiración en una tribu mexicana llamada rarámuri –o en su castellanización, los tarahumaras–, quienes viven en los inhóspitos cañones del estado de Chihuahua. Este antiguo pueblo se ha mantenido más o menos aislado y ha conservado su peculiar estilo de vida en las montañas. Parte de su actividad diaria es la de pastorear los animales, lo cual llevan a cabo en barrancos, zonas rocosas, cañones, etc. Su destreza y condición física son extraordinarias; de ahí la palabra *rarámuri*, que significa 'planta ligera' o 'los de los pies ligeros'. Los rarámuris son incansables atletas por necesidad, y hoy en día han empezado a sobresalir en los primeros lugares de los más importantes ultramaratones del mundo. Utilizando sandalias y su determinación, asombran a todos, pues a pesar de las carencias materiales –e incluso alimentarias– que padecen, estos hombres y mujeres dejan al mundo boquiabierto con sus habilidades. Tal es la admiración e inspiración que han provocado, que en el mundo de los corredores ha tenido un gran auge lo que ahora se llama correr *barefoot* o minimalista. Prácticamente todas las grandes compañías han copiado las sandalias tarahumaras haciendo tenis minimalistas y sus propias sandalias para los corredores.

Pero por más que nos asombremos de los ultramaratonistas y de los rarámuris por sus recorridos de grandes distancias sin parar y de que lo veamos como una rareza estadística, casi como si de una mutación genética se tratara, lo que ellos hacen no es algo fuera de la naturaleza humana. El sedentarismo postmoderno sí lo es.

El libro de McDougall apunta a algo de suma importancia: la evolución de nuestro cuerpo se ha dado para correr largas distancias. Estamos erguidos, tenemos muy poco pelo, nuestro sistema de refrigeración (sudoración) es extraordinario, nuestra musculatura y el diseño de nuestros órganos e incluso nuestras habilidades cognitivas parecieran estar diseñadas para que sobrevivamos y nos adaptemos en un estado de movimiento y recorrido de largas distancias. Eso explicaría cómo es que nuestros antepasados conquistaron todos los rincones de este planeta. Incluso, mucho antes de la domesticación de los caballos o camellos, los humanos ya estaban en movimiento en largas distancias. Pero no solo eso: aun hoy hay personas que viven como los primeros humanos y son ejemplo de la extraordinaria capacidad de aguante que tiene el cuerpo humano. Además de los rarámuris, existen otras tribus con una sorprendente resistencia para correr largas distancias, algunos de ellos por simple supervivencia.

Los san, o *bushmen*, del Kalahari son una tribu que vive prácticamente como nuestros antepasados de hace miles de años. Pequeñas comunidades con limitadas técnicas de agricultura basan su sobrevivencia en las habilidades cazadoras de los hombres de la aldea. Estos suelen cazar en pequeños grupos de tres o cuatro personas. Uno los guía *leyendo* las señales en el ambiente y las huellas dejadas por los animales, otro prepara las flechas con una poción venenosa y suele ser quien dispara la saeta cuando la presa está más o menos cercana y finalmente está el que emprenderá lo que se llama *persistence hunting*, o caza de persistencia.

Se cree que la caza de persistencia es una de las primeras (sino es que la primera) técnicas de cacería. Consiste en llevar a la presa al límite de sus fuerzas tras perseguirla por horas o incluso días. Las características

293

anatómicas de los humanos los hacen más lentos que la gran mayoría de las presas, pero a la vez más resistentes. Un antílope de África es veloz; es un cuadrúpedo diseñado para alcanzar altas velocidades en distancias cortas, pero está lleno de pelo y, a diferencia del humano, no cuenta con un sistema de enfriamiento tan eficaz, por lo que después de un tiempo tendrá que bajar la velocidad, o incluso detenerse, pues de lo contrario moriría de un golpe de calor. Esa es la ventaja que el hombre tiene, pues puede correr largas distancias, caminar y rastrear a las presas por horas o días. Con él puede llevar agua, o como lo hacen los san, sabrá de dónde sacar el vital líquido en medio del desierto.

Desde los san, en el desierto del Kalahari, hasta los ultramaratonistas estadounidenses y europeos llenos de tecnología, pasando por los rarámuri y los miles y miles de años de desplazamiento y exploración humana, encontramos la evidencia biológica y social de que el ser humano está hecho para la intensa actividad física, o como el doctor Karl Kruszelnicki (2017) tituló a su artículo: "Los humanos hemos evolucionado para correr maratones". La vida sedentaria va en contra de la naturaleza humana; de hecho, está en el origen de muchos de los males que aquejan a la humanidad de nuestra época: desde la epidemia de obesidad hasta la epidemia de depresión y ansiedad que se vive en el mundo occidental.

Cuando se practica ejercicio, el cuerpo libera serotonina, dopamina y noradrenalina, que son neurotransmisores de gran importancia para el bienestar. Son los mismos neurotransmisores que se estimulan en el tratamiento farmacológico de la depresión, la ansiedad y el trastorno por déficit de atención. La diferencia es que con el ejercicio no se obtienen efectos secundarios, mientras que con los medicamentos sí.

Por ejemplo, cuando de depresión moderada a leve se trata, existen tres tratamientos que han mostrado ser igual de eficaces (Khazan, 2014): 1. Ejercicio entre 40 y 60 minutos al día con 50 % a 85 % de su ritmo cardiaco máximo; 2. Psicoterapia cognitivo-conductual; y 3. Antidepresivos.

Con el ejercicio se liberan hormonas y neurotransmisores que ayudan a sentir un mayor bienestar, además de que se encuentra un balance en la salud y se tiene una mayor satisfacción con la imagen corporal. Con la terapia, la persona se sentirá bien y además aprenderá habilidades que le permitirán comprender mejor el funcionamiento de su mente y de su interacción con los demás, y las podrá aplicar en todas las áreas de su vida. Con los antidepresivos, la persona se sentirá bien pero también podrá sufrir una amplia variedad de efectos secundarios (disfunciones sexuales, obesidad, temblores, resequedad bucal, etc.) y no obtendrá ni balance físico ni satisfacción con su imagen corporal, ni aprenderá habilidades esenciales para su vida.

Resulta necesario preguntarse por qué cada vez más y más personas recurren a los medicamentos cuando estos son igual de eficaces que el ejercicio y la psicoterapia, pero conllevan importantes efectos secundarios. ¿No resulta más apropiado para aquellos que experimentan depresión, empezar primero con el ejercicio y, si no es suficiente, combinarlo con terapia, y si después de esto aún fuera necesario, entonces utilizar el medicamento combinado con ejercicio y psicoterapia?

Desafortunadamente no es así. Ya sea tanto por los beneficios económicos obtenidos por las farmacéuticas y por las aseguradoras como por los médicos a quienes no les compete el diagnóstico y tratamiento de la depresión (pediatras, ginecólogos, gastroenterólogos, etc.) y por la resistencia de algunos pacientes a afrontar su depresión, hoy se recetan más medicamentos que nunca antes (sugiero la lectura de la obra de Khazan para un mayor análisis sobre el ejercicio, la psicoterapia y los medicamentos al tratar la depresión).

Pero, además, debido a la liberación de dopamina cuando hacemos una actividad física constante, se mejoran la atención y la concentración, con lo que se obtienen mejores resultados académicos. Por ello, es deseable que antes de dar a los adolescentes algún estimulante, como el Ritalín o el Concerta, se pruebe el efecto del ejercicio y de un entrenamiento conductual en aquellos chicos a quienes se les diagnostica TDAH. No siempre lo más fácil (dar la medicina) resulta ser lo mejor.

Finalmente, el ejercicio tiene una función antiinflamatoria, y aunque al iniciarlo o retomarlo después de un largo periodo de sedentarismo pueda generar una sensación de inflamación y dolor, en realidad otorga muchos beneficios, pues la investigación señala que la inflamación está asociada a múltiples problemas físicos e incluso psicológicos.

Es así que no hay argumentos en contra del ejercicio que superen los que están a su favor. Los adolescentes (en realidad, todas las personas sin importar su etapa de la vida) necesitan tener el ejercicio como una actividad indispensable y, hasta cierto punto, no negociable en su rutina diaria. Los padres de familia, las escuelas y los profesionistas que trabajan con adolescentes pueden impulsar un estilo de vida basado en el deporte y el ejercicio físico, pues de tal forma contribuyen al bienestar global de los chicos.

Es necesario señalar que no se requiere hacer ejercicio de alto rendimiento para obtener beneficios. Los ultramaratonistas son personas que cuentan con una extraordinaria determinación (además de tiempo y recursos para practicar este deporte) que no todos tienen, ni tendrían por qué tener. La fortaleza física no se trata de alto rendimiento, mucho menos de alta competitividad. Se trata de perseverancia, de hacer algo de manera más o menos constante (cuatro o cinco días a la semana) para obtener su beneficio.

En lugar de aspirar a que el adolescente se convierta en un ultramaratonista, un *iron man* o un deportista profesional, es deseable dejar que sea él quien escoja la actividad física y a qué ritmo desea desempeñarla. Las personas pueden obtener los frutos del ejercicio en sesiones de treinta minutos de caminar alrededor del parque o, aún más, practicando alguna actividad que también estimule su parte lúdica, como lo hacen los deportes de equipos, como el futbol, el basquetbol, el beisbol, etc. Así que no es necesario ejercitarse con una actividad de alto rendimiento.

Si ejercicio y diversión se combinan, se tendrá la fórmula adecuada para garantizar la perseverancia y la duración en su práctica. Sin importar si se trata de artes marciales, ciclismo de montaña, surf o bicicleta estacionaria, lo que es fundamental es que se realice ejercicio físico de cuatro a cinco veces por semana y que se disfrute el hacerlo.

Como todo nuevo hábito, iniciar puede ser más difícil que continuar. Hay chicos que no se sienten motivados para hacer ejercicio, no conocen sus beneficios o incluso lo consideran molesto. Seamos honestos:

levantarse a las 6:00 de la mañana para ir a correr cinco kilómetros o para ir a nadar dos kilómetros puede ser todo un desafío a la fuerza de voluntad de cualquiera, en especial las primeras veces. Por ello es importante buscar estrategias e incentivos que faciliten la ejecución de esta conducta.

En psicología conductual hablamos del principio de Premack cuando utilizamos una conducta altamente reforzada para generar o promover una conducta no reforzada o incluso aversiva. Es decir, algo que agrada o es fácil de hacer se utiliza para motivar algo que no agrada o cuesta trabajo realizar. En el caso del ejercicio, eso podría ser montar en bicicleta estacionaria y mirar la serie de televisión favorita al mismo tiempo, o condicionar el uso de los videojuegos a la cantidad de ejercicio físico que se haya practicado. También se puede hacer una gráfica de conducta donde se va marcando el número de días que se realizó ejercicio, y al final de la semana o del mes, estos se pueden canjear por permisos extraordinarios o una mayor suma de la mesada.

La idea es que el adolescente desarrolle el hábito del ejercicio a través de la comprensión de los beneficios para la salud, la experiencia agradable o lúdica al realizarlo con personas que aprecia, a la vez que le sea menos difícil por estar reforzado a través del apareamiento conductual y, finalmente, porque por medio de la repetición se convierte en algo que forme parte de su vida.

Hay un elemento más que considerar en la promoción de una vida basada en las fortalezas físicas, y eso es el ejemplo. Muchos papás se han quejado conmigo de que su hijo o hija no realiza actividad física alguna, e incluso me dan grandes lecciones de por qué es importante que sus hijos lo practiquen, pero cuando les pregunto: "¿Y ustedes qué tipo de ejercicio practican?", se quedan mudos o se justifican diciendo: "Yo, mal o bien, ya soy un adulto, por lo que lo importante es que él lo haga y no yo".

Los padres que piensan así no comprenden dos elementos de suma importancia: 1. Los seres humanos aprendemos, en gran medida, por aquello que llamamos *aprendizaje vicario*, es decir, por la observación, y 2. Los frutos del ejercicio (tanto a nivel físico como mental) se dan en

297

todas las edades, en hombres y en mujeres por igual, por lo que es irracional privarse de ello.

Cuando los padres piden a los hijos algo que ellos mismos no están dispuestos a realizar, se muestran como contradictorios y esto suele ser usado en contra de la autoridad de los padres. Pero, además, es un desincentivo, pues los hijos verán que no es realmente necesario, ya que si lo fuera, sus papás también lo harían.

Así como decimos "mente sana en cuerpo sano", hemos también de decir "adolescente sano en familia sana", y eso incluye tanto el aspecto físico como el psicológico. De ahí la importancia de las palabras de Gandhi: "Sé el cambio que quieres ver en el mundo". Ojalá su adolescente vea en ustedes las conductas (incluyendo el deporte) que ustedes quieren ver en él.

Fortalezas sociales

La gente buena hará lo que encuentre honorable hacer, aunque requiera trabajo duro. Lo hará aunque cause lesiones; lo hará aunque traiga peligro. Una vez más, no hará lo que encuentra innoble, aunque traiga riqueza, placer o poder. Nada la disuadirá de lo que es honorable y nada la atraerá hacia lo que es innoble.

Séneca

En el capítulo III profundizamos en el desarrollo social del adolescente analizando los conceptos de aptitud e inteligencia social, la teoría del apego, el desarrollo moral y el efecto de la escuela en la socialización. Esa información no se repetirá aquí; por el contrario, esta sección se enfocará en la posibilidad de los adolescentes de impactar en la sociedad de manera positiva y en por qué esto es una fortaleza para ellos.

En la propuesta de Seligman sobre las virtudes y las fortalezas del carácter se encuentra la virtud de la justicia, que está conformada por tres fortalezas: trabajo en equipo, rectitud y liderazgo. Esta virtud y estas fortalezas tienen que ver con nuestro actuar hacia los demás, hacia una sociedad más justa y con oportunidades para todos.

El VIA Institute on Character (2017) entiende la justicia como el grupo de fortalezas cívicas que subyacen a una vida comunitaria saludable. Define las tres fortalezas de la siguiente manera:

- Trabajo en equipo (ciudadanía, responsabilidad social, lealtad): Trabajar bien como miembro de un grupo o equipo; ser leal al grupo; hacer su parte.
- Equidad: Tratar a todas las personas de acuerdo con las nociones de justicia; no dejar que los sentimientos personales influyan en las decisiones sobre los demás; dar a todos una oportunidad justa.
- Liderazgo: Alentar a un grupo del cual uno es miembro para hacer las cosas y al mismo tiempo mantener buenas relaciones dentro de este; organizar actividades grupales y ver que sucedan.

Los adolescentes son especialmente sensibles a temas de justicia y conflictos sociales. Esa es la razón por la cual grupos políticos desarrollan un lenguaje tan atractivo y seductor para los jóvenes, pues saben que su nivel de empatía los impulsará a embarcarse en manifestaciones y proselitismo político para cambiar el mundo. Palabras como *igualdad*, *justicia social*, *derechos de las minorías*, etc., suelen apelar a esa empatía y resultan altamente atractivas para muchos.

Desafortunadamente, no pocos jóvenes desconocen las propuestas ideológicas detrás de los partidos políticos y pueden verse envueltos en la promoción de ideales contrarios a los de la familia, o incluso de ellos mismos, que a la larga afectan políticas públicas que no comprendieron en el momento en el que dieron su apoyo o de los cuales no obtuvieron la suficiente información para ejercer un juicio más objetivo.

Es por esto que es importante buscar guiar la virtud de la justicia y el deseo de solidaridad que muestran muchos adolescentes. Ofrecerles distintas alternativas de dónde pueden desempeñar esta virtud es la forma de promover la fortaleza social y de impactar positivamente en la sociedad.

Algunos adolescentes encuentran de interés agrupaciones como los Boy Scout o las Girl Scout; otros prefieren organizaciones asociadas a su religión, como los grupos misioneros o de caridad; hay otros que optan por colaborar con museos u otras instituciones culturales. Hay quienes prefieren trabajar cerca de las llamadas ONG, u organizaciones no gubernamentales. Lo importante no es si lo harán en un tipo de organización u otra, sino que lo hagan, que se vean envueltos en los procesos de mejora y aportación comunitaria.

Este tipo de actividades constituye una extraordinaria oportunidad para promover no solo la virtud de la justicia, sino todas las virtudes de las que hemos hablado en este capítulo. Quienes acuden a comunidades indígenas podrán encontrar experiencias para practicar la sabiduría y el conocimiento aprendiendo de nuevas culturas o formas de vida, o incluso para compartir el saber, como quienes se embarcan en tareas de alfabetización para niños sin recursos. Podrá haber momentos en donde practicar el coraje sea una oportunidad, como cuando el joven se ve enlistado en alguna asociación que busca preservar los bosques o cuando participa en alguna asociación como Abogados Sin Fronteras. Un chico puede potencializar su humanidad cuando trabaja con personas hospitalizadas o cuando acude a orfanatorios y casas de retiro con la intención de colaborar. El adolescente puede trabajar la templanza cuando acude de misiones y vive el ayuno y la abstinencia a la vez que busca convivir y compartir el mensaje religioso. Un joven puede cultivar la trascendencia al participar en instituciones que busquen dignificar la vida de las personas o al colaborar en grupos encaminados al arte, la espiritualidad, la cultura, etc.

Participar en acciones sociales que lleven al adolescente a salir de una visión centrada en sí mismo y la satisfacción de sus deseos y necesidades para poner el énfasis en el bien común y el desarrollo comunitario es la fortaleza social que impactará positivamente en los demás. Pero este impacto también redundará positivamente en el joven, pues el amor y la felicidad se dan en compañía, en el dar, pero no en solitario ni en el egoísmo.

Uno de los beneficios que pueden experimentar quienes decidan trabajar en esta fortaleza es el incremento de la autoeficacia, de la autoestima y de la apreciación por la vida, la belleza y los demás. La eudemonía, de la que hablamos al principio de este capítulo, se refiere justo a la vida virtuosa que resuena e impacta positivamente en el individuo y en su sociedad.

Fortalezas espirituales

Creo que la principal obligación de padres y educadores es proporcionar a los niños una comprensión del principio divino que existe en su interior.

William Ellery Channing

Durante años se ha sostenido la creencia de que la psicología y la religión son incompatibles. Dicha posición se sustenta en que figuras históricas de la psicología como Sigmund Freud, F. B. Skinner y Albert Ellis se mostraron hostiles ante la religión y la espiritualidad.

Freud aseguraba que existía una asociación entre la religión y el desarrollo de la histeria y de la neurosis. Para él, la religión y sus rituales eran una manifestación de una neurosis colectiva que le servía al individuo para evitar formar una neurosis individual. Sin embargo, consideraba que cuando el sujeto fallaba con esos rituales daba paso a la culpa, lo que a su vez lo llevaría a generar obsesiones y compulsiones por dichos rituales y como resultado, se daría paso a la neurosis individual (Loewenthal & Lewis, 2011).

En muchas de sus obras se pueden leer sus comentarios aversivos a la religión que en la mayoría de los casos (como en gran parte de su obra) eran sus propias conclusiones o inferencias, pero no conocimiento basado en evidencia empírica. H. Ellenberger, en su magnífico libro *El descubrimiento del inconsciente* (1970), señala que la posición antagónica de Freud ante la religión pudo tener su origen en sus propias experiencias infantiles, pues como miembro de una familia judía en esa época, tuvo que observar y experimentar los abusos y excesos que los semitas sufrían a manos de los no judíos. Dentro de dichas observaciones se cuenta la de la humillación que sufrió su padre cuando andaban por la calle. Desde ese día Freud vio la religión como una fuente de inferioridad y charlatanería, como algo que no proveía de beneficio real al individuo.

Por su parte, Albert Ellis, creador de la terapia racional emotivo conductual, consideraba que existía (desde su perspectiva racionalista y, podríamos decir, extremista) una relación causal entre religión y trastornos mentales (Ellis, 1980). Para él la religión era un conjunto más de creencias irracionales por el cual las personas padecían psicológicamente; por lo tanto, había que desafiar esas creencias y cambiarlas. Al igual que Freud, Ellis llegaba a estas conclusiones por el método analógico o, cuando mucho, a través de razonamientos inductivos. Es decir, a partir del análisis de los casos individuales de pacientes con alteraciones psicológicas y que fueran a la vez practicantes de alguna forma de religión, tanto Freud como Ellis concluyeron que tenía que existir la misma relación en todos: religión igual a trastornos mentales. Ellis incluso veía la psicoterapia como un sistema para promover los valores ateístas.

Sin embargo, esta postura antagónica de figuras históricamente reconocidas dentro de la psicología no es la única que ha existido en el estudio de la psicología y la religión o, aún más, en el estudio del valor positivo de la religión en la salud mental, el bienestar y el afrontamiento de la adversidad.

Mucho antes que Freud y Ellis existió una figura fundamental en el desarrollo de la psicología como disciplina científica: William James. Este gran filósofo y psicólogo se considera como pionero de dos importantes disciplinas: la filosofía pragmática y la psicología experimental, que ha dado paso al desarrollo de las tan ahora valoradas neurociencias.

En 1902 James publicó su libro titulado *La variedad de las experiencias religiosas,* una extraordinaria obra que dio paso al estudio científico de la psicología de la religión y de la religión estudiada desde la psicología. Con estudios de casos, evidencia empírica y razonamientos desde la neurología y la psicología, James resalta la importancia de comprender cómo la religión permite al individuo tener una experiencia –diríamos fenomenológica– distinta a la de la razón, con efectos psicológicos de gran importancia como el bienestar y la felicidad. La experiencia religiosa promueve transformaciones conductuales y emocionales al dotar al sujeto con un propósito y significado en la vida basado en su relación con la divinidad y los demás seres humanos.

La obra de James puso en alto el estándar de la investigación psicológica sobre la religión. Hasta la fecha es considerada como uno de los libros fundamentales de dicha disciplina, a la vez que una de las grandes obras del pensamiento norteamericano.

Durante el siglo XX, otros autores continuaron con el interés de comprender la religión y su efecto en el desarrollo psicológico y su afectación a la salud mental. Carl Gustav Jung fue un prolijo autor y disidente de Freud, de quien se desmarcó, entre otras cosas, por su reduccionismo del conflicto psicológico al trauma sexual y su estrecha visión de la religión y la cultura. Jung desarrolló el tema de la religión a lo largo de toda su obra. Vio en los símbolos religiosos la manifestación simbólica de la mente y de la divinidad. En una ocasión un reportero le preguntó: "¿Puede comprobar la existencia de Dios?" y Jung le contestó: "Puedo comprobar la existencia de Dios en la mente del hombre".

Jung (1995), con su erudición en cultura, religión, alquimia, idiomas, etc., pudo constatar que la noción de Dios ha estado presente a lo largo de la humanidad, pero que además sirve como el arquetipo de la integración y la totalidad psíquica que conduce al ser humano a su estado de pleno desarrollo, que él llamó *individuación*.

Para conocer más sobre la obra de Jung, la publicación de su *Obra completa* por Editorial Trota es muy recomendable.

Viktor Frankl también se interesó en comprender el papel de Dios en la salud mental. Para él la psicoterapia y la religión no son excluyentes, pero sí tienen campos de acción diferenciados. En su libro *La presencia ignorada de Dios* (1948) señala que la función de la terapia es hacer consciente la parte espiritual que ha sido reprimida en el paciente, lo que él llama *inconsciente espiritual* o *inconsciente trascendental* y que al ser reprimido genera conflicto o neurosis. Para Frankl, el ser humano tiene una relación inconsciente con Dios, la cual es la trascendencia existente en el mismo hombre. Y es en esa relación donde este encuentra su plenitud.

Sin embargo, se podría aplicar el mismo comentario que se hizo sobre Freud y Ellis a Jung y Frankl, es decir, que parten del método analógico e inductivo para llegar a sus conclusiones, pero sin validez empírica probada para presentar resultados generales. Dicha afirmación puede ser correcta, pero el estudio de la psicología y de la religión no se termina con ellos.

Conforme la psicología ha buscado desarrollar tratamientos basados en evidencia y llegar a conclusiones empíricas demostrables a través del método científico, se han desarrollado más y más investigaciones que nos permiten tener una visión más objetiva y racional del efecto (tanto positivo como negativo) de la religión y la espiritualidad en el desarrollo y la salud mental. Hoy en día existe una gran variedad de revistas científicas o *journals* que tienen como objetivo publicar los resultados de estudios sobre este tema. Sin duda es un área del conocimiento con una amplia oportunidad de desarrollo, pero también ha permitido llegar a conclusiones sumamente relevantes que resuenan con el aforismo que da inicio a esta sección.

Veamos pues algunas de las conclusiones a las que llega la investigación contemporánea sobre el efecto que la religión tiene en la salud mental.

En un artículo donde se sintetizan los resultados arrojados por diversas investigaciones, Dein (2010) asegura que la evidencia recabada a través de 724 estudios señala que la práctica de la religión generalmente conduce a mejores niveles de salud mental, a la vez que es una estrategia utilizada para afrontar los trastornos mentales. Además, subraya que existe una asociación entre quienes atienden las prácticas religiosas y la disminución de intentos suicidas tanto en la población general como en aquellos que padecen trastornos mentales. Esta reducción se muestra independiente del apoyo social que los sujetos reciben.

Dein también señala que la evidencia recabada en 93 estudios muestra que en dos tercios de las investigaciones las personas religiosas mostraron menores niveles de depresión y menores síntomas depresivos.

Otras investigaciones han arrojado que los síntomas son más leves y la recuperación más rápida para aquellos pacientes con depresión y creencias religiosas.

La idea generalizada (promovida por Freud) que aseguraba una asociación entre la religión y lo que ahora conocemos como trastorno obsesivo-compulsivo carece de evidencia con base en lo que la investigación ha arrojado. En todo caso, puede que la religión promueva mayor escrupulosidad pero no los criterios para el trastorno mencionado (Lewis, 1998; Tec & Ulug, 2001).

Algunas personas ridiculizan la creencia de Dios y la práctica de alguna religión diciendo cosas como "es una locura", "tienes un amigo imaginario" (o sea Dios), "eso es una alucinación", etc. Incluso, es común encontrar psicólogos y psiquiatras que creen que la religión puede promover estados psicóticos o el desarrollo de trastornos psicóticos. Sin embargo, la investigación no muestra dicha correlación; por el contrario, apunta a que las creencias y prácticas religiosas de los pacientes con esquizofrenia pueden contribuir a recuperar un sentido del yo más funcional, además de que los pacientes suelen reportar que la religión les ayuda a disminuir los síntomas psicóticos y otros síntomas asociados, como el consumo de sustancias, intentos suicidas, etc. (Dein, 2010; Loewenthal & Lewis, 2011).

También se ha encontrado que la práctica religiosa disminuye el consumo y abuso de sustancias y que las personas que pasan por pérdidas de seres queridos, enfermedades físicas, desastres naturales y divorcio encuentran de beneficio y ayuda su religiosidad para afrontar dichas experiencias. Otros hallazgos son la disminución del dolor físico para personas enfermas y el aumento de la salud, la felicidad y el bienestar (Dein, 2010; APA, 2013).

Pero ¿qué es lo que tiene de especial la religión que ayuda a las personas a afrontar la adversidad, a disminuir sus síntomas físicos y mentales y a sentir mayor bienestar?

Para el doctor Keneth Pargament, experto en psicología y religión, la respuesta se encuentra en que "a diferencia de cualquier otra dimensión de la vida, la religión y la espiritualidad tienen un enfoque único en el dominio de lo sagrado; la trascendencia, la verdad última, la finitud y la conexión profunda" (APA, 2013, "What is the difference between spirituality and mindulness?", párr. 2).

Para Dein (2010) las causas por las que la religión favorece estados positivos en la salud mental y física son que promueve el aumento del apoyo social; disminuye el abuso de drogas e incrementa la importancia de las emociones positivas, como el altruismo, la gratitud y el perdón en aquellos que la practican.

Además, la religión ayuda a contestar las preguntas trascendentales de la vida: ¿por qué estamos aquí?, ¿cuál es el propósito de la vida humana?, ¿qué hay después de la muerte?, ¿cuál es la manera correcta de actuar?, etc. Al mismo tiempo, fomenta una cosmovisión positiva y desalienta las estrategias de afrontamiento negativo, como alcohol, drogas, aislamiento, etc., y promueve formas positivas de afrontar la adversidad (Dein, 2010).

Sin embargo, no todas las personas que practican la religión gozan de una buena salud mental; incluso se puede ver en los medios o en la vida diaria a personas que viven en gran contradicción entre sus creencias y su actuar. La religión no es una garantía de perfección; por el contrario, es una herramienta que resalta nuestras limitaciones, nuestras contradicciones y nuestras faltas para que desde ahí las superemos y fomentemos el crecimiento o la transformación espiritual. San Pablo lo resumió en la siguiente expresión:

> No hago el bien que quiero, sino el mal que no quiero: eso es lo que hago. Y si lo que no quiero, eso es lo que hago, ya no soy yo el que lo hace, sino el pecado que hay en mí.
>
> Quiero hacer el bien, y me encuentro haciendo el mal. En mi interior me agrada la ley de Dios; pero veo en mi cuerpo una ley que lucha contra la ley de mi espíritu y me esclaviza a la ley del pecado que hay en mi cuerpo. ¡Desdichado de mí! ¿Quién me librará de este cuerpo mortal? Doy gracias a Dios por Jesucristo nuestro Señor. Así que yo mismo con el espíritu sirvo a la ley de Dios, pero con la carne a la ley del pecado (Romanos 7: 19-25).

Las personas creyentes no están exentas de estrés, de conflictos internos y externos o de experiencias traumáticas. Se enferman física y mentalmente, como el resto de los seres humanos. Disfrutan y se frustran como cualquier otro. De tal forma que los juicios de *hipócritas* que se les suele hacer no son apropiados, pues la hipocresía no es exclusiva de quienes profesan una fe, sino de la humanidad; es una característica contra la que todos deberíamos luchar. La religión ofrece un conjunto de prácticas para asumir las propias limitaciones y buscar transformarlas en virtudes, en acciones extraordinarias para los demás. Es así como se comprenden las palabras de Jesús: "No tienen necesidad de médico los sanos, sino los enfermos; no he venido a llamar a los justos, sino a los pecadores" (Marcos 2:17).

Es necesario resaltar que no todas las prácticas religiosas promueven la salud mental y las estrategias de afrontamiento positivo. En realidad, hay prácticas religiosas que pueden ser opuestas a la salud mental y complicar la vida de sus adeptos y la de los demás.

Una comunidad religiosa que no provee de apoyo a sus feligreses; una visión de Dios como justiciero; la creencia del mundo justo (cosas buenas les pasan a los buenos y cosas malas a los malos); así como ser parte de grupos religiosos que promueven una visión fanática e inflexible de sus enseñanzas pueden hacer más daño que bien. Todos hemos sido testigos del terrorismo religioso de las últimas décadas impulsado por enseñanzas radicales que promueven una visión sectaria del mundo: "ellos y nosotros", "los malos y los buenos". Enseñanzas así solo traen desolación y desesperanza, tanto a los feligreses como a los demás, a la vez que impulsan el prejuicio de que la religión es una práctica negativa para la humanidad.

Las prácticas que han mostrado promover la salud mental y servir como estrategias de afrontamiento positivo son la creencia de que Dios permite lo que sucede por un fin mayor; la creencia de que Dios acompaña incluso en la adversidad; la oración y la meditación; el apoyo y consuelo de la comunidad religiosa; los rituales que facilitan la transición en la vida (bautismo, primera comunión, bar mitzvá y bat mitzvá, matrimonio, ritos fúnebres, etc.); la práctica de la compasión y la caridad a través de la ayuda a los demás; el perdón espiritual; la lectura de los textos sagrados; la participación de los sacramentos y la vivencia de los símbolos religiosos como medio de vinculación con la divinidad (Dein, 2010; APA, 2013; Loewenthal & Lewis, 2011; Jung, 1995).

Hay un elemento más al considerar la religión y la espiritualidad como una fortaleza que se debe promover en los adolescentes: la religión puede tratar sobre lo divino y el mundo espiritual, pero está manejada por humanos en el mundo material.

La religión y su práctica tienen todos los beneficios que ya señalamos, pero también han sido botín y herramienta de manipulación social; incluso siguen siéndolo en la actualidad.

La palabra *religión* viene del latín *re-ligare*, por lo que se puede entender como un unir o ligar al hombre con la divinidad, con Dios. Por desgracia, para muchos en nuestra época (los laicistas), la religión es vista como un conjunto de supersticiones y charlatanerías; por otro lado, hay quienes la ven como cultos e instituciones que buscan el monopolio de lo divino y lo sagrado para obtener poder y beneficio personal; hay otros que la ven como parte de los protocolos sociales que se tienen que cumplir para ser aceptados en la sociedad. Pero, sin duda, siguen siendo mayoría quienes la consideran como la posibilidad de unir al hombre con Dios.

Por esto es necesario distinguir entre las enseñanzas religiosas (aquellas dadas por su fundador y personas sobresalientes de la religión) y el manejo institucional de la religión (la estructura jerárquica, los reglamentos internos y externos, la ortodoxia frente a la heterodoxia, el manejo del poder y las posiciones políticas dentro de cada religión, corrupción, escándalos, etc.). Es deseable que los dos niveles estén en sintonía y que uno fortalezca al otro; sin embargo, lamentablemente no siempre es así.

Por ello es importante que en la búsqueda de la promoción de la fortaleza de la espiritualidad, el adolescente pueda estudiar y conocer su religión así como otras doctrinas, que pueda conocer los distintos carismas dentro de cada religión y, sobre todo, que se le provea de una base racional, filosófica y teológica de su creencia.

Estar abiertos al debate y a la reflexión de las inquietudes religiosas y buscar la estimulación de un mayor conocimiento sobre asuntos religiosos, a la vez que la práctica de los rituales y simbolismos religiosos, ayudarán a fortalecer la espiritualidad. Hacer esto no es promover el cliché postmoderno "todas las religiones son iguales", ni es una invitación al intelectualismo de la fe; en realidad es buscar promover el pensamiento crítico y fundamentado de por qué se cree, dentro de la familia, que la fe que se profesa es la adecuada, a la vez que se dota al adolescente de herramientas para su convicción y elección personal.

Una religión impuesta, no reflexionada, no estudiada, vivida por obligación o costumbre es una fe que fácilmente cederá ante las filosofías del mundo y los cambios sociales que vivimos. Por el contrario, una fe enraizada en la práctica y el conocimiento podrá ser de mayor utilidad (individual y colectiva) ante los retos o desafíos que presenta la postmodernidad.

Algunos adolescentes encuentran de gran beneficio participar en grupos de jóvenes que se reúnen para socializar y hacer actividades culturales y deportivas mientras practican su fe y profundizan en ella. Estas agrupaciones fomentan el sentido de pertenencia y la identificación con pares que tienen objetivos en común. Constituyen una gran herramienta para no sentirse como "bichos raros" en medio de un mundo cada vez más y más secularizado.

Es deseable que los padres también se involucren no solo en la práctica y estudio de la religión para dar ejemplo a los hijos, sino también en qué grupos, ideas y personas están detrás de la formación espiritual que recibe el adolescente. Como ya lo señalamos, la parte institucional en ocasiones puede ir en dirección contraria a la parte de las enseñanzas religiosas o de los valores que se busca promover en casa; de ahí la necesidad de que los padres sepan más de quién, dónde y desde qué posición se está fomentando la parte espiritual del hijo.

A manera de conclusión sobre la fortaleza espiritual, valdría resaltar que la religión ha estado presente en la humanidad por miles de años y ha servido como un facilitador a las respuestas trascendentales. También ha fungido como cohesión social, y consolación ante la adversidad, pero especialmente como un espacio de reconexión interna con la divinidad. Más allá de sus aspectos cuestionables, de sus errores y malos manejos hechos por los hombres, la religión es una fuente de bienestar y trascendencia como ninguna otra área de la vida humana. ¿Por qué entonces privar a los hijos de algo tan importante y benéfico para ellos? ¿No es fundamental promover la fortaleza espiritual de forma constructiva? De esta manera, se favorece no solo el *bien estar*, sino también el *bien ser*. Y eso es la responsabilidad máxima que tienen los padres.

Finalmente, en la figura 2 muestro, a manera de síntesis, un ejemplo del programa que propongo para fomentar el bienestar integral del adolescente con las cuatro fortalezas:

Figura 2. Ejemplo del programa para fomentar el bienestar integral del adolescente

Resumen

En este capítulo se ha profundizado en los conceptos de felicidad, bienestar y vida plena. Se vio cómo desde la antigua filosofía grecorromana existían posiciones diversas para entender qué es la felicidad y el bienestar para el ser humano. Gracias a Platón, los griegos desarrollaron el concepto de la eudemonía, entendido como el mayor de los bienes al que el ser humano puede aspirar. Sin embargo, no hubo consenso de cómo conseguir ese anhelado estado. Platón, Aristóteles y los estoicos abogaban por el desarrollo y la práctica de las virtudes como camino para alcanzar la felicidad o la eudemonía. En cambio, los hedónicos, como Arístipo y Epicuro, consideraban que la forma de conseguir dicho estado era a través de la satisfacción e incremento de los placeres, así como de la disminución del dolor en la vida.

El debate y el desacuerdo han continuado hasta nuestros días, donde la psicología se ha interesado en estudiar qué hace al ser humano experimentar bienestar y felicidad. De la misma forma que en la filosofía, en la psicología se ha dividido a aquellos que estudian el tema en dos grandes escuelas: los del bienestar subjetivo (o felicidad hedónica) y los del bienestar psicológico (o felicidad eudemónica). Los primeros centran sus investigaciones en aquello que aumenta el afecto positivo y disminuye el afecto negativo en las personas. El segundo grupo se enfoca en las variables, virtudes y fortalezas del carácter que permiten a las personas experimentar un crecimiento personal sin depender de las circunstancias externas. La investigación concluye que aquellos que se centran en alcanzar una felicidad hedónica experimentan mayor gozo como resultado de los afectos positivos; en cambio, quienes buscan la felicidad eudemónica experimentan mayor satisfacción con su vida.

También se estudió un novedoso concepto: la gaudibilidad. Esta propuesta hace referencia a los moduladores que influyen en la experiencia subjetiva de vivir experiencias gratificantes; podríamos decir que es la virtud de disfrutar la vida. Se vio que está asociada a menores niveles de depresión y ansiedad y que podría funcionar tanto como predictora como de factor de protección ante la salud mental. ¡A todos nos viene bien disfrutar la vida!

Teniendo en cuenta los distintos modelos de la felicidad y el bienestar, se ofreció un programa que integra tanto los aspectos hedónicos como los eudemónicos y que hace énfasis en el disfrute. Para dicha integración se propuso el concepto de fortalezas internas y se ofrecieron sugerencias prácticas para promoverlas y fortalecerlas en los adolescentes.

Finalmente, se estudiaron las fortalezas físicas, sociales y espirituales como elementos fundamentales para el bienestar integral del adolescente. Las cuatro fortalezas ofrecidas fueron estudiadas con base en la evidencia científica que sugiere su promoción para generar un mayor nivel de salud física, mental, social y espiritual. Se dieron recomendaciones prácticas en cada una de las cuatro fortalezas.

Cuestionario para padres y profesionales

1. ¿Cómo le explicarías a tu hijo o paciente qué es la felicidad?
2. ¿Cómo puedes ayudar al adolescente a trabajar e incrementar la felicidad en su vida?
3. ¿Qué virtudes consideras las más importantes de promover en el desarrollo del adolescente y por qué?
4. ¿Cómo desarrollas en ti mismo (y das ejemplo con ello) las cuatro fortalezas sugeridas: individuales, físicas, sociales y espirituales?

Para saber más sobre el capítulo VII

Para saber más del estoicismo:
https://www.youtube.com/watch?v=R9OCA6UFE-0

Para conocer las virtudes y fortalezas del carácter en cada uno:
https://www.viacharacter.org/survey/Account/Register

Para saber más de los beneficios del ejercicio a la salud mental:
https://www.theatlantic.com/health/archive/2014/03/for-depression-prescribing-exercise-before-medication/284587/

Capítulo VIII: Estrategias de crianza para los padres

Dime y lo olvido, enséñame y lo recuerdo, involúcrame y lo aprendo.

Benjamín Franklin

Con frecuencia escucho a padres de familia decir: "Ya leí muchos libros; lo que necesito es algo práctico, que me digas qué hacer con la conducta de mi hijo". Sin duda, vivimos en una época donde hay recetas para todo; por ejemplo, las revistas del corazón nos dicen: "¡Cómo adelgazar en tan solo 10 días!" o "Método práctico y eficaz para que tus hijos dejen de hacer berrinche" o incluso "¡10 prácticos consejos para la felicidad duradera!". Esta tendencia, basada en las recetas del desarrollo personal, responde a una visión del mundo que se ha venido construyendo en donde se busca que el ser humano se adecúe de la misma forma en que pretendemos adaptar la tecnología: en sencillos pasos.

Sin embargo, los humanos no somos máquinas; somos seres en constante proceso de humanización. Es decir, aprendemos constantemente sobre nosotros mismos, los demás y el mundo. Por tal motivo, no es apropiado pensar en la aplicación de recetas, como quien cocina un pastel, o en "reparaciones" de la conducta, como quien lleva el automóvil al mecánico.

Pero, como lo señalamos en el capítulo II, es deseable que los padres de familia cuestionen qué tipo de estilo de crianza (autoritario, autoritativo, permisivo o negligente) están empleando y aspiren a un modelo autoritativo por ser el que mejores consecuencias tiene para el desarrollo de los hijos. Por tal motivo, en este capítulo se presentan las seis estrategias básicas que suelo recomendar a la mayoría de los papás que me visitan: 1. Fortalecer el vínculo padre-hijo; 2. Identificar las creencias irracionales; 3. Educar al chico en las conductas de riesgo; 4. Establecer un programa conductual basado en acuerdos y reforzadores positivos; 5. Desarrollar habilidades de comunicación asertiva; y 6. Buscar apoyo profesional y otros recursos de beneficio cuando sea necesario.

Sin embargo, y en congruencia con los párrafos anteriores, es importante pensar en el ser humano en términos de procesos que son antecedidos por variables (intrínsecas y extrínsecas) que promueven un determinado tipo de conducta que, a su vez, genera resultados que favorecerán el mantenimiento o la disminución de dicha conducta; a ello le llamamos *condicionamiento operante o instrumental*. De tal forma que en este capítulo les extiendo una invitación a ver las estrategias que se ofrecen no como recetas universales, sino como recomendaciones que requieren adecuarse a cada hijo. Su personalización es clave para obtener resultados acordes a las necesidades de cada chico.

Pero antes de estudiar dichas sugerencias es necesario comprender qué es el condicionamiento operante (CO) y cómo se aplica a la formación y al manejo de la conducta de los adolescentes.

El CO es un concepto desarrollado por B. F. Skinner (1938) y elaborado por Edward Thorndike. Este último explicó lo que conocemos como *ley del efecto*, que hace referencia a que las conductas que producen un efecto satisfactorio tienden a repetirse en el futuro.

El CO nos explica que el ser humano aprende por asociación. Es decir, presenta conductas que a su vez generan resultados; si estos conllevan consecuencias positivas o agradables, la persona buscará ejercer la conducta más veces; si sus consecuencias son negativas o desagradables, intentará hacerlo menos veces.

Este tipo de aprendizaje es el que está detrás de la mayoría de las conductas que se adquieren en la vida. Es el caso de los niños cuando empiezan a balbucear: la madre o el padre, al escuchar al hijo haciendo sonidos asociados a una palabra, como *mamá* o *papá*, muestran su alegría y a la vez promueven que el niño lo siga intentando; incluso los padres hacen el sonido y la gesticulación para que el hijo los repita. El pequeño aprende que al intentar emitir dicha palabra obtiene la atención de los padres de una forma positiva. Con el tiempo buscará ensayarla hasta que la domine. A eso se le conoce como *aprendizaje basado en ensayo y error*, el cual es fundamental en el CO.

Pero ahora pensemos en un niño que no obtiene respuesta del padre o de la madre. A cada intento hay una falta de atención de los otros. Con el tiempo, ese niño mostrará retrasos en la adquisición del lenguaje, pues no fue ni estimulado ni reforzado apropiadamente.

Así como las personas aprendemos el lenguaje, también adquirimos muchas otras conductas y habilidades, como escribir, manejar, usar la tecnología, e incluso desarrollar conductas nocivas, como las adicciones o las relaciones interpersonales negativas. El CO es una extraordinaria forma de analizar y comprender por qué una persona actúa de la forma en que lo hace, pero también es una oportunidad para generar nuevas conductas o modificar las ya existentes.

Por lo tanto, en este capítulo aprenderemos los elementos esenciales del condicionamiento operante, veremos las estrategias con las que he trabajado a lo largo de 15 años con múltiples papás de adolescentes e intentaremos que a través de estas herramientas ustedes puedan desarrollar un programa de crianza autoritativo basado en el amor incondicional y en la aplicación de límites y consecuencias.

Dichas herramientas no serán recetas universales, pero sí estrategias de gran utilidad para poder llevar la conducta de los hijos de manera adecuada a la vez que se cuida el tono afectivo de la relación. Todo esto bajo la comprensión de que cada hijo es único y que requiere un entendimiento particular de cuáles son sus fortalezas, sus debilidades y las estrategias que mejor funcionen para él.

Desarrollo, mantenimiento y cambio de conductas en los adolescentes

Como ya lo señalamos, el condicionamiento operante o instrumental se refiere al aprendizaje que hacemos los seres humanos (y la mayoría de los animales) a través de la asociación entre la conducta generada y la respuesta obtenida. Las conductas se ensayan, y si se obtiene una respuesta desagradable, se asumen como un error y se ejecutarán con menor frecuencia. Pero si la respuesta es agradable o positiva, se producirá con mayor frecuencia.

Es conveniente que los padres comprendan cómo funciona el CO para que tengan un mayor entendimiento de la conducta de sus hijos y así puedan identificar qué comportamientos quieren aumentar y qué comportamientos quieren disminuir en ellos.

Esto no significa que los hijos sean conejillos de indias para que los padres actúen como ellos quieren, sino que resulta indispensable que comprendan qué es lo que el hijo necesita para un sano desarrollo (las fortalezas del capítulo anterior) y cómo ellos pueden promover que el chico lo alcance. El objetivo es que los adolescentes aprendan de sus consecuencias para que sepan discernir qué es y qué no es conveniente para ellos. El propósito no es que sean una extensión de los papás, sino seres humanos individuales capaces de asumir las consecuencias de sus actos. Y los papás tienen la responsabilidad de promover dicho aprendizaje.

Para comprender mejor el CO es necesario explicar qué es la conducta. Esta se puede comprender como toda acción (manifiesta o encubierta) que es realizada por un individuo. Ejemplos de conductas manifiestas son llorar, hablar, comer, reír, correr, gritar, etc. Ejemplos de conductas encubiertas son pensar, imaginar, soñar, etc.

En todas las personas hay conductas en déficit y en exceso. Por ejemplo, en los adolescentes, las conductas que suelen estar en déficit son arreglar su habitación, cumplir con sus deberes en el hogar, hacer la tarea, etc. Conductas que suelen estar en exceso en algunos adolescentes podrían ser jugar videojuegos, usar el teléfono o la computadora, ver la televisión, etc.

Los padres necesitan identificar cuáles conductas de sus hijos están en déficit y cuáles están en exceso. Y también deben preguntarse cuáles se tienen que incrementar y cuáles es conveniente disminuir. Esto les permitirá comprender que la función de los padres es la de evaluar de manera más o menos constante las necesidades y los excesos en los hijos, así como la de intervenir para buscar su balance, y de este modo promover un aprendizaje basado en las consecuencias y no en los aleccionamientos.

Pero, además, es necesario que los padres comprendan que las conductas no suelen aparecer aisladas; es decir, no son fruto de la generación espontánea. Las conductas suelen darse en un escenario con estímulos ante el cual se puede tener o no tener control y ello afecta la aparición de la conducta y su manejo. Por *escenario* se entiende el lugar donde ocurre la conducta, y por *estímulos*, las personas, objetos y sucesos presentes en el contexto donde se da la conducta y que tienen una influencia en ella.

Con frecuencia escucho a papás decir: "En pleno restaurante, sentado a la mesa con nuestros invitados, se puso a comportarse como un maleducado. ¡Fue una vergüenza!". El restaurante es el escenario y los estímulos son los invitados, los demás comensales y la discusión que se sostenía en el momento. En este ejemplo, los padres tenían muy poco o nulo control tanto del escenario como de los estímulos, e incluso estos podrían "jugar" en contra de los padres por sentirse estos observados o juzgados por el comportamiento de su hijo.

Pero además del escenario y de los estímulos, es importante resaltar que las conductas se generan, se modifican o se erradican debido a las consecuencias que les siguen. Existen tres tipos de consecuencias: reforzadores (positivos y negativos), castigos y extinción.

Los reforzadores son aquellas consecuencias que logran aumentar la frecuencia de la conducta que les precede. Son positivos cuando su presencia incrementa la frecuencia y son negativos cuando su ausencia tiene el mismo efecto. Por ejemplo, hablaríamos de un reforzador positivo si el halago de un padre posterior a que su hijo lavara los platos hubiera incrementado dicha conducta. Hablaríamos de reforzador negativo si el hijo tuviera una conducta para escapar o interrumpir algo que estuviera sucediendo y fuera desagradable para él, por ejemplo, ponerse a lavar los platos para dejar de escuchar al papá decirle que es un irresponsable y que no apoya en las labores del hogar, o porque lavando los trastes evitará que lo regañen por no hacerlo.

Los castigos son consecuencias o estímulos aversivos que siguen a una conducta, pero que en lugar de incrementarla la decrementan. Por ejemplo, una madre que le quita el teléfono a la hija después de que la chica transgredió el horario acordado para su uso, o un padre que le retira el automóvil al hijo después de que este recibió una multa de tránsito en la casa.

El problema con los castigos es que generan consecuencias paralelas que desgastan afectivamente la relación entre los hijos y los padres. Además, con el tiempo terminan perdiendo el efecto que tienen en la conducta del adolescente. Lo que es aún peor es que algunos castigos pueden ser excesivos o incluso indignantes (como los corporales), lo que promueve un profundo sentimiento de injusticia en el hijo y puede generar justo el efecto contrario al que buscan los padres. Una adolescente recientemente me dijo: "Si mi madre me golpea porque no hago lo que ella quiere, ¿qué le hace pensar que yo la voy a respetar? No la respeto; le tengo resentimiento. Solo espero el momento en que me pueda ir de la casa".

La utilización de los castigos debería estar limitada a situaciones que realmente la ameriten por su gravedad y por la necesidad de mandar un claro mensaje a los hijos de que tal comportamiento no se tolerará. Conductas que ponen en riesgo la integridad del adolescente o de otras personas, así como comportamientos que transgreden las leyes o que implican un impacto negativo para los bienes familiares, son los que se han de castigar. Pero al hacerlo es necesario pensar en que el castigo sea congruente y que vaya acompañado de una explicación que le ayude al chico a entender por qué lo castigaron.

Algunos padres me dicen: "Le quito el celular porque es lo que le duele". Padres así no comprenden que el objetivo es educar en las consecuencias, no en la venganza. No se trata de que al chico le duela; se trata de que aprenda.

De tal forma que si el hijo se accidentó por ir a exceso de velocidad y puso en peligro su vida y la de los demás, el castigo consistirá en condicionar el uso del automóvil a que el chico tome nuevamente un curso de manejo y a que haga servicio familiar, asistiendo las necesidades de traslado de la casa y de la familia (como un chofer provisional). Si la hija mintió deliberadamente y tomó dinero que no le correspondía, tendría que disculparse, reconocer su acción, pagar el dinero junto con los intereses generados y hacer conductas prosociales en beneficio de la persona a quien engañó. Es decir, si el castigo no es congruente y no tiene la intención fundamental de que el adolescente aprenda a través de la consecuencia de que su conducta es no aceptada, entonces puede ser más perjudicial que benéfico.

El último tipo de consecuencia es la extinción. Consiste en eliminar los reforzadores de alguna conducta determinada con la intención de reducir o eliminar su frecuencia. Por ejemplo, un padre le promete al hijo una cierta cantidad económica (este es el reforzador) cada vez que este corte el jardín de la casa (esa es la conducta). El padre le paga las primeras cinco veces, pero a partir de la sexta decide ya no darle el dinero al hijo, quien al no recibir el reforzador (en este caso, el dinero) deja de realizar la conducta de podar.

Otro ejemplo de extinción es cuando los adolescentes se comportan de manera disruptiva, buscando molestar a algún miembro de la familia. Puede que la motivación detrás de dicha conducta sea la atención que reciben de los padres (aunque sea un regaño), de tal forma que dicha atención funciona como reforzador. Si los padres instruyen al hijo que está siendo molestado a no prestarle atención a su hermano (quien molesta) y a retirarse, y los padres hacen lo mismo, la conducta del adolescente podría disminuir al ya no recibir la atención. Esa es la forma en que operan los berrinches en los niños. En la psicología infantil la atención de los padres lo es todo o casi todo, de tal forma que de recibir atención (aunque sea en forma de regaño o enfado) a no recibir atención, los niños buscarán la primera opción. Eso sin olvidar que algunos padres cometen el error de ceder a las demandas de los hijos entregándoles la exigencia que causó el berrinche (la paleta, el chocolate, la televisión, etc.), lo que hace que los niños aprendan que con dicha conducta obtienen lo deseado. Muchos adolescentes muestran una continuación de dicho aprendizaje hasta edades avanzadas.

Teniendo en cuenta qué es la conducta, qué es el escenario y qué son los estímulos, así como los tipos de consecuencias, es deseable estudiar algo más, aquello que se ha llamado *contingencia conductual*.

La contingencia se refiere a la consecuencia de la conducta, es decir, si justo al terminar la conducta se recibe un reforzador (negativo o positivo), un castigo o una extinción. Me gusta poner el siguiente ejemplo a los padres que me visitan:

Imaginen el siguiente escenario. Van conduciendo su automóvil a alta velocidad, están cansados y quieren llegar a casa. Deciden que como es de noche nada sucederá si se pasan los semáforos en rojo. Lo hacen con el primero, luego con el segundo y así sucesivamente. Después de cuatro semáforos en rojo que se han pasado, ¿qué creen que sucederá con el quinto? La respuesta es obvia: hay más probabilidades de que se lo pasen también, ¿verdad?

Ahora imaginen la misma situación, pero justo al pasarse el primer semáforo aparece un oficial de policía, los detiene y les da una multa, a la vez que les advierte que a la siguiente infracción les retirarán la licencia. ¿Qué pasaría con los siguientes cuatro semáforos? ¿Se los pasarían en rojo o se detendrían en ellos? Lo más probable es que decidan no pasarse ningún semáforo más.

Los dos ejemplos de arriba explican lo que es la contingencia conductual. En el primero, la conducta de pasarse los semáforos era negativamente reforzada, pues al pasárselos y no recibir una multa se favorecía el escapar al estímulo que representaba el semáforo. En el segundo, inmediatamente después de no respetar la luz roja, el conductor recibe una multa, lo que desincentiva el comportamiento de transgresión.

Los padres que quieren identificar cómo influir contingentemente en las conductas de sus hijos necesitan aprender lo que llamamos el *A-B-C conductual* o el *análisis funcional de la conducta.* La letra A hace referencia a *antecedent* (antecedente en inglés), B significa *behavior* (conducta) y C es para *consecuence* (o consecuencia). En español algunos autores utilizan la A para antecedentes, la R para la respuesta y la C para la consecuencia. Aunque incluso en español es más frecuente usar la primera opción que la segunda, ustedes pueden utilizar la que gusten.

La idea detrás de este modelo es que si se incide en A o en C se modificará B (o R en español). De modo que los papás pueden preguntarse: "¿Qué antecedentes y qué consecuencias estaban en la conducta no deseada de nuestro hijo?". Así, en lugar de prestar excesivo énfasis en su conducta, lo hacen en lo que la promovió y en lo que la reforzó. Un ejemplo sería el siguiente:

El hijo de 15 años acude a su primera fiesta nocturna. Los papás lo dejan en el lugar donde se reunirán todos los chicos para bailar, conocer a alguien del sexo opuesto y dar paso a los ritos de cortejo de la adolescencia. Los padres son claros con él y le advierten: "Nada de alcohol, recuerda que aún eres menor de edad y no está permitido". El chico les asegura que así lo hará y que no tienen nada de qué preocuparse. Cuatro horas después, los padres reciben una llamada del mejor amigo de su hijo, quien les dice: "Señor y señora X, lamento llamarlos pero su hijo está alcoholizado y no sabemos qué hacer con él. Está devolviendo en el escusado y no puede mantenerse de pie".

En una situación así, los papás deben actuar para que esto no se convierta en una conducta recurrente. Siguiendo el modelo anterior, se puede hacer un A-B-C, donde A es acudir a una fiesta sin supervisión de adultos donde había acceso a alcohol. B es que el hijo decide tomar alcohol a pesar de la prohibición de los padres. C es que inicialmente recibe la aprobación de sus amigos por iniciarse en el alcohol: "¡Eh!, muy bien, tómate otra". Posteriormente se embriaga y al final los padres van por él para llevarlo a casa.

Los padres ya no pueden eliminar la A, pues la fiesta ya pasó. Si decidieran eliminar las futuras A para aplicar el dicho popular "matado el perro, acabada la rabia", es decir, castigar al adolescente con nunca más ir a fiestas en la noche, puede resultarles contraproducente. Ese castigo podría funcionar por un tiempo, pero tarde o temprano generaría resentimiento en el chico y promovería en él conductas de rebeldía. Los papás ya no pueden incidir en B, pues la embriaguez ya sucedió; por lo tanto, pueden optar por actuar en C. Los padres pueden pensar en las siguientes consecuencias: 1. El hijo tiene que acudir a la casa donde fue la fiesta y disculparse con su amigo y sus padres, además de ofrecerles limpiar el desastre que haya ocasionado. 2. Los padres pueden pedirle que haga una investigación (a forma de ensayo) sobre los efectos nocivos del alcohol y su uso moderado en la edad adulta y que después lo discuta con ellos. 3. Los padres le explican que entienden que la adolescencia es un periodo de aprendizaje del cual el ensayo y el error forman parte, pero que esperan que aprenda su lección y que su comportamiento no se vuelva a repetir, pues de lo contrario tomarán medidas mayores. Un manejo así, que considere consecuencias como las antes descritas, puede propiciar que un evento desafortunado se transforme en una oportunidad de aprendizaje.

Hasta aquí hemos visto cómo se desarrollan, mantienen y modifican las conductas. Los papás necesitan comprender que cada hijo se enfrenta a escenarios y estímulos (intrínsecos y extrínsecos) diferentes y que ello conlleva que cada hijo actúe de maneras únicas, a la vez que requiere un entendimiento (por parte de los papás) individualizado para comprender cómo incidir en la conducta del chico. Esto no quiere decir que los padres de familia eduquen a sus hijos con principios o valores distintos, sino que es necesario que comprendan que al identificar los antecedentes y las consecuencias de las conductas e intervenir en ellos, será más fácil promover el cambio conductual.

A quienes deseen hacer una lectura más profunda sobre el condicionamiento operante y los programas de modificación de la conducta que se aplican en distintos escenarios (desde la casa hasta las políticas públicas, pasando por la empresa, la escuela, los hospitales, etc.), les recomiendo el libro clásico en psicología *Modificación de la conducta y sus aplicaciones prácticas*. El autor es el profesor de Yale Alan E. Kazdin, una importante referencia en la psicología conductual aplicada a la educación de niños y adolescentes.

A continuación se ofrecen las seis estrategias esenciales para los padres de adolescentes, que van desde cómo abordar aspectos fundamentales para una buena relación entre padres e hijos con el objetivo de lograr una incidencia positiva tanto en su conducta como en sus emociones hasta la elaboración de un programa basado en los principios conductuales que hasta aquí hemos revisado.

Las seis estrategias esenciales para los padres de adolescentes

A lo largo de mi práctica he tenido la oportunidad de trabajar con un amplio número de adolescentes y sus padres, y he podido sugerirles la aplicación de varias técnicas y estrategias, algunas propias y otras de distintos autores. Con el tiempo, he observado que seis estrategias son esenciales para la mayoría de los padres: 1. Fortalecer el vínculo padre-hijo; 2. Identificar las creencias irracionales; 3. Educar a los chicos en las conductas de riesgo; 4. Establecer un programa conductual basado en acuerdos y reforzadores positivos; 5. Desarrollar habilidades de comunicación asertiva; y 6. Buscar apoyo profesional y otros recursos de beneficio cuando sea necesario.

Como ya lo explicamos, no son recetas universales, pero si una guía que puede ser modificada de acuerdo a las necesidades de cada hijo y de sus padres.

Estudiemos, pues, en qué consisten estas seis estrategias esenciales.

Fortalecer el vínculo entre padres e hijos

Vuestros hijos no son hijos vuestros.

Son los hijos y las hijas de la Vida, deseosa de sí misma.

Vienen a través vuestro, pero no vienen de vosotros.

Y, aunque están con vosotros, no os pertenecen.

Podéis darles vuestro amor, pero no vuestros pensamientos.

Porque ellos tienen sus propios pensamientos.

Podéis albergar sus cuerpos, pero no sus almas.

Porque sus almas habitan en la casa del mañana que vosotros no podéis

visitar,

ni siquiera en sueños.

Podéis esforzaros en ser como ellos, pero no busquéis el hacerlos como vosotros.

Porque la vida no retrocede ni se entretiene con el ayer.

Vosotros sois el arco desde el que vuestros hijos, como flechas vivientes, son

impulsados hacia delante.

El Arquero ve el blanco en la senda del infinito y os doblega con Su poder para

que Su flecha vaya veloz y lejana.

Dejad, alegremente, que la mano del Arquero os doblegue.

Porque, así como Él ama la flecha que vuela,

así ama también el arco, que es estable.

Khalil Gibran

El poema presentado forma parte del extraordinario libro *El profeta*, del poeta y novelista libanés Khalil Gibran (1923). El autor hace un extraordinario uso de los símbolos para representar la relación entre padres e hijos. Es significativa la analogía entre la flecha, el arco y el arquero, pues engloba muy bien la función de los padres cuando de educar y relacionarse con los hijos se trata. Dicha analogía habla de una profunda intimidad entre sus tres componentes para poder obtener el resultado deseado.

La intimidad es la base de toda relación afectiva; sin ella no existe el vínculo. Sin el vínculo, la relación se limita a la de dos personas unidas por la casualidad, pero no por el amor. Todo padre que quiera incidir positivamente en la educación y formación de sus hijos necesita ponerse como principal y mayor objetivo el construir una relación íntima con ellos. A partir de ahí las posibilidades se multiplican; se potencializa la posibilidad de apertura por parte de los hijos y se incrementa el deseo de los padres de estar cerca de ellos, a la vez que se vuelven más eficaces a la hora de tratar con los chicos. La intimidad es el pilar esencial donde se construyen tanto la educación como el amor paterno filial que permitirá la relación presente y futura.

Es necesario comprender que la relación de los adolescentes y sus padres es bidireccional y que ambos se influyen mutuamente. Por eso la primera (y probablemente la más importante) de las estrategias es la del vínculo entre los padres y sus hijos. Un padre presente influye en su hijo mandándole un mensaje de interés por su persona y sus circunstancias. A su vez, un hijo interesado en sus padres refuerza la presencia de estos en su vida.

Hijos "difíciles", que presentan conductas de rebeldía, de oposición, o que son desafiantes pueden desincentivar la presencia del papá o de la mamá. Del mismo modo, un padre exigente y rígido, con metas inalcanzables, puede provocar el rechazo y distanciamiento de los hijos. Lo opuesto también se aplica, pues un papá o una mamá no presentes, con poco interés en los procesos o situaciones de los hijos, promoverán el desapego y el desinterés de sus vástagos.

En ocasiones, al explicar a los padres que me visitan la importancia de construir una relación cercana e íntima con sus hijos, suelo escuchar cosas como "ella no se interesa en mí. Solo quiere saber de sus amigas o de su novio" o "él debería de acercarse a mí; cuando yo necesitaba algo, yo me acercaba a mi madre". Los padres que piensan así se olvidan de algo esencial: los hijos son consecuencia de sus actos (hacer el amor con el cónyuge) y no a la inversa; por lo tanto, la responsabilidad primaria radica en aquellos que participaron del acto, no en quienes son fruto de este. Lo anterior no quiere decir que no sea importante alentar a los hijos a que promuevan la relación con sus padres. Sí lo es. Pero significa que, al final, un hijo es responsabilidad de sus padres y no en el otro sentido. O como lo dice el poema "A mi hijo", atribuido a Rudyard Kipling:

Hijo mío:

Si quieres amarme bien puedes hacerlo
tu cariño es oro que nunca desdeño.
Mas quiero que sepas que nada me debes
soy ahora el padre, tengo los deberes.
Nunca en mis afanes por verte contento
he trazado signos de tanto por ciento.
Algún día si tienes suerte
mi agente viajero llegará a cobrarte.
Será un hijo tuyo, carne de tu carne,
te presentará un cheque de cien mil afanes.
Entonces, mi niño,
como un hombre honrado
a tu propio hijo deberás pagarle.

La autoría del poema está en entredicho, pues hay quienes la atribuyen a un anónimo o a otros autores. Más allá de quién lo escribió, resulta importante que habla de una realidad común para todos: lo que hoy se hace por los hijos es lo que se les enseña a hacer por los suyos, y así sucesivamente.

De tal forma que es deseable que tanto papá como mamá busquen estrategias para promover la intimidad con sus hijos por separado. Algunos padres procuran estar presentes a la hora de los alimentos con sus hijos. Otros tratan de ser los entrenadores del equipo de futbol o algunas madres se anotan para ser las líderes en el grupo de *girl scouts*. Hay quienes buscan compartir alguna actividad deportiva, como correr, jugar tenis o montar en bicicleta. Algunos padres podrán tener aficiones en común con sus hijos, como ir a pescar o a observar aves al bosque. Habrá quienes se involucren en las actividades artísticas de sus hijos. Otros buscarán un espacio semanal para salir a cenar con un hijo a la vez y así tener un tiempo a solas entre el padre y el hijo o la madre y el hijo.

La intimidad se construye a través del tiempo y de las actividades, pues es ahí donde se da la cercanía y la oportunidad para abrirse al otro. Los papás que no comparten ninguna actividad con sus hijos y de buenas a primeras buscan un día sentarse con ellos y pretender que les digan qué pasa con sus vidas no lo lograrán. Estos padres necesitan recordar que con quien los hijos la pasan bien y con quien conviven es con quien se abren para hablar de lo que es importante para ellos, a la vez que se muestran dispuestos a recibir su influencia.

La intimidad no es un derecho que viene junto con la paternidad. Es una cualidad en las relaciones que se consigue con el tiempo y el interés.

Presten atención a que la mayoría de las actividades anteriormente mencionadas no son costosas. Algunos padres pueden pensar que hacer un viaje al extranjero o compartir alguna actividad costosa es la forma de trabajar la intimidad. Esas experiencias pueden ser extraordinarias para el recuerdo y dejar una fuerte huella de "la aventura con mi papá o con mi mamá", pero no son indispensables para el propósito de intimar. A diferencia de la creencia popular, entre los padres y los hijos sí cuenta la cantidad y la calidad del tiempo que se vive con ellos.

Sugiero buscar una actividad que ambos disfruten. Si se tiene más de un hijo, es conveniente dar a cada uno un espacio a solas con cada padre y otro espacio para la convivencia entre el hijo y la pareja. Todos

330

necesitan una experiencia *tête à tête* (cara a cara) con los padres, sin interferencia de los hermanos. Tal vez al principio no sea fácil para ninguno de los dos, especialmente si no se está acostumbrado a la convivencia cercana, pero si se le deja al hijo escoger el lugar o la actividad, este cada vez se sentirá más cómodo y se abrirá más y más. Las primeras veces puede ser buena idea ir al cine, o a un concierto o algún lugar donde no se tenga que hablar por largo tiempo, pero que genere una memoria agradable entre los dos.

Identificar las creencias irracionales

En el capítulo II hablamos de las creencias irracionales frente a las creencias racionales. Dijimos que las primeras están basadas en suposiciones e inferencias, pero carentes de evidencia, objetividad o comprobación; por lo tanto, son subjetivas. Las segundas, por el contrario, están basadas en la evidencia, con elementos comprobables, y por lo tanto son objetivas. Desafortunadamente, se suele tener un mayor número de pensamientos o creencias irracionales que racionales, lo que lleva a sentimientos más intensos y conductas menos adaptadas.

Las creencias irracionales no son la excepción entre los padres de adolescentes (¡ni entre los adolescentes!). Algunos se dejan llevar por pensamientos catastróficos; otros, por pensamientos dicotómicos del tipo todo o nada. Hay quienes personalizan las conductas de los hijos: "Lo hace por molestarme; esa es su intención". Habrá aquellos que anticipan el futuro diciendo: "No importa lo que haga, no lo logrará" o quienes leen la mente de sus hijos: "Seguro está pensando que es mejor que sus hermanos".

Distintos tipos de creencias y sesgos cognitivos afectan a los papás de adolescentes y les impiden tener una relación más constructiva y con mayor entendimiento de ambas partes.

Las creencias irracionales más comunes que suelo escuchar entre los papás de adolescentes son:

"Si no saca buenas notas, quiere decir que será un fracasado".

"Todo el tiempo es lo mismo con él; siempre busca tener un pleito con nosotros".

"Nunca hace lo que le pido. Siempre se sale con la suya".

"Si toma alcohol, es una señal de que es alcohólico".

"¿Qué va a ser de su vida? Seguro terminará muy mal".

"No hace nada en todo el día. Es una floja".

"Ella debe hacer las cosas tal cual como yo le digo y cuando lo pido".

"Él debería obedecer y punto. Esto no es una democracia para pedirle su opinión".

"Los adolescentes no saben lo que quieren, por eso yo debo tomar las decisiones por ella".

"Él no sabe cuidarse. Pide ser tratado como adulto pero actúa como un niño chiquito".

Como podemos ver, muchas de estas creencias están basadas en pensamientos extremistas sobre el adolescente y su conducta. Son ejemplos del pensamiento dicotómico, del salto a las conclusiones, la catastrofización, la adivinación al futuro y otras formas más de pensar que caen en la categoría de creencias irracionales.

Pero ¿qué pueden hacer los padres de familia para identificar sus creencias irracionales? ¿Cómo pueden cambiar su forma de pensar por una más objetiva y racional?

Para tal efecto, el doctor Albert Ellis (1957) desarrolló un método muy simple y útil que me gustaría compartirles. Se llama el A-B-C de Ellis (no lo confundan con el A-B-C conductual, que vimos con anterioridad). Este método consiste en un recuadro conformado por seis columnas con una pregunta cada una. La primera columna es la A, la cual se refiere a las situaciones o los acontecimientos que sucedieron o que activaron los pensamientos. La B es para los pensamientos que se tuvieron sobre la situación en A, y la C, para las consecuencias emocionales y conductuales que se presentaron como consecuencia de la B. Posteriormente está la columna D, que busca debatir los pensamientos identificados en la B para corroborar si son o no son racionales. La E es la columna para escribir el efecto del debate, una nueva forma de pensar (más objetiva) ante una situación semejante. Finalmente está la F, la cual hace referencia a las nuevas emociones y conductas que provocaría pensar de la forma nueva y más racional. Veamos el recuadro y también un ejemplo de una situación típica para los papás de adolescentes.

Tabla 11. Registro A-B-C de Albert Ellis

REGISTRO DE HOJA A-B-C		
Paciente:		
Fecha:		
A ¿Qué sucedió?	**B** ¿Qué pasó por tu mente?	**C** ¿Qué sentiste e hiciste?
D ¿Te parece razonable que te dijeras B en el A anterior?	**E** ¿Qué más podrías decirte en el futuro ante una situación así?	**F** ¿Cómo te sentirías y actuarías si pensaras así?

Ahora veremos un ejemplo de una situación donde los padres pueden identificar sus creencias irracionales:

Tabla 12. Ejemplo de una situación hipotética del registro A-B-C de Albert Ellis

REGISTRO DE HOJA A-B-C		
Paciente:		
Fecha:		
A ¿Qué sucedió?	**B** ¿Qué pasó por tu mente?	**C** ¿Qué sentiste e hiciste?
El hijo llegó con sus notas del mes y tiene una materia reprobada.	"Esto es un ejemplo de que no le importa la escuela". "Será un bueno para nada". "Lo hace por molestarnos".	Impotencia, frustración y enojo. Le grité y lo insulté. Lo amenacé con sacarlo de la escuela y lo castigué sin salir por un mes.
D ¿Te parece razonable que te dijeras B en el A anterior?	**E** ¿Qué más podrías decir en el futuro ante una situación así?	**F** ¿Cómo te sentirías y actuarías si pensaras así?
El primer pensamiento no es razonable, pues él disfruta la escuela y suele ser responsable con ella. El segundo tampoco lo es, pues yo no sé qué será de su futuro. Además, él tiene muchas habilidades que lo pueden ayudar a salir adelante. No tengo evidencia de que su intención sea molestarnos. Al contrario, se veía muy apenado.	"A pesar de que no considero adecuado que repruebe, no he de olvidar que tan solo fue una materia. No siempre se puede esperar resultados perfectos. Hablaré con él para saber qué pasó y qué podemos hacer para que no vuelva a suceder".	Menos frustración, impotencia y enojo. Mayor serenidad. Hablaría con él para ver si necesita una asesoría especial o para identificar cambios que tenga que hacer para mejorar sus notas.

Este tipo de ejercicio promueve la habilidad que en psicología se conoce como *metacognición*, la cual consiste en pensar sobre lo que se piensa, es decir, en poder identificar y cuestionar el tipo de discurso mental que se sostiene. Esta habilidad (como cualquier otra) requiere práctica para que se automatice. No todos piensan sobre lo que piensan, pues es algo que no se suele enseñar, pero es una necesidad psicológica para poder comprender cómo es la relación entre el individuo y el exterior y entre el individuo y los otros. Además, permite comprender más que lo que sucede no son actos azarosos sin sentido, sino consecuencias influidas por la forma en que interpretamos la realidad. Nuestros sentimientos y nuestro comportamiento suelen estar antecedidos por nuestro pensamiento; de ahí que si queremos modificar cómo nos sentimos y cómo actuamos, hemos de poner énfasis en nuestras cogniciones.

Pero esta habilidad no debería ser vista como deseable solo para los padres; en realidad sería de gran ayuda promoverla en los adolescentes. Tal vez no es necesario enseñarlos a llenar el registro A-B-C, pero sí puede ser útil el ayudarlos a cuestionar su pensar más que su actuar.

Muchos papás ponen énfasis en lo que hace el hijo: "¿Por qué me mentiste?", "¿Por qué te alcoholizaste?", "¿Por qué llegaste tarde?". Varios de estos padres se topan con la contundente respuesta: "No sé" o "No sé por qué lo hice", lo que suele provocar que aumente la frustración y que la relación se vuelva más tensa. Pero si en lugar de preguntar: "¿Por qué hiciste tal o cual cosa?", le preguntaran a su hijo: "¿Qué estabas pensando antes de que hicieras tal o cual cosa?" (por ejemplo: "¿Qué estabas pensando cuando decidiste quedarte más tiempo del permitido?" o "¿Qué pensamientos tuviste cuando decidiste tomar alcohol a pesar de no tener permiso para ello?"), no solo tendrían más probabilidades de recibir una respuesta, sino que además ayudarían a su hijo a comprender que el problema no son solo las situaciones o las cosas que le suceden, sino la forma en que las interpreta o el tipo de pensamiento que tiene sobre ellas. Los padres estarían ayudando a su hijo a pensar sobre lo que piensa y, por lo tanto, a buscar más pensamientos objetivos y racionales.

Educar a los chicos en las conductas de riesgo

Cuando recibo por primera vez a un adolescente, suelo hacerle un periodo de evaluación de tres sesiones. Busco identificar su estado mental y emocional, así como sus fortalezas, sus áreas de oportunidad y a la vez un posible diagnóstico. Dentro de las preguntas que suelo hacerles está la de "¿alguna vez han hablado tus papás contigo sobre sexualidad, drogas y alcohol?". Sorprendentemente, un gran número responde que no.

Cuando pregunto a los papás por qué no lo han hecho, suelen darme respuestas llenas de ansiedad: "No sabemos cómo hacerlo", "Tal vez aún está muy chica para saber de esas cosas", "Prefiero dejárselo a la escuela", "Temo equivocarme y que resulte peor hablarlo que no hablarlo" o "A mí nadie me habló de este tema, por lo que no veo por qué yo deba de hablarlo con ellos".

Los papás que piensan de esa forma ignoran que aquello que no es explicado se buscará comprender de una forma o de otra. Por lo tanto, es conveniente que se pregunten quién cubrirá la inquietud del conocimiento sexual y de las drogas. ¿Será Google? ¿Serán los amigos? ¿O acaso su hijo o hija buscará experimentar para así conocer, a la vez que corre el riesgo de no hacerlo de la manera o en el momento apropiado?

Es comprensible que hablar de estos temas cause conflicto a muchas personas, especialmente a quienes crecieron en un ambiente donde esos asuntos eran tabú o donde nadie los habló con ellas, y por lo tanto no saben cómo pueden abordarlos. Sin embargo, las consecuencias de no hacerlo (embarazos no deseados, enfermedades de transmisión sexual y adicciones) pueden ser mayores que las de hacerlo, aun si no se hace del todo bien.

Por ello les compartiré la estrategia que suelo sugerir a los padres para abordar los temas del sexo y de las drogas. Quien desee saber más sobre las estadísticas de estos temas, puede acudir a los capítulos I, II y V de este libro, donde explico ampliamente la situación de los adolescentes frente al sexo y las drogas.

Educación sexual

En cuanto a la educación sexual, es conveniente plantearla desde cuatro niveles de comprensión: biológico, social, psicológico y espiritual. Además hay cuatro interrogantes importantes por responder antes de iniciar vida sexual: ¿cuándo?, ¿con quién?, ¿dónde? y ¿cómo? Veamos cómo se puede hacer.

Los cuatro niveles de comprensión son los siguientes:

1. **Biológico:** Incluye la anatomía femenina y masculina y el funcionamiento de los órganos sexuales; la respuesta sexual; el proceso de fecundación y gestación; el aborto; las enfermedades de transmisión sexual y los métodos de control de natalidad.

   Los papás no necesitan ser expertos en todos estos temas. Sugiero que antes de tratarlos se documenten lo más que puedan, a la vez que utilicen recursos como videos, artículos o libros que los puedan ayudar a aclarar mejor estos aspectos. En el capítulo I de este libro encontrarán algunos recursos que pueden ser útiles para el objetivo señalado.

2. **Social:** Es la explicación que incluye la forma en cómo entiende la sociedad la sexualidad en un momento histórico dado y en el momento actual; las costumbres o los cambios que la sociedad considera adecuados o inadecuados; el papel de los medios y los políticos en la promoción de una sexualidad más conservadora o liberal; y en contraste con la percepción social, hablar de cómo se entiende la sexualidad desde la perspectiva familiar.

   No porque la sociedad entienda la sexualidad de una forma específica todos se han de adaptar a ello. Es importante comprender que la sociedad está conformada por sociedades menores, como la familia o las parejas, y que puede haber divergencia entre la sociedad familiar y la sociedad mayor o general. Estas divergencias han de aceptarse y verse incluso como oportunidades de aprendizaje, siempre que una parte no obligue a la otra a asumir su perspectiva. Hacer

337

lo contrario es la imposición ideológica tan común en nuestros tiempos. Por ello, cuanto más reflexionada, documentada y congruente sea la perspectiva que se promueve en la familia, mejor y más fácil será para los hijos asumirla, incluso si esta es distinta a la imperante en la sociedad.

3. **Psicológico:** La explicación psicológica tiene que ver con cómo la persona (a nivel individual) asume la parte biológica y social (tanto la general como la familiar). Tiene que ver con cómo el sujeto vive y acepta su biología y los roles asignados a cada sexo. Sin duda hay variaciones entre cómo los vive una persona y cómo los vive otra, y no todos tienen que ajustarse rígidamente a los roles sociales. Sin embargo, dichas variaciones no justifican la forma en que hoy se busca comprender la identidad psicológica-sexual, reduciéndola a una mera construcción social (en los capítulos I y II se profundizó más sobre estos temas). El objetivo de la educación sexual habría de ser el de ayudar al adolescente a ver que está en un proceso; que habrá momentos donde puede tener dudas, confusiones y desacuerdos, mientras que en otras ocasiones puede experimentar sintonía, aceptación y claridad. Sugiero que hagan ver a su hijo que cualquier duda que tenga puede consultarla con ustedes, o que si no se siente cómodo con ello, ustedes le ayudarán a conseguir a alguien (psicólogo, terapeuta, etc.) con quien pueda hablar de estos temas.

4. **Espiritual:** Para muchos, la sexualidad se limita a las tres áreas que hasta aquí hemos señalado, pero para otros resulta necesario incluir una cuarta: la espiritual. Hay padres que buscan mostrarse congruentes con las enseñanzas de su religión sobre la sexualidad y la educación sexual dada a sus hijos. Pero aún más, hay padres que comprenden que la sexualidad conlleva un componente espiritual tanto por ser una extraordinaria forma de manifestar el amor hacia la pareja como por involucrar a dos personas que participan en la creación de un ser humano. Conciben que en la sexualidad se encuentra en potencia el más grande de los milagros: el de dar vida a un sujeto único, irrepetible y lleno de dignidad.

El componente espiritual del sexo se encuentra expresado en algunos textos religiosos, como el poema bíblico erótico "El cantar de los cantares" en la tradición judeo-cristiana. La experiencia de placer unida al amor y el genuino interés por el otro, a la vez que la apertura a la vida, pueden hacer que la sexualidad sea un camino espiritual compartido.

Ahora veamos las cuatro interrogantes por responder antes de iniciar vida sexual:

1. **¿Cuándo?** La edad promedio de iniciación sexual ha ido a la baja, lo cual conlleva que no pocos adolescentes estén enfocando su atención en preocupaciones como "¿y si estoy embarazada?"; "¿qué le diré a mis papás?"; "¿habré sido contagiado de una infección de transmisión sexual?"; "¿y si hace lo mismo con otro?"; "¿debería de abortar?". Como lo vimos, estas preocupaciones, por el peso de la ansiedad, competirán (y "ganarán") momentáneamente con otras que se consideran más deseables en esta edad: la escuela, las amistades, el deporte, la mejora en un instrumento musical o habilidad artística, etc.

   Por ello es importante hacer ver a los adolescentes que la respuesta a *¿cuándo?* es: "Cuando puedas hacer frente a las consecuencias de tener relaciones sexuales; cuando puedas aceptar un embarazo y no verlo como algo disruptivo; cuando el contagio de una infección de transmisión sexual pueda ser atendido con calma o, aún más, cuando sabes que su probabilidad es mínima por la monogamia; cuando el sexo contribuya a aumentar el amor y el compromiso en tu relación de largo plazo; cuando no tengas que informar a terceros sobre lo que haces o sus consecuencias inmediatas, pues ya puedes asumirlas por ti mismo en conjunto con tu pareja; cuando sepas que la persona que está contigo está dispuesta a responsabilizarse y a vivir las consecuencias contigo".

339

2. **¿Con quién?** Es importante explicar a los hijos que hay personas que no ven la sexualidad de la misma forma en la que los padres buscan promoverla. Hay quienes la trivializan y no la ven como una expresión de amor. Por otro lado, hay quienes pueden considerarla como una forma de dominio, poder o reafirmación de su hombría, o en el caso de las mujeres, de la llamada *liberación femenina*. De tal manera que al tener objetivos distintos, cada persona obtendrá resultados diferentes.

   Por ello es importante que para contestar a la pregunta de *¿con quién?* el chico tenga en cuenta las siguientes palabras: "Con alguien que comparta la misma visión del sexo que la tuya; con alguien que te demuestre que tú eres importante para él o para ella (y no solo tus genitales); con alguien que respete tu decisión de si quieres o no quieres explorar esa parte; con alguien que se comprometa a la fidelidad para así asegurar el vínculo único y evitar contagios e infecciones; con alguien que pueda hacer frente a las consecuencias de embarazos e infecciones; con alguien que a través del sexo te demuestre el amor y el interés que tiene por ti; con alguien que tú sepas que estará contigo y no promoverá la experiencia de abandono; con alguien a quien tú quieras transmitirle todas las características mencionadas y con quien busques compartir la misma experiencia profunda de amor y compromiso".

3. **¿Dónde?** No pocos adolescentes son sorprendidos por la policía al estar explorando la sexualidad en el carro de la mamá del chico. Otros tantos se arriesgarán a experimentar el sexo en lugares públicos o donde otros puedan encontrarlos, lo cual puede generarles una experiencia vergonzosa.

   Por eso es importante hacerles ver que *¿dónde?* es: "Donde tú te sientas seguro y no expuesto; donde puedas darle al sexo su lugar y momento especial para promover y cultivar su importancia; donde tu seguridad, integridad e intimidad no estén en riesgo; donde tú y tu pareja cuiden de la experiencia como quien cuida algo que valora".

4. **¿Cómo?** Con el incremento de la pornografía y la obsesión occidental de llevar el sexo a cubrir la insatisfacción emocional que muchos

viven, se ha generado la idea de que mientras más exótica, poco común y novedosa sea la experiencia sexual, la respuesta será mejor. De ahí el creciente interés en el llamado *sexo tántrico* (una distorsión del verdadero tantra hindú), los tríos, el intercambio de parejas, los productos afrodisiacos y estimuladores de la respuesta, los juguetes sexuales y, como dicen las publicidades baratas: "Más, siempre más, para los que buscan sentir más".

Sin embargo, no son pocas las personas que acuden a terapia con un sentimiento de vacío y de "haber sido usado" por la otra persona. Habrá quienes disfruten de lo antes dicho, pero no todos; es más, probablemente la mayoría prefiere algo más convencional, pues al final son más quienes buscan la estabilidad y la monogamia que ofrece el matrimonio o las relaciones duraderas que los que no.

Por ello es necesario explicarle al adolescente que el *¿cómo?* es: "Como tú te sientas respetado; como tú experimentes gozo pero también amor; como tú sientas que lo que haces no te resta dignidad; como tú consideres que es apropiado para ti"; pero también: "Como una experiencia de respeto, gozo, amor y dignidad para tu pareja; como también ella experimente que su dignidad se resalta; como su práctica les ayude a ambos a crecer como pareja y como individuos y no solo en una búsqueda del placer que se desvanece".

Como podemos ver, es poco probable que un chico encuentre las respuestas adecuadas a estas cuatro interrogantes a los 15 o incluso a los 18 años de edad. Es por eso que cuanto más posponga la iniciación de la actividad sexual, más oportunidad tendrá de encontrar las condiciones mencionadas y disfrutar de una sexualidad responsable.

Posponer la iniciación sexual también disminuye el número de parejas sexuales, lo que se asocia a una menor probabilidad de embarazos no deseados y de infecciones de transmisión sexual. A la vez aumenta la capacidad de discernir y tomar decisiones que contribuyan a ver el sexo como algo positivo, como algo que enriquece la vida individual y de pareja. Cuanto más madura sea la persona, le será más claro determinar cuándo, con quién, dónde y cómo explorar su sexualidad, a la vez que le será más fácil experimentarla como un factor constructivo.

Es por todo esto que la mayoría de las religiones y culturas habían promovido el ideal de esperar hasta el matrimonio, pues es ahí donde convergen muchas de estas condiciones. Es en el matrimonio donde uno puede explorar de forma enriquecedora los cuatro niveles de comprensión: biológico, social, psicológico y espiritual. Además es en el matrimonio donde las cuatro interrogantes serán contestadas cabalmente, o al menos aumenta la probabilidad de que así sea.

Pero no hay que caer en la ingenuidad; es sabido que más y más personas deciden no esperar al matrimonio y por eso es hoy más importante que nunca que se dé una clara y profunda educación sexual. Cuanto más conozca el adolescente sobre la sexualidad, con bases sólidas y fundamentadas y sobre los pros y contras de su iniciación a edades tempranas, más decidirá posponer su iniciación. Eso es lo que señalan la investigación y la experiencia clínica en educación sexual.

Algunos jóvenes esperarán al matrimonio, otros no, pero cuanto más retrasen su iniciación sexual, tomarán mejores decisiones y encontrarán menos conflictos.

Finalmente, existen dos sugerencias más. La primera es hacer énfasis en que sus hijos tienen el derecho a decir *no*: que el sexo no debe ser resultado de manipulación emocional de la pareja, de presión social o de los medios, ni debe ser utilizado como cualquier otra forma de ejercer presión. Expresiones como "si me quieres, me lo demostrarías teniendo sexo" o "si soy importante para ti y no quieres que terminemos, necesitamos tener sexo" o "si no quieres que te sea infiel, necesitamos tener sexo" solo demuestran que la persona está siendo considerada como un objeto y manipulada por el otro. Un chico o una chica deberían de saber que esa es una señal roja de que algo no está bien. De igual forma, no es aconsejable que la presión de los pares ("¡Cómo! ¡¿Aún no tienes sexo?!". "¿Qué te pasa? Todos lo están haciendo") o la información que obtienen en los medios, en las películas y en los programas de televisión sean vistos como un indicador de que "ya tienen que empezar las relaciones sexuales". Recuerden resaltar que la actividad sexual es una decisión personal y en pareja, y que solo hasta que los chicos estén convencidos de que es el momento adecuado es cuando deberían de explorar su sexualidad, no antes.

La última sugerencia es evitar al máximo la utilización de las palabras *bueno, malo, prohibido* y *permitido* a la hora de hablar de sexo con los hijos. Esas palabras sirven como condicionamientos y suelen estar detrás de la mayoría de los conflictos sexuales que son comunes en la consulta psicológica. Son juicios de valor que si no son explicados apropiadamente, pueden causar más conflicto que beneficio. Además, ¿acaso no siente el ser humano un interés generalizado por lo que está prohibido? Es aconsejable utilizar palabras y frases como *apropiado* o *inapropiado, consentido* o *no consentido, que da resultados positivos* o *que no da resultados positivos*. Así, en lugar de decir a una chica: "Está mal que tengas relaciones a los 16 años", es conveniente decirle algo como "los resultados de tu experiencia sexual serán más apropiados o mejores si esperas hasta que estés más grande y convencida de la persona y el momento apropiados".

Educación sobre las sustancias estimulantes

Es importante resaltar que, al igual que cuando se aborda el tema de la sexualidad, cuando se hable de drogas, alcohol y tabaco es mejor evitar los dramatismos, la actitud prohibicionista y la estrategia de infundir temor en los hijos. Este tipo de tácticas, utilizadas por muchos padres, suele tener el efecto opuesto, pues con el tiempo los chicos ven que sus amigos hacen lo que a ellos se les ha prohibido y "no les pasa nada", o al menos eso es lo que piensan. Por otro lado, el miedo tiende a disminuir conforme pasa el tiempo, pues el fenómeno de la habituación hace que no dure para siempre.

Tanto al educar sexualmente como al hacerlo respecto a las sustancias, es conveniente valerse de elementos comprobables, soportados en la evidencia, con objetividad y con fundamentos científicos o racionales, pues el objetivo es que los adolescentes comprendan y hagan propia la

343

reflexión, así como el balance de los riesgos y de los potenciales beneficios. De esa forma, serán ellos quienes decidan por convicción propia y no por la imposición de los padres.

Los papás pueden consultar el capítulo V de este libro para obtener información sobre las drogas, el alcohol y otras conductas de riesgo que les ayude a fundamentar su posición ante los hijos y así entablar un diálogo objetivo con ellos.

Les sugiero empezar con preguntas abiertas como "¿qué opinas tú de las drogas y del alcohol?, ¿consideras que tienen beneficios o perjuicios?, ¿conoces a alguien que las utilice?, ¿piensas que podrían tener un efecto negativo a largo plazo?".

Muchos padres se sorprenderán de las respuestas coherentes y responsables de sus hijos. Otros se sentirán desafiados o en aprietos, en caso de que el chico se muestre a favor de su consumo. En cualquier caso, es recomendable mantener la calma y reaccionar con el mayor control posible.

El objetivo de los papás no debería de ser debatir ni ganar la discusión. Los padres obtendrán más si buscan conocer la posición de su hijo sobre el tema y le dan a conocer su punto de vista como papás. Por ello, después de que escuchen al chico conviene que le manden un mensaje asertivo sobre cuál es la posición de los padres y qué esperan de él. Para ejemplificar el tipo de mensaje que sugiero, les presento la siguiente opción:

> Hija, entendemos que tanto las drogas como el alcohol y el tabaco tienen aspectos que son atractivos. Estas sustancias tienen efectos relajantes y uno puede disfrutar con ellas. Además, los amigos, los medios y la sociedad pueden promoverlas y hacerlas ver como algo inocuo. Sin embargo, nosotros estamos convencidos de que no es así. El alcohol, las drogas y el tabaco tienen graves riesgos para la salud física, mental e incluso social. Eso sin contar con que su consumo en menores de 18 años está prohibido. De tal manera que en esta casa tenemos la regla de que el consumo de dichas sustancias no está permitido. Podrás tomar alcohol con moderación una vez que alcances la mayoría de edad y sea legal hacerlo. Te pedimos tu comprensión, pero sobre todo que te conduzcas bajo esta regla, pues de lo contrario habrá consecuencias y un innecesario conflicto entre nosotros.

Nuestra posición está meramente basada en el interés que tenemos por ti y en nuestra responsabilidad de promover tu salud integralmente.

No todos los chicos aceptarán estas reglas; algunos las desafiarán abiertamente, y otros, de forma disimulada. Sin embargo, la responsabilidad de los padres es señalar la regla y, de incumplirse esta, aplicar la consecuencia congruente y adecuada. Su responsabilidad, y en tal caso su objetivo, no es que su hijo esté de acuerdo, sino el explicarle, escucharlo, negociar con él y aplicar las reglas que son racionalmente pertinentes. Es una experiencia generalizada la de la frustración de vivir bajo reglas que no son las que se desean pero que son las convenientes tanto a nivel individual como a nivel común, y por ello se implementan. ¿O acaso no es esa la experiencia que tenemos año con año cuando llega el momento de pagar los impuestos al Gobierno? Pues lo mismo para los chicos: pueden no gustarles las reglas pero si estas son racionales, las necesitan para mantenerse protegidos.

Un recurso más para la educación sexual y sobre las sustancias estimulantes

Para algunos padres educar en la sexualidad y en el uso de sustancias puede ser todo un reto, y lo que hasta aquí hemos visto puede parecerles difícil, insuficiente o hacerlos sentirse ansiosos por tener que aplicarse en esa tarea. Para muchas personas, las ideas fluyen mejor (sobre todo al estar ansiosas) cuando las transfieren a palabras escritas. Tener un diario o escribir cartas y hacer ensayos puede ayudar a poner las cosas en claro y a hacerlo con mayor objetividad. Escribir es una extraordinaria forma de procesar cognitivamente las cosas que suceden.

Por tal motivo, a continuación les presento el ejemplo de una carta que puede servir para mandar el mensaje a los hijos que están en edad de comprender más sobre la sexualidad, las drogas, las conductas de riesgo, los estudios académicos y el papel de la familia. Quienes lo consideren oportuno o necesario pueden basarse en esta carta para que escriban una a sus hijos y así contribuyan en su formación en estos temas. No siempre la plática cara a cara es la única opción. Lo importante es buscar que el mensaje les llegue, y mejor aún si es de forma clara y objetiva.

Querida hija:

Con el tiempo he visto cómo has crecido y te has convertido en una joven capaz, inteligente y apasionada. Disfruto mucho de ver tus talentos, tu entrega y tu perseverancia en las cosas que son de tu interés. Te felicito por tu forma de ser y el empeño que pones en la vida.

Como parte de tu crecimiento, ahora tendrás que tomar decisiones y enfrentar retos. Las drogas, el alcohol, el sexo, los estudios y la familia son temas que ahora verás de modo diferente a como lo hacías en la infancia, y estoy seguro de que cuando estés en estas situaciones sabrás qué decisión es la mejor. Solo te quiero compartir mis ideas sobre estos temas, pues es probable que en los medios y entre tus compañeros te den una versión distinta.

Probablemente has escuchado que las drogas, especialmente la marihuana, no hacen daño y que es exagerado el no legalizarla. Algunos dicen eso porque tienen intereses económicos y políticos; otros, porque han encontrado en la droga una forma de relajarse, de sentirse "bien", pero también de evadir sus problemas, y otros más, porque no tienen información suficiente. La realidad es que sí tiene efectos negativos: algunas investigaciones han mostrado que distintas funciones cerebrales, incluyendo la memoria y la inteligencia, se ven afectadas. Existen otras formas de relajarse, de sentirse bien y de enfrentar los problemas. ¿Recuerdas qué bien te sentiste cuando hablaste con tu mamá o con el consejero de la escuela sobre lo que tanto te preocupaba? Los problemas se resuelven afrontándolos, no evadiéndolos, y yo he visto lo bien que lo haces cuando decides afrontarlos.

También habrás escuchado que no tiene nada de malo llevar una vida sexual y que por lo tanto tú puedes tener relaciones sexuales con quien tú quieras, cuando tú quieras y disfrutar de ellas. Efectivamente, hija, la sexualidad no tiene nada de malo. Tú y solo tú puedes decidir con quién experimentar tu sexualidad, pero te quiero compartir algunos datos. La edad promedio de iniciación sexual en nuestro país es de 16 años, por lo que cada día hay 1250 nuevas mamás en el país en edades entre los 12 y los 19 años. Hasta el 55.7 % de las adolescentes que iniciaron vida sexual han estado embarazadas. Además existen diversas enfermedades de transmisión sexual de las que el condón o los anticonceptivos no te van a proteger: herpes, VPH, etc. Pero, sobre todo, hay muchas personas que en lugar de encontrar una experiencia de amor, aceptación y felicidad encuentran lo opuesto por haberse precipitado en su decisión de con quién experimentar la sexualidad. Hay cuatro cosas muy importantes al momento de decidir llevar tu vida sexual: 1. ¿Con quién? (¿Lo conozco lo suficiente para saber que me ama, me respeta y me acepta como soy? ¿Sé que podrá hacerse responsable junto conmigo en caso de un embarazo o de una enfermedad de transmisión sexual? ¿Realmente hay un compromiso entre él y yo?); 2. ¿Dónde? (¿Tenemos un lugar donde podemos cuidar nuestra intimidad, donde no nos exponemos y permitimos que esta sea una experiencia de amor y satisfacción?); 3. ¿Cuándo? (¿Me siento presionada de tener relaciones porque si no "se buscará a otra"? ¿Realmente es este el momento donde las relaciones sexuales enriquecerán mi vida o, por el contrario, la pueden complicar con preocupaciones, métodos anticonceptivos, conflictos de pareja, etc.? ¿Está dentro de mis planes en la adolescencia asumir un compromiso así?) 4. ¿Cómo? (¿Me siento obligada? ¿Me pide hacer o experimentar cosas que no quiero? ¿Respeta mis decisiones? ¿Me siento presionada por mis amistades o por la sociedad?).

Como podrás ver, hija, difícilmente encontrarás respuestas positivas y claras a los 15 o 16 años a estas preguntas. Mientras más pospongas tu iniciación sexual, más y mejores decisiones podrás tomar sobre quién, dónde, cuándo y cómo.

En cuanto a los estudios, solo quiero decirte que tú y solo tú decidirás hasta dónde quieres llegar y a qué te quieres dedicar. No se trata de títulos académicos, ni siquiera de las calificaciones que obtengas. Se trata de que puedas desarrollar tu interés por conocer, por aprender cosas nuevas, por descubrir la vida. Siempre te apoyaré en esto y sé que serás capaz de explorar para encontrar tus intereses y comprometerte en ello.

Finalmente, hija, quiero hablarte de la familia. Tú eres parte fundamental de nosotros y nos interesa mucho que te sientas querida, aceptada e integrada entre nosotros. Ten la seguridad de que puedes decirnos lo que piensas, en lo que estás de acuerdo y en lo que no, y de que a pesar de nuestras diferencias siempre te aceptaremos y querremos. Pero también necesitas saber que buscamos hacer acuerdos y que hay normas y límites que, como en cualquier lugar, tendrás que seguir para poder tener los beneficios que te ofrecemos en la familia.

Tal vez en momentos sea difícil seguir esas normas o límites o no coincidas con ellos. Si es así, necesitamos hablarlos para ver qué podemos hacer, pero al final son necesarios para que todos nos sintamos alegres y satisfechos en esta familia.

Me despido, hija, y nuevamente te digo que me siento muy orgulloso y satisfecho de ver en quién te has convertido y de ver todas tus cualidades. Si necesitas algo, siempre estaré para ti.

Te quiero.

Tu papá

Establecer un programa conductual basado en acuerdos y reforzadores positivos

Hasta aquí hemos estudiado los principios que rigen la conducta, la necesidad de promover el vínculo afectivo e íntimo entre padres e hijos, la forma de trabajar con sus creencias irracionales y la manera de educar a los hijos en la sexualidad y en el uso de sustancias estimulantes. Ahora nos toca abordar cómo llevar a la práctica los principios conductuales de tal forma que los hijos aprendan por las consecuencias de sus actos y no por la constante imposición de los padres.

Para lograrlo, es necesario conocer qué son los programas de modificación de la conducta y cómo aplicarlos a la vida diaria de los adolescentes. Estos programas son herramientas muy útiles para generar o modificar conductas en ambientes como la empresa, la escuela, las políticas públicas y también en el seguimiento de pacientes con problemas físicos o psicológicos, en la adquisición de habilidades en los niños y en la educación de los hijos, entre muchas otras más.

Los programas se basan en los principios conductuales que estudiamos al principio de este capítulo, y constan de los siguientes elementos: inductores (acuerdos conductuales sobre qué conducta es esperada y qué conducta no lo es), reforzadores positivos (incentivos, recompensas o el mantenimiento de los privilegios basados en las conductas esperables) y un método de seguimiento conductual (gráfica o tabla para monitorear el cumplimiento o incumplimiento de la conducta). La implementación de castigos no suele recomendarse por las consecuencias mencionadas con anterioridad; sin embargo, su uso es necesario cuando las conductas ponen en riesgo la integridad del hijo, de alguna otra persona o de los bienes familiares.

Lo primero que se debe tener en cuenta es que los padres necesitan cambiar la forma en que se ven a ellos mismos en relación con sus hijos. Muchos papás experimentan una forma de placer u orgullo encubierto al sentir que controlan o tienen poder sobre sus hijos a través de permisos, dinero y castigos. Esto, desafortunadamente, genera un aprendizaje negativo, pues los hijos no asocian que los privilegios con los que cuentan son consecuencia de sus actos, sino que los ven como una conducta azarosa de parte de los padres. Con el tiempo, los hijos tendrán mayores dificultades para comprender que no se trata de si les dan o no les dan, sino de si lo obtienen o no lo obtienen como resultado de su actuar. Causa y efecto o conducta y consecuencia es el aprendizaje deseable en la educación y no "me dan o no me dan", "son justos o injustos conmigo".

Los padres pueden hacer énfasis en eso diciendo algo como "en adelante no seremos nosotros los que te demos o te quitemos tus privilegios, serás tú, a través de tu conducta, quien los obtenga o los pierda. Cuanto más te esfuerces, mejores serán tus privilegios. Si te esfuerzas menos, obtendrás menos privilegios".

Aclarado esto, es pertinente diseñar un conjunto de reglas o acuerdos conductuales que permitan al hijo (y a los papás) tener en claro qué se espera de él o qué tipo de comportamiento es el aceptado y cuál es el no aprobado en la familia. Dichas reglas pueden ser negociadas o acordadas con los hijos, pero una vez establecidas, ha de buscarse su cumplimiento y evitar las excepciones como algo habitual.

Las reglas o acuerdos conductuales pueden dividirse en cuatro áreas: familia, rutina, escuela y amistades. A continuación veremos un ejemplo de cómo podría lucir un programa para un chico de 14 o 15 años. Sugiero hacer modificaciones correspondientes a las edades y necesidades individuales.

ACUERDOS DE CONDUCTA ENTRE JORGE Y SUS PAPÁS

Hijo, con base en lo que platicamos, tu mamá y yo te pedimos que tengas en cuenta nuestros acuerdos sobre las conductas que esperamos y sobre las que no esperamos de ti. Si tienes alguna duda o deseas que negociemos algo de esto, no dudes en acercarte con nosotros. Sin embargo, una vez acordadas las reglas, se tendrán que cumplir.

En cuanto a la familia, te pedimos:

- Respeta a tus padres y a tus hermanos en todo momento. No gritos, no insultos, no buscar dañar a nadie. Si tienes que expresar una opinión o desacuerdo, puedes hacerlo respetuosa y calmadamente. Nosotros te escucharemos.
- Trátanos como quieres que te tratemos. Si buscas amabilidad, respeto, concordia, solidaridad y empatía, eso mismo tienes que dar a tus hermanos y a nosotros.
- Siempre que puedas, esperamos que ayudes a los demás. La solidaridad es muy importante para nosotros.

En cuanto a la rutina:

- Todos los días necesitas dormir al menos 8 horas por la noche.
- Necesitas hacer ejercicio físico al menos 4 días a la semana.
- Establece un horario para realizar tus tareas.
- La televisión, los videojuegos o navegar en internet serán después del ejercicio y la culminación de las tareas. Su uso entre semana no puede excederse de más de una hora y media. En fines de semana pueden ser hasta 3 horas.
- Todos los días, antes de ir a la escuela, necesitas tender tu cama, recoger tu habitación y poner tu ropa en el cesto de ropa sucia.
- Se te asignará una responsabilidad en el hogar que has de cumplir. Puedes escoger entre las siguientes: pasear y darle de comer al perro, podar el césped, barrer o trapear, lavar los trastes, etc.
- Todos los dispositivos electrónicos deberán estar apagados a las 10:00 p. m. entre semana.

En cuanto a la escuela:

- Tus calificaciones tienen que ser aprobatorias.
- Tu cumplimiento de tareas debe ser mayor al 80 %.
- No están permitidos los reportes de conducta o suspensiones.
- Es tu deber tratar con respeto a tus profesores y compañeros.

En cuanto a los amigos:

- Puedes salir una noche a la semana (fiesta o evento), una vez el fin de semana (cine, boliche, etc.), y entre semana podrás salir con tus amigos de la colonia una vez que hayas concluido tu ejercicio y tu tarea.
- No está permitido que consumas alcohol, drogas o cigarros, con o sin tus amigos.
- Si vas a invitar a alguien a casa, debes consultarlo con nosotros o pedirnos permiso con anticipación.

Después de haber explicado los acuerdos conductuales y de haberlos negociado, es necesario presentar un método de seguimiento conductual. Un ejemplo podría ser el siguiente:

Hijo, todos los días tu madre y yo evaluaremos el cumplimiento de estos acuerdos y lo registraremos en una tabla. ✓ indicará que cumpliste con esa sección y x indicará que no cumpliste. Al final de cada día, hay una sección de observaciones para escribir por qué ese día tuviste una o más cruces.

Tabla 13. Ejemplo de bitácora o registro de conducta para padres de familia

	Lunes	Martes	Miércoles	Jueves	Viernes	Sábado	Domingo
Familia							
Rutina							
Escuela							
Amistades							
Observaciones							

351

Cada semana analizaremos los resultados de la tabla, y dependiendo de tu desempeño, serán los beneficios o privilegios que obtendrás para la semana siguiente. En adelante eres tú quien se da o se quita los privilegios, no tus papás.

Tabla 14. Ejemplo de reforzadores de conducta

Privilegios para Jorge (estos funcionan como los reforzadores de la conducta)				
Número de ✓	Dinero semanal	Permisos con los amigos	Atención en casa (ropa limpia, comida, etc.)	Tarjeta verde
28	●	●	●	●
25 a 27	●	◒	●	⊗
20 a 24	◒	◒	⊗	⊗
21 a 23	◒	⊗	⊗	⊗
15 a 20	⊗	⊗	⊗	⊗

● = privilegio completo

◒ = mitad del privilegio

⊗ = ausencia del privilegio

Tarjetas verdes: Son tarjetas que podrás obtener únicamente en las semanas que hayas obtenido 28 ✓. Dichas tarjetas son acumulables y cada una puede ser cambiada por 250 pesos o su equivalente en algo material, por una actividad o por un permiso especial.

Algunos padres pueden pensar que manejar un plan así puede ser exagerado para ellos y para sus hijos. Tal vez considerarán (o sus hijos lo harán) que es para niños chiquitos. Pero se equivocan: estos programas son muy comunes en la vida de los adultos. La evaluación académica universitaria está basada en ellos (cumplimiento de conductas más desempeño y la obtención de consecuencias positivas o negativas, como notas aprobadas o reprobadas); las empresas los utilizan con los programas de empleado del mes o de trabajo por objetivos; y hasta se encuentran en la vida pública diaria regida por la constitución de cada país: el

352

cumplimiento de las responsabilidades fiscales y el otorgamiento de derechos o privilegios propios de cada sociedad. Es decir, los programas de modificación o generación de conducta sintetizan de manera ordenada lo que sucede en nuestra vida diaria y permiten que los padres puedan ser más objetivos en la educación de sus hijos.

Sin embargo, es necesario señalar que no es forzoso tener todo el tiempo este tipo de programas para una buena educación de los hijos. Incluso, se sugiere a los padres abandonar las tablas una vez que la conducta deseada se ha presentado constantemente. Pero es necesario resaltar los dichos populares "hablando se entiende la gente" y "sobre aviso no hay engaño", pues muchos papás no son claros con las reglas o las conductas esperadas de los hijos, ni con las consecuencias positivas o negativas. Papás así no le permiten al hijo tener certidumbre sobre cómo ellos esperan que se comporte y actúan de formas que el chico interpretará como injustas, por lo que le causan resentimiento, pues al quitarle un privilegio que él desconocía que se usaría como consecuencia, el hijo no aprende la lección, sino que se frustra más.

Con tabla o no, por escrito o no, los papás necesitan ser claros con sus hijos sobre las conductas permitidas y no permitidas, así como las consecuencias que les seguirán. Además, es necesario que los papás se abran a escuchar al adolescente y vean qué tiene él que decir sobre dichas reglas y consecuencias. Si solo es una imposición, es más probable que el chico no las acepte, pero si son fruto del diálogo, de la reflexión y de la negociación es más probable que termine aceptándolas e incluso reconociendo el beneficio de seguirlas.

Los papás que dan o quitan privilegios y bienes materiales a sus hijos sin asociarlos a las conductas deseables o indeseables del adolescente no les enseñan la valiosa lección de "al que quiere azul celeste, que le cueste"; es decir, "tú puedes lograr tus metas y obtener beneficios a través de tu esfuerzo y de tu comportamiento adecuado". Por el contrario: promueven la grandiosidad de "no hago nada para merecerlo y a pesar de ello obtengo dinero, permisos y bienes materiales" o la frustración de "mis papás son injustos conmigo, pues me castigan y me quitan cosas a su antojo".

Además, estos programas también se pueden utilizar para promover un reto especial o para aumentar una conducta o habilidad que el adolescente necesite desarrollar. Por ejemplo, si se quiere trabajar en aumentar las notas escolares se puede utilizar un programa de recompensa dependiendo de si el aprovechamiento fue del 80 %, del 90 % o del 100 %. O si en casa un hijo tiene conductas disruptivas, se puede hacer un seguimiento donde se le explican las conductas prosociales y deseables y su ejecución. La suma de dichas conductas da como respuesta un privilegio especial que motive al hijo.

Pero los padres pueden utilizar otras cosas además de dinero, bienes materiales o permisos. Un reforzador muy potente en los adolescentes es el reconocer, resaltar o elogiar las conductas positivas con palabras como "me siento muy orgulloso de ver cómo te esforzaste el día de hoy para cumplir con los acuerdos que tenemos. Muchas gracias por hacerlo" o "valoro mucho la forma en que has buscado cambiar la relación con tus hermanos y hacer que entre ustedes haya un mejor ambiente; muchas gracias por ello". El objetivo de los reforzadores es que los hijos sepan que cuanto más se esfuerzan, mejor les va tanto en privilegios como a nivel afectivo y relacional con la familia.

Finalmente, para aquellos que puedan pensar: "Yo no tengo que recompensar el cumplimiento de las responsabilidades de mi hijo; esas son sus obligaciones y punto", valdría que se pregunten por qué sí deben castigar el incumplimiento de sus deberes, pero no reforzar su ejecución. ¿Qué acaso solo se fijan en lo negativo pero no en lo positivo? ¿Conocen a alguien a quien le guste que solo le señalen lo negativo pero no lo positivo? ¿A ellos les funciona cuando solo reciben señalamientos de lo que hacen mal, pero no de lo que hacen bien?

Es necesario señalar que los papás que piensan de este modo se encaminan a construir una relación con los hijos basada en el resentimiento y la frustración. Por otro lado, aquellos padres que solo señalan lo positivo y se vuelcan en halagos y recompensas para sus hijos pueden promover hijos narcisistas desconectados de la realidad, a la vez que les impiden una adecuada visión de sí mismos y de su crecimiento. En cambio, aquellos padres que reconocen tanto las conductas negativas como las positivas y permiten que sus hijos reciban consecuencias de ellas les están enseñando una gran lección para toda la vida: "Esfuérzate, no culpes a los demás y responsabilízate de tus conductas. Si haces así, te irá bien en la vida".

Desarrollar habilidades de comunicación asertiva

Hay personas que ante las dificultades interpersonales suelen responder con la siguiente frase: "Así déjalo, mejor no digas nada para no tener problemas". Existe el caso opuesto, donde las personas suelen responder así: "¡Ahora me va a escuchar! ¡No sabe con quién se está metiendo! ¡Yo le voy a demostrar!".

Ambos ejemplos representan los polos opuestos de los estilos de comunicación. El primero es el estilo pasivo, donde la persona tiene temor de expresar sus pensamientos o de reclamar sus derechos porque piensa que tendrá consecuencias peores. El segundo es el estilo agresivo, donde el objetivo de la persona es obtener lo que busca a como dé lugar, sin pensar en cómo se sentirán los otros o si pasará por encima de los derechos de los demás.

Ambos ejemplos son estilos disfuncionales de la comunicación. Tarde o temprano traerán más conflictos que soluciones. El primero permitirá injusticias o la pérdida de los derechos de la persona, lo que con el tiempo la llevará a sentir resentimiento como resultado de pensar excesivamente en las necesidades y deseos de los otros y de negar los propios. El segundo es disfuncional porque al no respetar los derechos de los demás y querer imponer su perspectiva de las cosas, el sujeto hará que los otros no se sientan valorados, lo que lo puede llevar al conflicto y a la pérdida de personas significativas.

Como alternativas a estas dos posiciones polarizadas existe la **asertividad**. Esta es tanto una característica de personalidad como una habilidad o estilo en la comunicación. Es un punto intermedio entre la pasividad y la agresividad, donde se es empático con las necesidades del otro, pero sin dejar de lado las propias. Las personas asertivas son claras, directas, propositivas, a la vez que ponen límites cuando sus derechos están en riesgo.

Es una característica de personalidad en cuanto que es tendencia a actuar. Y es una habilidad de la comunicación en cuanto a que es posible aprenderla, así como mejorarla.

Los padres, la escuela, los amigos y la sociedad en general modelan el estilo comunicativo del adolescente. Por desgracia, pareciera que no se pone énfasis suficiente en el estilo asertivo, lo que hace que los chicos repitan los estilos pasivos o agresivos que observaron en los padres o que se les fomentaron en la infancia.

En el ámbito terapéutico, desde la década de los cincuenta, con Wolpe (1958), hasta los terapeutas cognitivo-conductuales contemporáneos, se suele dedicar una o varias sesiones con los pacientes a enseñarles la habilidad de la asertividad. Esto es debido a que la mayoría de los conflictos interpersonales tienen, en mayor o menor medida, al estilo comunicativo como variable fundamental de su sostenimiento. De tal forma que quienes desarrollan una comunicación asertiva disminuyen mucho esos conflictos.

Entre los padres y los adolescentes atendidos en la consulta, suelo ver que la comunicación por lo general se lleva a cabo desde los estilos polarizados y muy pocas veces desde la asertividad. Por ello administro varias sesiones sobre comunicación asertiva a unos y a otros, pues al comunicarse mejor, tanto padres como hijos favorecen el entendimiento, la empatía y la conformación de acuerdos que facilitan la solución de problemas.

Existe un método que puede ser de utilidad al hablar con los hijos, especialmente en momentos, temas o situaciones difíciles: la confrontación empática.

La estrategia está constituida por un mensaje de empatía, la confrontación de las ideas y la propuesta de una alternativa viable para ambas partes.

La empatía puede entenderse como la capacidad para comprender los pensamientos, sentimientos y conductas de la otra persona desde la forma en que interpreta o percibe las cosas. Es decir, comprender la motivación detrás de las palabras y acciones del otro.

La confrontación, en cambio, suele ser vista por algunas personas como algo negativo, inapropiado o que se debe evitar. Hay quien suele asociar confrontación con pleito, y este, con distanciamiento. Pero hay otra forma de entenderla: el proceso por el cual se comprende que la forma en que se percibe, se piensa o se actúa no es la apropiada y que es conveniente remplazarla por otra manera más adecuada o que produzca mejores resultados. Desde esta perspectiva, la confrontación no es vista como algo negativo (aunque puede ser indeseable o incluso desagradable para quien la recibe), sino como algo positivo, ya que puede impulsar el proceso de crecimiento personal y entendimiento interpersonal.

De tal forma que la confrontación empática es la utilización de la empatía y de la confrontación en un mismo momento para enviar un mensaje claro, contundente y constructivo a otra persona. Es muy útil cuando resulta difícil comunicarse con alguien que tiene poca o nula disposición para relacionarse o para ver otras posiciones y esto desemboca en un conflicto.

La confrontación empática es una herramienta que se utiliza con frecuencia en terapia, especialmente en la terapia de esquemas de Young, Klosko & Weishaar (2003). Tanto para parejas en conflicto como para personas con trastornos psicológicos, abusos de sustancias o para la comunicación con adolescentes, la confrontación empática es una extraordinaria herramienta para dejar claro el punto de vista personal a la vez que se reconocen las intenciones positivas del otro y se le ofrece una alternativa.

Esta técnica consta de tres pasos:

1. **Mensaje de empatía:** Para ello es necesario utilizar palabras como *entiendo, comprendo, reconozco, valoro, aprecio* o *agradezco*, etc. Se inicia así, pues es más fácil que se obtenga, de parte del otro, la disposición a escuchar si recibe un mensaje de empatía. De lo contrario, se aumenta la probabilidad de que interprete la intervención como un ataque y se muestre defensivo.

2. **Mensaje de confrontación**: Para ello se utilizan palabras como *sin embargo, a pesar de ello, más allá de lo dicho, pero*. Este es el segundo paso donde de manera clara y directa (no ofensiva) se confronta al otro para hacerle ver que no se está de acuerdo en la forma en que se expresó o comportó.

3. **Mensaje de conducta o propuesta alternativa:** Para este mensaje se utilizan palabras como *por ello, te propongo, por lo que te pido, por lo que en adelante*. En este momento del diálogo se busca enviar una alternativa a la conducta o la situación que fue inapropiada. Es conveniente entender que muy pocas veces el problema es la motivación, sino la forma en que se hacen las cosas. Por eso aquí se le presenta al adolescente una forma de proceder que genere mejores resultados.

A continuación veremos algunos ejemplos de situaciones comunes entre adolescentes y sus padres donde podría utilizarse la confrontación empática. Se usan las letras E para señalar el mensaje de empatía, C para el mensaje de confrontación y A para apuntar la alternativa:

1. (E) Hijo, agradezco mucho tu interés en hacerme ver mis errores o las áreas en las que puedo mejorar. (C) Sin embargo, no me parece correcta la forma en que te dirigiste a mí, pues soy tu padre y merezco respeto. (A) La próxima vez que busques ayudarme a ver mis errores, te pido que lo hagas sin sarcasmo, sin comentarios ofensivos y de manera constructiva. De lo contrario, te pediré que te retires.

2. (E) Hija, valoro mucho el que busques cuidar de ti y muestres una imagen de alguien que se preocupa por su autocuidado. (C) Sin embargo, no me parece apropiada la forma en que estás vestida, pues en lugar de resaltar tu dignidad y belleza pareciera que no te importa cuidar tu pudor o tu intimidad. (A) Por lo que te pido que busques algo más de vestir que resalte tu belleza, juventud y personalidad, pero que lo haga desde la modestia debida.

3. (E) Hija, reconozco mucho tu sentido de amistad y lo importante que es para ti convivir con tus amigas. (C) Sin embargo estás prestando poco tiempo a tus estudios por estar con ellas, por lo que está en riesgo que bajen tus notas. (A) Te pido que te ajustes a tu rutina y horario y salgas con tus amistades después de tus deberes escolares y no antes.

Como podemos observar, la confrontación empática es una poderosa herramienta para resaltar las intenciones positivas del otro a la vez que se le pide el respeto de los derechos, de las reglas o de lo que los padres consideran adecuado. Pero también incluye una propuesta, pues no en pocas ocasiones se dice lo mal que los chicos hacen las cosas, pero no cómo estarían bien hechas. No es suficiente señalar los errores o acciones inapropiadas de los hijos; es de gran importancia decirles cómo sí pueden hacer las cosas y no quedarse en cómo no debieron hacerlas.

Los adolescentes, en la mayoría de los casos, no tienen la intención de lastimar; incluso tienen una visión positiva o constructiva de las cosas; tienen buenas intenciones, pero no siempre saben cómo manejar o expresar una situación. De ahí la importancia de que vean en los adultos un modelo de comunicación asertiva a la vez que les enseñe a ver los problemas como una oportunidad.

Sin embargo, muchos papás vienen arrastrando (sin darse cuenta) los inadecuados modelos pasivos o agresivos de comunicación. Por eso es de gran importancia que busquen mejorar sus habilidades de comunicación y fomenten un estilo asertivo. Eso les ayudará no solo con su adolescente, sino con la pareja, los colegas, los amigos, etc. También, será más fácil enseñar este estilo a los hijos si los padres lo han hecho propio, que si solamente lo dicen por haberlo leído o escuchado en alguna parte.

Al desarrollar la comunicación asertiva, los padres de familia se darán cuenta de la impresionante disminución de conflictos que tendrán con los hijos y cómo este tipo de comunicación los ayudará a aumentar la afectividad positiva en ambas partes.

Buscar apoyo profesional y otros recursos de beneficio cuando sea necesario

Puede ser que la crianza paterna nunca antes haya sido tan fácil y a la vez tan difícil como en la época actual. Esta paradoja se da, por un lado, porque hoy hay psicólogos, pedagogos, terapeutas, pediatras y muchos otros profesionistas dispuestos a compartir su conocimiento sobre qué funciona y qué no funciona en la crianza de los hijos (el aspecto fácil). Y, por otro, porque hoy más y más papás viven con estándares muy altos de lo que ser "un buen papá" o "una buena mamá" significa (el aspecto difícil). Muchos papás están preocupados por dar a sus hijos las oportunidades que ellos no tuvieron, por inscribirlos en una universidad prestigiosa, por prepararlos para un futuro que nadie conoce pero con el que muchos viven obsesionados. Esto hace que duden de sus capacidades y de la crianza de sus hijos, lo cual los hace caer en un enfermizo perfeccionismo que no ayuda ni a los adolescentes ni a sus padres.

Es verdad que nadie nace sabiendo criar hijos, pero en realidad uno viene al mundo sabiendo nada o prácticamente nada. Los seres humanos necesitamos aprender a caminar, a hablar, a ir al baño, a sumar, a restar... La mayoría de las conductas requieren un cierto nivel de aprendizaje. La paternidad no es la excepción: es necesario aprender a desarrollarla. Gran parte de dicho aprendizaje será por ensayo y error, otro tanto será por los consejos de los seres queridos y los medios de comunicación, y otra parte importante, por la experiencia que se obtiene con los propios padres y al cuidar de los hermanos. De tal forma que no se está completamente en cero o en blanco en cuanto a ser padres se refiere.

Es deseable que los papás identifiquen los estándares irracionales con que la sociedad y ellos mismos se miden y que no busquen la perfección. Una exigencia así elevará su ansiedad y esta disminuirá su desempeño haciendo que los resultados sean más negativos que positivos, lo cual les reforzará la idea de que no son unos buenos padres. Pero sí lo son, la gran mayoría lo es (son pocos los casos donde se podría decir que los papás no hicieron nada bueno y que todo fue malo), por lo que medirse en términos dicotómicos no es útil.

Lo que los hijos necesitan son papás que comprenden que con el tiempo y la repetición aprenden y mejoran; papás que entienden que pueden reconocer sus errores, disculparse y volverlo a intentar. Pero, sobre todo, papás que aceptan que nadie es perfecto y que ellos también están aprendiendo. Esos son los papás que darán mejores resultados, pues serán lo suficientemente humildes para aprender de sus errores y estarán lo suficientemente dispuestos a intentar cosas nuevas.

Los profesionales de la conducta, los cursos y talleres, los libros y los programas de radio y televisión sobre la crianza de los hijos no deberían ser sustitutos de los papás ni devaluar lo que estos hacen. Los profesionistas hemos de ser sus aliados y poner a su disposición herramientas y estrategias que puedan serles de utilidad. Pero, sobre todo, hemos de ser empáticos y comprensivos, sabiendo que cada papá, que cada hijo y que cada crianza es única, con retos y contextos irrepetibles y que por lo tanto todos necesitamos ser prudentes.

Algo es mejor que nada, les suelo decir a mis pacientes. Progreso es mejor que perfección, les reitero con frecuencia. Y eso es lo que los papás necesitan tener presente de forma constante. Los resultados y la relación no se presentarán siempre en línea recta; serán más como un polígono de frecuencia, con altas y bajas, pero que con el tiempo se irá acercando a los extremos para alcanzar mayor estabilidad.

Al comprender que no hay papás perfectos y que el ser humano está en un constante trabajo de mejora continua, podemos echar mano de los recursos que tenemos al alcance.

En el capítulo VI hablamos de cuáles son los trastornos más comunes en la adolescencia y vimos cuándo es necesario acudir por ayuda psicológica y psiquiátrica para atender a los hijos. Pero los psicólogos y terapeutas no solo atendemos la enfermedad y el conflicto, sino también el crecimiento. Nuestra función no solo está en la cura de la enfermedad, sino en la promoción de la salud. Y es ahí cuando los padres pueden acudir también a la consulta: cuando quieren tener ideas de cómo promover una mayor salud mental en la familia, cómo llevar la crianza desde el estilo autoritativo, cómo manejar las conductas difíciles y verlas como oportunidad y cómo desarrollar una comunicación asertiva tanto para ellos como para sus hijos.

Acudir a cursos o talleres de escuela para padres, consultar profesionistas, leer libros y ver programas sobre padres e hijos pueden ser de gran ayuda y enriquecer la forma en que se relacionan papás y adolescentes, a la vez que pueden apoyar la búsqueda de soluciones a problemas antes de que estos sean mayores. La cuestión no está en no saberlo todo, sino en creer saberlo todo y no preocuparse por buscar ayuda profesional o documentarse con mayor profundidad sobre ciertos temas.

Ser padres requiere autoconfianza y humildad. La primera es de utilidad para saber que nadie es perfecto, pero que se intentará y se hará un buen trabajo. La segunda sirve para reconocer cuándo se está equivocado o se requiere ayuda, pero también para seguir creciendo en ideas y estrategias para la crianza.

Los invito a que no vean la culminación de la lectura de este libro como el final de su preparación como padres, sino como el principio de su entrenamiento o como complemento de una constante preparación.

Todos los padres, expertos o no, estamos aprendiendo la ciencia y el arte de criar hijos. Juntos, aprendiendo unos de otros, obtendremos mejores resultados.

Resumen

En este capítulo se expusieron los principios que rigen la conducta, tanto para su desarrollo como para su mantenimiento y modificación. Dichos principios pueden servir como una orientación para los padres que buscan promover conductas prosociales y disminuir aquellas que no son deseables o que afectan el desempeño positivo de los hijos.

También se analizaron las seis estrategias esenciales para los padres, que son: 1. Fortalecer el vínculo padre-hijo; 2. Identificar las creencias irracionales; 3. Educar a los chicos en las conductas de riesgo; 4. Establecer un programa conductual basado en acuerdos y reforzadores positivos; 5. Desarrollar habilidades de comunicación asertiva; y 6. Buscar apoyo profesional y otros recursos de beneficio cuando sea necesario.

Estas estrategias pueden ser de utilidad para promover una relación armónica y fluida entre los padres y sus hijos. Su objetivo no es el de promover una obediencia irrestricta, sino el de generar un ambiente de aprendizaje bidireccional donde los padres comprendan las necesidades individuales de cada hijo y donde estos aprenden a través de las consecuencias de sus actos.

Es necesario recordar que la crianza es una habilidad que mejora con la práctica y la documentación, por lo que se ha invitado a los padres a ver los recursos profesionales, profesionistas, libros, talleres, etc., como herramientas que pueden enriquecer la loable labor de la paternidad.

Cuestionario para padres y profesionales

1. Identifica una conducta negativa en tu hijo que te gustaría cambiar y determina cuáles son los reforzadores que mantienen esa conducta.
2. ¿Qué estrategia podrías aplicar para fortalecer el vínculo entre tú y tus hijos?
3. ¿Cuáles son las creencias irracionales sobre tus hijos que más frecuentemente tienes y por cuáles las podrías sustituir?
4. ¿Cómo te sientes para hablar de sexualidad con tus hijos? ¿Necesitas apoyo? ¿Te falta prepararte?
5. ¿Cómo podrías desarrollar un estilo de comunicación asertivo y evitar los estilos pasivo y agresivo?

Para saber más sobre el capítulo VIII

Sobre la psicología conductual, el condicionamiento operante y el manejo de las conductas:

Kazdin, A. (1978). Modificación de la conducta y sus aplicaciones prácticas. México. Manual Moderno

Sobre el manejo de la disciplina positiva con los hijos:
http://www.carlpickhardt.com/

Sobre la asertividad:
https://www.psychologytoday.com/basics/assertiveness

https://www.psychologytoday.com/blog/romance-re-dux/201108/the-abcs-assertiveness

Conclusión

Escribí este libro con profunda admiración hacia los padres, los adolescentes y los profesionistas que trabajan con ellos. Pero también hacia la ciencia de la psicología y hacia todos aquellos que se dedican a la bella labor de enriquecer la vida de las familias.

El libro fue una idea que surgió en la primavera de 2016 mientras convivía con mi esposa y mis hijos. Después de caminar por la orilla del río DuPage en la ciudad donde vivimos, decidimos ir a la biblioteca pública para ponernos a leer. Estando ahí pensé en lo mucho que otros libros y artículos sobre adolescencia me habían servido para comprender más a mis pacientes y a sus padres. Pero también reflexioné sobre la dificultad que muchos padres y profesionistas tendrían para acceder a ellos. De tal forma que decidí sintetizar en un solo libro lo que he aprendido de otros colegas, de profesores, de mis pacientes y de sus padres, y de lo que en mi práctica clínica me ha dado resultado a lo largo de más de quince años.

Espero haber transmitido, a través de las páginas de esta obra, el amor y la pasión que siento por el estudio y el trabajo con los adolescentes y sus familias. Su realización no fue fácil, pues además del proceso de documentación y selección de la información; su estudio, síntesis y elaboración en una forma propia, tuve que enfrentar varias dificultades personales, de tiempo y de logística. Escribí muchos párrafos entre la consulta dada a un paciente y la del siguiente. Otros tantos en la madrugada después de una jornada laboral completa. Algunos más entre las labores del hogar y de la crianza de mis propios hijos o, como en no pocas ocasiones, en el trayecto de tren de la ciudad de Naperville a la de Chicago, donde doy consulta semanalmente.

Por los motivos mencionados, creo que el libro tiene aciertos y recursos de ayuda, pero también limitaciones y áreas de oportunidad. Escribí algunos capítulos de manera fluida, casi en una sola sentada, mientras que redacté otros intermitentemente a lo largo de varias semanas, lo que pudo afectar la prosa y la consistencia del texto.

Pero así es también con la paternidad: aciertos y desaciertos, limitaciones y áreas de oportunidad, periodos que van del fluir en la relación y la crianza al estancamiento y la crisis. Así es la forma adecuada (tanto para escribir como para ejercer la paternidad), pues esto nos impulsa a seguir investigando, a desear saber más y a intentar nuevas opciones que nos den nuevos resultados.

Deseo que quienes me han hecho el favor de leerme continúen con su propia investigación y acumulación del conocimiento y que lo puedan poner en práctica para el beneficio de sus hijos o pacientes adolescentes.

Siempre les estaré agradecido por su generosidad al leerme, y espero que con las ideas aquí expresadas haya logrado aportar positivamente a la loable función tanto de los padres como de los profesionales.

Quien así lo desee puede escribirme sus comentarios y sugerencias a través de mi página web: www.drmarioguzman.com, y con mucho gusto los leeré y les contestaré.

Reciban un solidario y afectuoso abrazo.

Referencias

Accidentes viales, primera causa de muerte en jóvenes (6 de agosto de 2016). *El Informador*. Recuperado de https://www.informador.mx/Mexico/Accidentes-viales-primera-causa-de-muerte-en-jovenes-20160806-0030.html

Ainsworth, M., & Bowlby, J. (1991). An ethological approach to personality development. *American Psychologist, 46*(4), 333-341.

Ainsworth, M., Blehar, M., Waters, E., & Wall, S. (1978). *Patterns of attachment: A psychological study of the strange situation*. Hillsdale, NJ: Erlbaum.

Amato, P., & Keith, B. (1991). Parental divorce and the well-being of children: A meta-analysis. *Psychological Bulletin, 110*, 26-46.

American Academy of Pediatrics. (4 de mayo de 2017). Children's hospitals admissions for suicidal thoughts, actions double during past decade. *AAP News*. Recuperado de http://www.aappublications.org/news/2017/05/04/PASSuicide050417

American Psychiatric Association. (2013). *Diagnostic and statistical manual of mental disorders* (5ª. ed.) Washington DC: Autor.

American Psychological Association (2005). *Lesbian & Gay Parenting*. Recuperado de http://www.apa.org/pi/lgbt/resources/parenting.aspx

American Psychological Association. (22 de marzo de 2013). What role do religion and spirituality play in mental health? Recuperado de http://www.apa.org/news/press/releases/2013/03/religion-spirituality.aspx

Anderson, M. & Jiang, J. (2018) *Teens, Social Media & Technology 2018*. Pew Research Center. Recuperado de: https://www.pewresearch.org/internet/2018/05/31/teens-social-media-technology-2018/

Antolinez, H. (26 de junio de 2015). Este fue el discurso de Obama tras legalización de matrimonio gay en EE UU. *Contrapunto.com.* Recuperado de http://contrapunto.com/noticia/este-fue-el-discurso-de-obama-tras-legalizacion-de-matrimonio-gay-en-eeuu/ (URL inactivo)

Apel, R., & Kaukinen, C. (2008). On the relationship between family structure and antisocial behavior: Parental cohabitation and blended households. *Criminology, 46,* 35-70.

Arvelo, L. (2009). Función paterna. Perspectivas educativas. *EDU-CERE • Investigación arbitrada, 12*(46), 725-732.

Aristóteles (2004). *Ética a Nicomaco.* Madrid, España: Alianza Editorial.

Arrnett, J. J. (2015ª) *Emerging adulthood* (2nd ed.) New York: Oxford University Press

Asociación Americana de Psiquiatría (2013). *Guía de consulta de los criterios diagnósticos del DSM 5.* Arlington, VA: Autor.

Atienzo, E., Walker, D., Campero, L., Lamadrid-Figueroa H. & Gutiérrez J. (2009). Parent-adolescent communication about sex in Morelos, Mexico: Does it impact sexual behaviour? *The European Journal of Contraception and Reproductive Health Care, 14*(2), 111-119.

Aufsesser, D., Jekielek, S., & Brown, B. (2006). *The family environment and adolescent well-being: Exposure to positive and negative family influences.* Washington DC: Child Trends; San Francisco, CA: National Adolescent Health Information Center, University of California, San Francisco.

Babbel, S. (25 de octubre de 2010). Post abortion stress syndrome (PASS): Does it exist? *Psychology Today.* Recuperado de https://www.psychologytoday.com/us/blog/somatic-psychology/201010/post-abortion-stress-syndrome-pass-does-it-exist

Barrett, E., & Martin, P. (2014). *Extreme: Why some people thrive at the limits.* UK: Oxford University Press.

Baumrind, D. (1971). Current patterns of parental authority. *Developmental Psychology, 4,* 1-103.

Bazelon, E. (21 de enero de 2007). Is there a post-abortion syndrome? *The New York Times Magazine.* Recuperado de http://www.nytimes.com/2007/01/21/magazine/21abortion.t.html

Beck, J. (2000). *Terapia cognitiva.* Barcelona, España: Gedisa.

Beesdo, K., Knappe, S., & Pine, D. (2009). Anxiety and anxiety disorders in children and adolescents: Developmental issues and implications for DSM-V. *Psychiatric Clinics of North America, 32*(3), 483-524.

Benjet, C., Borges, G., Medina-Mora, M., Blanco, J., Rojas, E., Fleiz. C.,... Aguilar-Gaxiola. (2009). Encuesta Mexicana de Salud Mental Adolescente. En Rodríguez, J., Kohn, R., & Aguilar-Gaxiola S. (Eds.). *La epidemiologia de salud mental en América Latina y el Caribe.* Washington DC: Pan American Health Organization.

Berger, K. (2001). *The developing person throughout the lifespan.* New York, NY: Springer-Verlag.

Bianconi, E., Piovesan, A., Facchin, F., Beraudi, A., Casadei, R., Frabetti, F.,... Canaider, S. (2013). An estimation of the number of cells in the human body. *Annal of Human Biology, 40*(6), 471.

Bierman, K. L. (2004). *Peer rejection: Developmental processes and intervention.* New York. NY: Guilford Press.

Blasco, L. (26 de abril de 2017). Qué es el peligroso juego de "La ballena azul" y por qué preocupa a las autoridades. *BBC Mundo.*

Recuperado de http://www.bbc.com/mundo/noticias-39721105

Borisenko, J. (2007). Fatherhood as a personality development factor in men. *The Spanish Journal of Psychology, 10*(1), 82-90.

Bowlby, J. (1969-1982). *Attachment and loss* (Vol. 1. Attachment). New York, NY: Basic Books.

Bowlby, J. (1988). *A secure base: Parent-child attachment and healthy human development*. New York, NY: Basic Books.

Breivik, K., & Olweus, D. (2006). Adolescent's adjustment in four post-divorce family structures: Single mother, stepfather, joint physical custody and single father families. *Journal of Divorce & Remarriage, 44*, 99-124.

Bretherton, I. (1992). The origins of attachment theory: John Bowlby and Mary Ainsworth. *Developmental Psychology, 28*, 759-775.

Broderick, P., & Blewitt, P. (2010). *The life span: Human development for helping professionals* (3ª ed.). Upper Saddle River, NJ: Pearson.

Butchart, A., & Mikton, C. (2012). *Global campaign for violence prevention: Plan of action for 2012-2020*. Recuperado del sitio de la Organización Mundial de la Salud: http://www.who.int/violence_injury_prevention/violence/global_campaign/en/

Cambia la estructura familiar en México; 50 % deja de ser tradicional. (11 de mayo de 2016). *Boletín UNAM*. Recuperado de http://www.dgcs.unam.mx/boletin/bdboletin/2016_319.html

Campos-Arias, A., & Cassiani, C. (2008). Trastornos mentales más frecuentes: Prevalencia y algunos factores sociodemográficos asociados. *Revista Colombiana de Psiquiatría. 37*(4), 598-613.

Casanueva, A. & Martínez, B. (2014). ¿A qué líderes debemos de seguir? *ISTMO*. Recuperado de https://istmo.mx/2014/03/10/a-que-lideres-debemos-seguir/

Casco, F., & Oliva, A. (2005). Valores y expectativas sobre la adolescencia: Discrepancias entre padres, profesores, mayores y adolescentes. *Infancia y Aprendizaje, 28*(2), 209-220.

Castellana, R., Sánchez-Carbonell, M., Graner, X., & Beranuy, M. (2007). El adolescente ante las tecnologías de la información y la comunicación: Internet, móvil y videojuegos. *Papeles del Psicólogo, 28*(3), 196-204. Recuperado de http://www.redalyc.org/articulo.oa?id=77828306

Center for Disease Control and Prevention. (10 de junio de 2016). Youth risk behavior surveillance, United States -2015. *Morbility and Mortality Weekly Report, 65*(6), Recuperado de https://www.cdc.gov/healthyyouth/data/yrbs/pdf/2015/ss65 06_updated.pdf

Cohen, R. (2012). *The relationship between personality, sensation seeking, reaction time and sport participation: Evidence from drag racers, sport science students and archers* (Tesis doctoral, Middlesex University). Recuperado de http://eprints.mdx.ac.uk/9871/

Collaborative for Academic, Social and Emotional Learning. (2007). *What is SEL? Skills and competencies*. Recuperado de http://casel.org/why-it-matters/what-is-sel/

Corona, F., & Peralta, E. (2011). Prevención de conductas de riesgo. *Revista Médica de Clínica Las Condes, 22*(1), 68-75.

Cuffe, S., McKeown, R., Addy, Ch., & Garrison, C. (2005). Family and psychosocial risk factors in a longitudinal epidemiological study of adolescents. *Journal of the American Academy of Child and Adolescent Psychiatry, 44*(2), 121-129.

D'Arcy-Garvey, A. (1988). *An application of Kohlberg's theory of moral development in an irish third-level college* (Disertación doctoral, Regional Technical College, Carlow).

D'Arcy-Garvey, A. (1988b). Some thoughts on Kohlberg's "stage 7". Recuperado de http://glasnost.itcarlow.ie/~garveya/Stage_7.pdf

Dein, S. (2010). Religion, spirituality and mental health. *Psychiatric Times, 27*(1). Recuperado de http://www.psychiatrictimes.com/schizophrenia/religion-spirituality-and-mental-health

Demuth, S., & Brown, S. (2004). Family structure, family processes, and adolescent delinquency: The significance of parental absence versus parental gender. *Journal of Research in Crime and Delinquency, 41*, 58-81.

Diener, E., Emmons, R. A., Larsen, R. J., & Griffin, S. (1985). The satisfaction with life scale. *Journal of Personality Assessment, 49*(1), 71-75.

Diener, E., Suh, E. M., Lucas, R. E., & Smith, H. L. (1999). Subjective well-being: Three decades of progress. *Psychological Bulletin, 125*(2), 276-302.

Driessen, E., & Hollon, S. (2011). Cognitive behavioral therapy for mood disorders: Efficacy, moderators and mediators. *Psychiatric Clinics of North America, 33*(3), 537-555.

Dube, S. (2003). Childhood abuse, neglect, and household dysfunction and the risk of illicit drug use: The adverse experiences study, *Pediatrics, 111*, 564-572.

Echeburúa, E., & Corral, P. (2010). Adicción a las nuevas tecnologías y a las redes sociales en jóvenes: Un nuevo reto. *Adicciones, 22*, 91-96.

Ellenberger, H. (1970). *El descubrimiento del inconsciente. Historia y evolución de la psiquiatría dinámica.* Madrid, España: Gredos.

Ellis, A. (1957). Rational psychotherapy and individual psychology. *Journal of Individual Psychology, 13,* 38-44.

Ellis A. (1980). Psychotherapy and atheistic values: A response to A. E. Bergin's "Psychotherapy and religious values", *Journal of Consulting and Clinical Psychology, 48,* 635-639.

Falci, C. (2006). Family structure, closeness to residential and nonresidential parents, and psychological distress in early and middle adolescence. *The Sociological Quarterly, 47,* 123-146.

Ferro, R., Ascanio, L., & Valero, L. (2017). Integrando la terapia de aceptación y compromiso con la terapia de interacción padres-hijos en un niño con trastorno negativista desafiante. *Revista de Psicología Clínica con Niños y Adolescentes, 4*(1), 33-40.

Frankl, V. (1948). *La presencia ignorada de Dios.* Barcelona, España: Herder Editorial.

Freud, A. (1946). *The psychonalityc treatment of children.* New York, NY: International Universities Press.

García, A., Arnal, A., Bazanbide, M., Bellido, C., Civera, M., González, M... Vergara M. (2011). *Trastornos de la conducta. Una guía de intervención en las escuelas.* Recuperado del sitio de internet de la División de Psicología Educativa: http://www.psie.cop.es/uploads/aragon/Aragón-trastornos-de-conducta-una-guia-de-intervencion-en-la-escuela.pdf

García, F., González, H., & Pérez, M. (2014). *Volviendo a la normalidad. La invención del TDAH y del trastorno bipolar infantil.* Madrid, España: Alianza Editorial

Gardner, H. (1983). *Frames of mind.* New York, NY: Basic Books.

Gardner, H. (2006). *Multiple intelligences: New horizons in theory and practice.* New York, NY: Basic Books.

Gaxiola, S. (Ed.). *La epidemiologia de salud mental en América Latina y el Caribe.* Washington, DC: Pan American Health Organization.

González, C., Rojas, R., Hernández, M., & Olaiz, G. (2005). Perfil del comportamiento sexual en adolescentes mexicanos de 12 a 19 años de edad. Resultados de la ENSA 2000. *Salud Pública México, 47*(3), 209-218.

Greenspan, S. (2009). *Niños felices.* Barcelona, España: Paidós.

Greydanus, S. (1 de diciembre de 2016). We need to talk about cartoon parents. *National Catholic Register.* Recuperado de http://www.ncregister.com/daily-news/we-need-to-talk-about-cartoon-parents#.WEQjkaLPS0k.mailto

Grupo de trabajo de la GPC sobre TCA (2009). *Guía de práctica clínica sobre trastornos de la conducta alimentaria.* Recuperado de http://www.guiasalud.es/GPC/GPC_440_Tt_Conduc_Alim_compl_(4_jun).pdf (URL inactivo)

Guilamo-Ramos, V., & Bouris A. (2008). *Parent adolescent communication about sex in latino families: A Guide for practitioners.* Recuperado del sitio de internet de The National Campaign to Prevent Teen and Unplanned Pregnancy: https://www.hennepinhealthcare.org/wp-content/uploads/2018/09/apt-parent-adolescent-comm-sex.pdf

Gutiérrez, J., Rivera, J., Shamah, T., Villalpando, S., Franco, A., Cuevas, L., Romero, M., & Hernández M. (2012). *Encuesta nacional de salud y nutrición 2012. Resultados nacionales.* Cuernavaca, México: Instituto Nacional de Salud Pública.

Guzmán, M. (2010). *Evaluación del fenómeno del maltrato y acoso escolar "bullying" y propuesta de intervención cognitivo-conductual, en una institución educativa de alumnos de primaria mayor* (Tesis de maestría, Instituto Mexicano de Psicoterapia Cognitivo-Conductual).

Hillman, N. & Robinson, N. (2016). *Boys to Men: The underachievement of young men in higher education – and how to start tackling it* (HEPI Reporte núm. 84). Recuperado de http://www.hepi.ac.uk/wp-content/uploads/2016/05/Boys-to-Men.pdf

Hoff, C. (19 de mayo de 2014). War on boys [Archivo de video]. Recuperado de https://www.youtube.com/watch?v=OFpYj0E-yb4

Holiday, R. (2014). *Obstacle is the way.* New York, NY:Penguin.

Holiday, R. (2016). *Ego is the enemy.* New York, NY:Penguin.

Holiday, R., & Hanselman, S. (2016). *The daily stoic.* New York, NY:Penguin.

Huitt, W., & Dawson, C. (2011). Social development: Why it is important and how to impact it. *Educational Psychology Interactive.* Recuperado de http://www.edpsycinteractive.org/papers/socdev.pdf

Instituto Nacional de Estadística y Geografía (2013). Matrimonios y divorcios. Recuperado de http://cuentame.inegi.org.mx/poblacion/myd.aspx?tema=P

Instituto Nacional de Estadística y Geografía. (2013). Estadísticas a propósito del Día Internacional de la Juventud. Recuperado de http://www.cinu.mx/minisitio/juventud_2013/Juventud_INEGI.pdf (URL inactivo)

Instituto Nacional de Estadística y Geografía (2014). *Encuesta de cohesión social para la prevención de la violencia y la delincuencia.* Recuperado de http://www.beta.inegi.org.mx/proyectos/enchogares/especiales/ecopred/2014/ (URL inactivo)

Instituto Nacional de Estadística y Geografía (2015). Hogares. Recuperado de http://cuentame.inegi.org.mx/poblacion/hogares.aspx?tema=P

James, W. (1902). *The varieties of religious experiences: A study in human nature*. Oxford, UK: Oxford University Press.

Jiménez, E., Rivera, C., Damián, F., & Venegas, D. (2015). México, primero de la OCDE en abuso a infantes. *Milenio*. Recuperado de http://www.milenio.com/politica/Mexico-primero-OCDE-abuso-infantes-menores-delito-infantil-violencia-fisica_0_631736854.html

Johnson, Jeffrey G., Cohen, P., Smailes, E., Kasen, S., & Brook, J. (2002). Television viewing and aggressive behavior during adolescence and adulthood. *Science, 295*(5564), 2468-2471.

Jung, C. (2009). *El hombre y sus símbolos*. Barcelona, España: Paidós.

Karofsky, P., Zeng, L., & Kosorok, M. (2001). Relationship between adolescent parental communication and initiation of first intercourse by adolescents. *Journal of Adolescent Health, 28*, 41-45.

Kazdin, A. (1978). *Modificación de la conducta y sus aplicaciones prácticas*. Ciudad de México, México: Manual Moderno.

Khazan, O. (2014). For depression, prescribing exercise before medication. *The Atlantic*. Recuperado de https://www.theatlantic.com/health/archive/2014/03/for-depression-prescribing-exercise-before-medication/284587/

Kirchheimer, S. (2003). Abscent parents doubles child suicide risk. *WebMD*. Recuperado de http://www.webmd.com/baby/news/20030123/absent-parent-doubles-child-suicide-risk#1

Kleitman, N. (1982). Basic rest-activity cycle - 22 years later. *Journal of Sleep Research & Sleep Medicine, 5*(4), 311-317.

Kohlberg, L. (1981). *Essays on moral development* (Vol. I: The Philosophy of Moral Development). San Francisco, CA: Harper & Row.

Kruszelnicki, K. (3 de junio de 2017). Humans evolved to run marathons. *ABC Science*. Recuperado de http://www.abc.net.au/science/articles/2014/06/03/4015913.htm

Kuby, G. (2015). The global sexual revolution: Destruction of freedom in the name of freedom. Kettering, OH: Angelico Press.

Kühn, S., & Gallinat, J. (2014). Brain structure and functional connectivity associated with pornography consumption: The brain on porn. *JAMA Psychiatry, 71*(7), 827-834.

Laje, A. (5 de diciembre de 2016). El patriarcado ya no existe. *Infobae*. Recuperado de http://www.infobae.com/opinion/2016/12/05/el-patriarcado-ya-no-existe/

Lamborn, S., Mounts, N., Steinberg, L., & Dornbusch, S. (1991). Patterns of competence and adjustment among adolescents from authoritative, authoritarian, indulgent and neglectful families. *Child Development, 62*(5), 1049-1065.

Lerner, R. (2007). *The good teen: Rescuing adolescence from the myths of the storm and stress years.* New York, NY: Crown.

Lerner, R., & Lerner, J. (2013). *The positive development for youth: Comprenhensive findings from the 4-H study of positive youth development.* Recuperado de la página de internet de 4-H: https://4-h.org/wp-content/uploads/2016/02/4-H-Study-of-Positive-Youth-Development-Full-Report.pdf

Lewis C. (1988). Cleanliness is next to godliness: Religiosity and obsessiveness. *Journal of Religion and Health, 37*, 49-61.

Lisdahl, K., Gilbart, E., Wright, N., & Shollenbarger, S. (2013). Dare to delay? The impacts of adolescent alcohol and marijuana use onset on cognition, brain structure, and function. *Frontiers in Psychiatry, 4*, 53.

Lisdahl, K., Wright, N., Kirchner-Medina, C., Maple, K., & Shollenbarger, S. (2014). Considering cannabis: The effects of regular cannabis use on neurocognition in adolescents and young Adults. *Current Addiction Reports*, *1*(2), 144-156.

Loewenthal, K. & Lewis, C. (2011). Mental health, religion and culture. *The Psychologist*. Recuperado de https://thepsychologist.bps.org.uk/volume-24/edition-4/mental-health-religion-and-culture

Looze, M., Constantine, N., Jerman, P., Vermeulen-Smit, E., & Bogt, T. (2015). Parent–adolescent sexual communication and its association with adolescent sexual behaviors: A nationally representative analysis in the netherlands. *Journal of Sex Research*, *52*(3), 257-268.

Lozano, E., Galiar, M., & Huesca, E. (2007). Relaciones entre estilos educativos, temperamento y ajuste social en la infancia. *Anales de Psicología*, *23*(1), 33-40.

Maccoby, E, & Martin, J. (1983). Socialization in the context of the family: Parent-child interaction. En Mussen, P. (Ed.) & Hetherington E. (Vol. ed.), *Handbook of child psychology: Vol. 4. Socialization, personality, and social development* (pp. 1-101). New York, NY: Wiley.

Main, D. (26 de julio de 2016). Blue-blocking glasses may help treat bipolar disorder, promote sleep. *Newsweek*. Recuperado de http://www.newsweek.com/blue-blocking-glasses-may-help-treat-bipolar-disorder-promote-sleep-484065

Malcolm, L. (Presentadora). (17 de junio de 2012). I-disorder: The psychology of technology [Audio en podcast]. *All in the mind*. Recuperado de http://www.abc.net.au/radionational/programs/allinthemind/i-disorder---the-psychology-of-technology/4071112#transcript

Malking, C. (6 de agosto de 2011). The ABC's of assertiveness. *Psychology Today.* Recuperado de https://www.psychologytoday.com/us/blog/romance-redux/201108/the-abcs-assertiveness

Manning, W., & Lamb, K. (2003). Adolescent well-being in cohabitating, married, and single-parent families. *Journal of Marriage and Family, 65,* 876-893.

Márquez, N., & Laje, A. (2016). *El libro negro de la nueva izquierda.* Buenos Aires, Argentina: Unión Editorial.

Mayer, L., & McHugh, P. (2016). Special report: Sexuality and gender: findings from de biological, psychological and social science. *The New Atlantis Journal of Technlogy and Society, 50.* Recuperado de https://www.thenewatlantis.com/docLib/20160819_TNA50SexualityandGender.pdf

McDonough, M. (15 de noviembre de 2015). The use and abuse of benzos. *ABC.* Recuperado de http://www.abc.net.au/radionational/programs/allinthemind/the-use-and-abuse-of-benzos/6927002#transcript

McDougall, C. (2009). *Born to Run: A hidden tribe, superathletes and the greates race the world has never seen.* New York, NY: Vintage Books.

McLeod, S. (2015). Jean Piaget. Recuperado de www.simplypsychology.org/piaget.html

Merikangas, K., Nakamura, E & Kessler, R. (2009). Epidemiology of mental disorders in children and adolescents. *Dialogues in Clinical Neuroscience, 11*(1), 7-20.

Mestre, M., Tur, A., Samper, P. & Nacher, M. (2007). Estilos de crianza en la adolescencia y su relación con el comportamiento prosocial. *Revista Latinoamericana de Psicología, 39*(2), 211-225.

México rebasa promedio de abortos en mujeres jóvenes (4 de marzo de 2015). *El Universal*. Recuperado de http://archivo.eluniversal.com.mx/sociedad/2015/mexico-rebasa-promedio-de-abortos-en-mujeres-jovenes-1081869.html

Money, J., Hampson, JG., Hampson, JL. (1955). An examination of some basic sexual concepts: The evidence of human hermaphroditism. *Bulletin of the Johns Hopkins Hospital*, *97*(4), 301-319.

Muñoz, MT., & Pozo, J. (2011). Pubertad normal y sus variantes. *Pediatría Integral*, *15*(6), 507-518.

National Alliance on Mental Illness. (s. f.). *Mental health facts: Children and teens*. Recuperado de https://www.nami.org/NAMI/media/NAMI-Media/Infographics/Children-MH-Facts-NAMI.pdf

National Alliance on Mental Illness. (s. f.). *Mental health conditions*. Recuperado de https://www.nami.org/Learn-More/Mental-Health-Conditions

Newport, C. (19 de septiembre de 2016). Quit social media [TEDx Talks]. Recuperado de https://www.youtube.com/watch?v=3E7hkPZ-HTk

Oliva, A. (2012). Desarrollo cerebral y asunción de riesgos durante la adolescencia. *Apuntes de Psicología*, *25*(3), 239-254. Recuperado de http://psicopedia.org/wp-content/uploads/2014/06/Riesgos-en-la-adolescencia.pdf

Olivares, E. (17 de noviembre de 2011). Mueren 25 mil jóvenes al año en percances viales; 50 % conducía alcoholizado. *La Jornada*. Recuperado de http://www.jornada.unam.mx/2011/11/17/sociedad/045n1soc

Organización Mundial de la Salud. (2005). *Promoting mental health: Concepts, emerging evidence, practice*. Geneva, Switzerland: Autor.

Organización Mundial de la Salud (2012). *Risks to mental health: An overview of vulnerabilities and risk factors.* Recuperado de http://www.who.int/mental_health/mhgap/risks_to_mental_health_EN_27_08_12.pdf

Organización Mundial de la Salud (2015) Alcohol [Nota descriptiva 349]. Recuperado de http://www.who.int/mediacentre/factsheets/fs349/es/

Organización Mundial de la Salud (2016) Tabaco [Nota descriptiva]. Recuperado de http://www.who.int/mediacentre/factsheets/fs339/es/

Organización Mundial de la Salud (2017) Adolescentes: Riesgos para la salud y soluciones [Nota descriptiva]. Recuperado de http://www.who.int/mediacentre/factsheets/fs345/es/

Ortega, M. (18 de mayo de 2014). Entrevista a Prado Esteban: El poder enfrenta a hombres y mujeres para crear una creatura que solo trabaja y consume. *eldiario.es*. Recuperado de http://www.eldiario.es/andalucia/Prado-Esteban-enfrenta-laborans-consume_0_257574693.html

Padrós, F. (2002). *Disfrute y bienestar subjetivo. Un estudio psicométrico de la gaudibilidad* (Tesis doctoral, Universidad de Barcelona). Recuperado de https://www.tdx.cat/bitstream/handle/10803/4741/fpb1de2.pdf?sequence

Padrós, F., & Fernández, J. (2008). A proposal to measure the disposition to experience of enjoyment: The gaudiebility scale. *International Journal of Psychology and Psychological Therapy, 8*(3), 413-430.

Padrós, F., Martínez, P. y Graff, A. (2014). Gaudiebility group therapy in depressed patients: A pilot study. *International Journal of Psychology and Psychological Therapy, 14*(1), 59-69.

Parekh, R. (Noviembre de 2015). What is mental illness? Recuperado de https://www.psychiatry.org/patients-families/what-is-mental-illness

Parra, A., & Oliva, A. (2002). Comunicación y conflicto familiar durante la adolescencia. *Anales de Psicología, 18*(2), 215-231.

Paterna, C., Martínez, C., & Rodes, J. (2005). Creencias de los padres sobre lo que significa ser padre. *Revista Interamericana de Psicología, 39*(2), 275-284.

Pérez, M. (29 de noviembre 2006). La activación conductual (AC): Un nuevo acercamiento al tratamiento de la depresión. *Infocop Online*. Recuperado de http://www.infocop.es/view_article.asp?id=1157

Pérez, B., Rivera, L., Atienzo, E., De Castro, F., Leyva, A., & Chávez, R. (2010). Prevalencia y factores asociados a la ideación e intento suicida en adolescentes de educación media superior de la república mexicana. *Salud Pública, 52*, 324-333.

Perou, R., Bitsko, R., Blumberg, S., Pastor, P., Ghandour, R.,... Huang, L. (2013). Mental health surveillance among children: United States, 2005-2011. *Morbidity and Mortality Weekly Report, 62*(2), 1-35. Recuperado de https://www.cdc.gov/mmwr/preview/mmwrhtml/su6202a1.htm

Peterson, C., & Seligman, M. (2004). *Character strengths and virtues: A handbook and classification*. Washington, DC: Oxford; New York, NY: American Psychological Association.

Pew Research Center. (2015). *Parenting in America: Outlook, worries, aspirations are strongly linked to financial situation*. Recuperado de http://www.pewsocialtrends.org/2015/12/17/parenting-in-america/

Piaget, J., & Cook, M. T. (1952). *The origins of intelligence in children*. New York, NY: International University Press.

Pickhardt, C. (2013). *Surviving your child's adolescence.* San Francisco, CA: Jossey- Bass.

Regnerus, M. (2012). How Different are the adult children of parents who have same-sex relationships? Findings from the new family structures study. *Social Science Research, 41,* 752-770.

Regnerus, M. (2012). Parental same-sex relationships, family instability, and subsequent life outcomes for adult children: Answering critics of the new family structures study with additional analyses. *Social Science Research, 41,* 1367-1377.

Regader. B (s. f.) El experimento más cruel de la historia de la psicología: David Reimer. *Psicología y Mente.* Recuperado de https://psicologiaymente.com/psicologia/experimento-cruel-psicologia-david-reimer

Resnick M., Bearman, P., Blum, R., Bauman, K., Harris, K., Tabor, K.,... Udry, J. (1997). Protecting adolescents from harm: Findings from the National Longitudinal Study on Adolescent Health. *Journal of the American Medical Association, 278,* 823-832.

Reyes, J. (2014). México, líder en embarazos adolescentes de la OCDE. *El Economista.* Recuperado de https://www.eleconomista.com.mx/politica/Mexico-lider-en-embarazos-adolescentes-de-la-OCDE-20140924-0055.html

Roberts, E. (11 de mayo de 2017). Mexico was second deadliest country in 2016. *CNN.* Recuperado de https://edition.cnn.com/2017/05/09/americas/mexico-second-deadliest-conflict-2016/index.html

Robertson, D. (2010): *The Phylosophy of cognitive behavioral therapy.* Londres, Inglanterra: Karnak Books.

Rocky Mountain Hidta Strategic Intelligence Unit. (2016). *The Legalization of marijuana in Colorado* (Reportes sobre marihuana, vol. 4). Recuperado del sitio web de Rocky Mountain High Intensity Drug Trafficking Area: http://www.rmhidta.org/default.aspx/MenuItemID/687/MenuGroup/RMHIDTAHome.htm?AspxAutoDetectCookieSupport=1

Rodgers, K., & Rose, H. (2002). Risk and resiliency factors among adolescents who experience marital transitions. *Journal of Marriage and the Family, 64,* 1024-1037.

Rodríguez, R., Pérez, G., & Salguero, A. (2010). El deseo de la paternidad en los hombres. *Avances en Psicología Latinoamericana, 28*(1), 113-123.

Rogers, C., & Corwin, M. (19 de mayo de 2017). Treating children with electroconvulsive therapy. *BBC News.* Recuperado de http://www.bbc.com/news/magazine-39961472

Rosen, L. (2012). *I-Disorder: Understanding our obsession with technology and overcoming its hold on us.* New York, NY: Palgrave Macmillan.

Rosen, L. (24 de abril de 2013). How Much Technology Should You Let Your Child Use? [Mensaje en blog]. *Huffpost.* Recuperado de http://www.huffingtonpost.com/dr-larry-rosen/how-much-technology-shoul_b_3142227.html

Rosen, L. (17 de octubre de 2014).Our Obsessive Relationship With Technology [Mensaje en blog]. *Huffpost.* Recuperado de http://www.huffingtonpost.com/dr-larry-rosen/our-obsession-relationshi_b_6005726.html

Ryff, C. (1989). Happiness is everything, or is it? Explorations on the meaning of psychological well-being. *Journal of Personality and Social Psychology, 57,* 1069-1081.

Ryff, C. (2014) Psychological well-being revisited: Advances in the science and practice of eudaimonia. *Psychotherapy and Psychosomatic, 83,* 10-28.

Santrock, J. W. (2019) *Life-span development* (17th ed.) New York, NY: McGraw-Hill Education

Schwarz, A. (2016). *ADHD nation: Children, doctors, big pharma, and the making of an american epidemic*. New York, NY: Scribner.

Seligman, M. (2002). *The Authentic Happiness*. New York, NY: Free Press.

Skinner, B. F. (1938). *The behavior of organisms: An experimental analysis*. New York, NY: Appleton-Century-Crofts.

Solera, C. (11 de mayo de 2013). En México hay más de un millón de abortos al año. *Excélsior*. Recuperado de http://www.excelsior.com.mx/nacional/2013/11/05/926942

Stefanowicz, D. (2007). *Out from under: The impact of the homosexual parenting*. Estados Unidos: Annotation Press.

Steinberg, L. (2001). We know things: parent-adolescent relationships in retrospect and prospect. *Journal of Research on Adolescence*, *11*, 1-19.

Steinberg, L. (2014) *Age of opportunity*. Boston, MA: Houghton Mifflin Harcourt.

Stoller, R. (1968). *Sex and gender: On the development of masculinity and femininity*. New York, NY: Science House.

Størksen, I., Røysamb, E., Holmen, T., & Tambs, K. (2006). Adolescent adjustment and well-being effects of parental divorce and distress. *Scandinavian Journal of Psychology*, *47*(1), 75-84.

Sullins, P. (2015). The unexpected harm of same-sex marriage: A critical appraisal, replication and reanalysis of Wainright and Patterson's studies of adolescents with same-sex parents. *British Journal of Education, Sociaty & Behavioral Science*, *11*(2), 1-22.

Tek, C., Ulug, B. (2001). Religiosity and religious obsessions in obsessive-compulsive disorder. *Psychiatry Research 104*, 99-108.

The National Campaign to Prevent Teen and Unplanned Pregnancy. (2008). *Sex and tech: Results from a survey of teens and young adults.* Washington, DC: Author.

Tifft, L., & Markham, L. (1991). Battering women and battering central americans: A peacemaking synthesis, en Pepinsky, H., & Quinney, R. (Eds.), *Criminology as peacemaking* (pp. 114-153). Bloomington: Indiana University Press.

Trantham-Davidson, H., Centanni, S., Garr, S., New, N., Mullholland, P., Gass, J.,... Chandler, L. (2016). Binge-like alcohol exposure during adolescence disrupts dopaminergic neurotransmission in the adult prelimbic cortex. *Neuropsychopharmacology, 42*(5), 1024-1036. doi: 10.1038/npp.2016.190.

Vargas, G. (11 de marzo de 2017). Policía de Uruguay: Legalización de la marihuana aumentó narcotráfico y crimen. *Aciprensa*. Recuperado de https://www.aciprensa.com/noticias/policia-de-uruguay-legalizacion-de-la-marihuana-aumento-narcotrafico-y-crimen-61801

Vásquez, J., Feria, M., Palacios, L., & De la Peña, F. (2010). *Guía clínica para el trastorno negativista desafiante.* México: Instituto Nacional de Psiquiatría Ramón de la Fuente.

Velasco, G. (28 de octubre de 2016). Agenda común PRD-Kumamoto. *Mural*. Recuperado de http://www.mural.com/aplicacioneslibre/editoriales/editorial.aspx?id=100092&md5=68a1c54990935b9659320bce8295f146&ta=0dfdbac11765226904c16cb9ad1b2efe&lcmd5=3172605a5af60afafcd5a2fa0362f416

VIA Institute on Character. (2017). Recuperado de https://www.via-character.org/survey/Account/Register

Vine, S. (25 de mayo de 2016). The betrayal of our boys: They're falling behind girls in almost every way. *Daily Mail.com*. Recuperado de http://www.dailymail.co.uk/femail/article-3609832/The-betrayal-boys-falling-girls-way-says-SARAH-

VINE-feminisation-society-especially-schools-blame.html#ixzz4bOohqth9

Volkow, N. (2016). *Marijuana* [Carta del director]. Recuperado del sitio del National Institute on Drugs Abuse: https://www.drugabuse.gov/publications/research-reports/marijuana/letter-director

Voon, V., Mole, T., Banca P., Porter, L., Morris, L., Mitchell, S.,... Irvine, M. (2014). Neural correlates of sexual cue reactivity in individuals with and without compulsive sexual behaviours. *Plos One, 9*(7). e102419. https://doi.org/10.1371/journal.pone.0102419

Vost, K. (2016). *The porch and the cross: Ancient stoic wisdom for modern christian living.* Brooklyn: NY: Angelico Press.

Vygotsky, L. (1978). *Mind in society: The development of higher psychological processes.* Cambridge, MA: Harvard University Press.

Waite, L. & Gallagher, M. (2001). *The case of marriage: Why married people are happier, healthier and better off financially.* New York, NY:Brodway Books.

Waterman, A. (2008). Reconsidering happiness: A eudaimonist's perspective. *The Journal of Positive Psychology, 3*(4), 234-252.

Waterman, A., Schwartz, S., Zamboanga, B., Ravert, R., Williams, M., Agocha, B., Donnellan, M. (2010). The Questionnaire for Eudaimonic Well Being: Psychometric properties, demographic comparisons, and evidence of validity. *The Journal of Positive Psychology, 6*(41), 1.

Watson, D., Clark, L. A., & Tellegen, A. (1988). Development and validation of brief measures of positive and negative affect - The panas scales. *Journal of Personality and Social Psychology, 54*(6), 1063-1070.

387

Wells, N. (8 de mayo de 2017). Unprotected: How the normalisation of underage sex is exposing children and young people to the risk of sexual exploitation. *Family Education Trust*. Recuperado de https://familyeducationtrust.org.uk/unprotected-how-the-normalisation-of-underage-sex-is-exposing-children-and-young-people-to-the-risk-of-sexual-exploitation/#more-3851

Wolpe, J. (1958). *Psychotherapy by reciprocal inhibition*. California, EE UU: Stanford University Press.

Young, S. (7 de agosto de 2013). Marijuana stops child's severe seizures. *CNN*. Recuperado de https://edition.cnn.com/2013/08/07/health/charlotte-child-medical-marijuana/index.html

Young, J., Klosko, J., Weishaar, M. (2003). *Schema therapy: A practitioner's guide*. New York, NY: Guilford Press.

Zamora, F. (24 de agosto de 2015). La familia frente al neomarxismo. *La Nación*. Recuperado de http://www.nacion.com/m/opinion/foros/familia-frente-neomarxismo_0_1507849203.html

Zoja, L. (2001). *The father: Historical, psychological, and cultural perspectives*. Londres, Inglaterra & New York, NY: Brunner-Routledge.

Índice de figuras y tablas

Tabla 1. Características sexuales secundarias en hombres y mujeres 24

Tabla 2. Errores cognitivos más comunes en padres e hijos 67

Figura 1. Etapas del desarrollo moral según Kohlberg 112

Tabla 3. Conductas que contribuyen a la violencia: comparativo entre Estados Unidos de América y México 178

Tabla 4. Consumo de alcohol y otras drogas en adolescentes estadounidenses y mexicanos 195

Tabla 5. Factores de riesgo y de protección en la adolescencia según la OMS (2012) 205

Tabla 6. Virtudes y vicios desde la ética aristotélica 273

Tabla 7. Los seis componentes del bienestar psicológico con niveles altos y bajos de Ryff 279

Tabla 8. Virtudes y fortalezas del carácter según Peterson y Seligman (2004) 282

Tabla 9. Moduladores y componentes de la gaudibilidad 284

Tabla 10. Ejemplo de programa para promover las fortalezas internas 288

Figura 2. Ejemplo del programa para fomentar el bienestar integral del adolescente 310

Tabla 11. Registro A-B-C de Albert Ellis 333

Tabla 12. Ejemplo de una situación hipotética del registro A-B-C de Albert Ellis 334

Tabla 13. Ejemplo de bitácora o registro de conducta para padres de familia 351

Tabla 14. Ejemplo de reforzadores de conducta 352

Made in the USA
Monee, IL
01 March 2022